改正博物館法 詳説・Q&A

地域に開かれたミュージアムをめざして

文化と
まちづくり
叢書

博物館法令研究会

編 著

はじめに

　2022年の第208回通常国会に「博物館法の一部を改正する法律案」（閣法第31号）が政府から提出され、衆議院での審議・可決を経て、2022年4月8日の参議院で可決され成立した（施行期日は2023年4月1日）。

　わが国の博物館の公共的価値や学芸員等の資格要件等を定めている基本的な法律である博物館法が単独で改正されるのは、実に1955年以来、約70年ぶりのことであった。

　このことは博物館界のみならず、2023年に京都移転することが決まっている文化庁にとっても大変意義深いことである。すなわち、文化庁では2018年に文部科学省設置法が改正されたことに伴い、これまで文部科学省が一部所管していた博物館に関する事務や博物館法を文化庁が一括して所管することとなり、文化審議会に常設の博物館部会を新たに設置し不断の検討を行ってきた。また、博物館関係のみならず様々な分野で関係省庁や民間企業等とのコラボレーションが進められてきた。また、2019年には、京都において、わが国初のICOM（国際博物館会議）大会が開催された。改正博物館法は、このように文化庁全体で機能強化を図り、従来の延長線上にはないエッジの効いた取組を行ってきたことの成果が早くも現れたものと言えるからである。

　今回の改正博物館法の成立後、文化庁では、都道府県・指定都市教育委員会の行う登録審査のための参酌（参考）基準等を、文化審議会における関係者の議論を経て、省令・通知等として示すこととなるが、法律の施行後、約5年間をかけて、現在登録されている博物館・美術館・動物園・水族館等のミュージアムを含め、その申請に基づき登録を行うこととなる。これにより、改めて全国の各地域においては、ミュージアムの役割・機能が見直され、それらを中核としながら、ミュージアムの価値を活かした地方文化芸術や教育の振興、まちづ

くり、文化観光や産業、福祉、国際交流などの地域の活力の向上を図り、博物館の機能強化のための好循環を創造することが期待される。

　しかしながら、一部には現場や研究者等の関係者の間でも、今回の改正博物館法の目的や趣旨、内容等に係る基礎的な事実や概念についての理解が十分浸透していない現状にある。また、今回約70年ぶりの改正に当たって作成した資料や収集した制定当時の資料・データ等は、将来行われるかもしれない新たな博物館法の改正にとって貴重な資料となり得るものである。

　このため、これまで文化庁で文化審議会博物館部会の答申や博物館法の改正を担当してきた有志が集って「博物館法令研究会」を立ち上げ、博物館法の改正に至る経緯や、その趣旨、内容等についての基本的な「ファクト」となる参考資料等をまとめ、ここに出版しようとするものである。博物館関係者はもとより、文化芸術や地方自治体の関係者、または人口減少に悩む全国各地で地域活性化を担っている方々などが、博物館・美術館・動物園・水族館などのミュージアムと、これからの地域の教育文化政策や地方創生、都市づくり等を考える際の拠り所となれば幸いである。

　なお、改正後の博物館法（128ページ〜）をお目通しいただいてから、本書を読んでいただくと経緯がよくわかり、より理解が深まると思われる。ちなみに、改正箇所は新旧対照表（172ページ〜）を参照されたい。

　2023年 初春

博物館法令研究会

改正博物館法詳説・Q&A
——地域に開かれたミュージアムをめざして

目　次

Ⅳ　改正博物館法Ｑ＆Ａ

I
近代博物館制度の成立と
改正博物館法への道程

1. 占領下での博物館法の制定

（1）近代博物館制度の成立と戦災による打撃

　我が国の近代博物館制度は、1872年にその前年に設置された文部省博物局の所管として「文部省博物館」が設けられ、旧湯島聖堂の大成殿が陳列館にあてられたことにより、今の東京国立博物館が設置され開館したことに始まるとされている。奇しくも2022年は当時からちょうど150年の記念すべき年であり、東京国立博物館でも開館150年を祝した様々な展覧会が企画されている[1]。

　一方で、このような国立博物館創設の動きと前後して、1873年にオーストリアで開催されるウィーン万国博覧会の事務局が政府内に設置されたことからも明らかなように、国内の博物館、海外の展覧会場の別はあるが、両者は協同的な作業も多かったとされている[2]。それは、博覧会出品のために貴重な産物や古器、宝物の類を収集し、それを保存するために博物館を建設し、殖産興業を通じて国力を増大しようとするプロセスの多くが両者で重なるものだったため、博覧会のレガシーとして博物館を位置付けるというのは当時の政府としての一種の合理的な政策決定の過程であったとも言えるだろう[3]。

1　国立博物館は、その後農商務省や内務省の所管を経て、宮内省所管の帝室博物館となり、1947年5月の日本国憲法施行による国立博物館官制（昭和22年政令第8号）により文部省所轄として独立化した国立博物館となったが、その後文化財保護法制定により文化財保護委員会（現在の文化庁）の附属機関となった。文化財保護法制定時の附属機関化に対する博物館関係者の反対運動は後述。現在は独立行政法人国立文化財機構の下に置かれており、東京、京都、奈良、九州（太宰府）にある。https://www.tnm.jp/150th/

2　矢島恭介「博物館発達史の概要」（『わが国の近代博物館施設発達資料の集成とその研究〈明治編〉第1』日本博物館協会、1964）収録

3　現在はそれぞれの意義・定義や目的が変化し、関係者の間で博物館の存在と博覧会の開催が同一線

　言い換えれば、我が国の近代博物館制度の公共的価値の形成は、欧米諸国と同様に、博覧会などの「国策的啓蒙の性格をもって組織的に整備されていった」ものであり、工芸館や植物園、科学博物館などの博物館が「国民を対象とした積極的教育活動を担うこと」、さらに「国立博物館設立目的の多くは殖産興業に対応していた」などの点で「労働能力の基礎陶冶に対応した個別的内容的価値の形成」「近代国家の成立と国民に対応した体制イデオロギー」としての役割を担う、すなわち上からの政策による近代国家の基盤の一つとして機能していたとも言えるだろう[4]。

　その後、博覧会については、1878 年には太政官布告により 5 年ごとに内国勧業博覧会を開くように国内においても定例化され、東京・上野、京都・岡崎、大阪・天王寺で開催されるなど徐々に規模を拡大していった[5]。また、当時地方でも博覧会又は共進会、品評会が盛んに開催され、その成果は地方博物館として発展していったものもあり、また従来から社寺に附属して宝物館、陳列館等、その所有する貴重な文化財を展示して公衆の利用に供されており、実質的に博物館として運営がなされている場合や、民間の篤志家が収蔵している美術や歴史的な古物などが集古館等として保管され、博物館として設立される場合もあった。

　その結果、1942 年には日本本土に 240 館の博物館と言われるものが存在し、約 2,000 人の職員が従事していた[6]。一方で、法令面では、1899 年に制定された図書館令に対応して博物館令を制定する関係者の運動は行われていたものの、具体的な成果としてなかなか結実しなかったが[7]、1940 年には、日本博物館協会

上で語られることが少なくなったが、大阪万博後の国立国際美術館、国立民族学博物館など、戦後も博覧会のレガシーとしての博物館という存在は一つの類型として存続していると言える。

4　伊藤寿朗、森田恒之「博物館概論」学苑社、1978、pp. 19-20 よりこの段落の「」書き部分を一部引用。

5　清川雪彦「殖産興業政策としての博覧会・共進会の意義―その普及促進機能の評価―」(「経済研究」1988 年 10 月 39 巻 4 号) 第一表

6　伊藤寿朗「博物館法の成立とその時代―博物館法成立過程の研究―」(「博物館学雑誌」第 1 巻第 1 号 pp. 26-40,1975 年 8 月) 収録　図 2 から　1946 年文部省社会教育局文化課「全国博物館最近状況調査表」文部省教化局「教育的観覧施設一覧」(1942 年 4 月現在)
日本本土に 240 館、朝鮮 13 館、台湾 9 館、関東州 5 館、樺太 2 館であり、日本本土の 240 館で従事する職員は 1,956 人、1 館当たりの職員数は約 8 人であった。

7　伊藤寿朗、森田恒之『博物館概論』(学苑社、1978) p. 142。1939 年には、棚橋源太郎が日本博物館協会の実質的責任者となり、博物館令の制定準備を行い、文部省も具体的な調査を開始している。

長となった荒木貞夫が「国家の興隆と博物館の重要使命」という演説をし[8]、文部省主催で「博物館令制定ニ関スル協議会」が開催されるなど、博物館関係者の運動がさらに活発化していた。

　しかしながら、このような明治以降の博物館関係者の努力も虚しく、終戦後、早くも1946年に行われた文部省の調査で明らかになったのは、地方の宝物館等33館以外は、廃館見込みが13館、休館再開見込み不明が99館、一部公開継続する館が2館と、全国の博物館の惨憺たる状況であり、公開している館も実質的に活動は停止している状況にあった。実に4年前の1942年の調査と比較すると、公開を継続している館は2割に満たない悲惨な状況であった[9]。我が国の博物館は戦災によって壊滅的な打撃を受けたのである。

（2）議員立法により制定された博物館法

　戦災により壊滅的打撃を受けた博物館であったが、占領下の経済的混乱にもかかわらず、国民の教育文化を求める機運が高まる中で急速に再開され、終戦後の1948年の文部省の調査では博物館総数は238館（開館は206館）であり、職員総数1,627人と復興に向かっていた。特に、終戦後の1945年9月から博物館法が施行される1951年12月までの7年間に84館の博物館が新設された。これらの多くは、科学博物館、美術館、動植物園の新設などであり、特に娯楽の少ない時代に動物園は国民の圧倒的人気を得て、移動動物園や子供動物園などの新しい試みも行われた[10]。

　しかしながら、238館中、約7割（206館）は私立博物館であり、職員数が不明または実在しない館が66館もあるなど、私立博物館の経営は苦しく、経済的混乱の中で収蔵資料の処分が行われるところもあった[11]。特に、当時のシャ

8　荒木貞夫は大正、昭和期の陸軍軍人であり、予備役編入後に文部大臣を務め、1940年に日本博物館協会会長に就任し、終戦直後まで務めた。荒木は、ドイツを例に、国家興隆のための科学や工業の知識・教養の必要性を説き、生涯を通じて一般国民が利用可能な博物館の必要性、郷土博物館の重要性を説いた。

9　伊藤寿朗「博物館法の成立とその時代―博物館法成立過程の研究―」（「博物館学雑誌」第1巻第1号 pp. 26-40,1975年8月）収録　図2から　1946年文部省社会教育局文化課「全国博物館最近状況調査表」から抜粋。

10　伊藤寿朗、森田恒之『博物館概論』学苑社、1978、pp.151-153

11　伊藤寿朗「博物館法の成立とその時代―博物館法成立過程の研究―」（「博物館学雑誌」第1巻第1号、pp. 26-40、1975年8月）p. 32

ウプ勧告による税制改正により博物館等を含めた教育的施設に対する入場税の非課税、私立博物館の固定資産税減免が関係者における現実的な課題となり、日本博物館協会が先頭に立って優遇措置の実現を政府や国会に働きかけていった。当時の資料を見ると、日本博物館協会の徳川宗敬会長の名で、博物館法の制定、私立博物館の窮状の訴え、私立博物館に対する固定資産税の免除等の陳情が、文部大臣等の政府関係者のみならず、国会の衆・参議院文部委員会（博物館法関連）や地方行政委員会（地方税関連）の委員長に出されており、当時の関係者の切実度が強く伝わってくる[12]。

その一方で、法制度としての博物館を見ると、教育基本法において博物館が教育の施設として位置付けられるなど、博物館は図書館、公民館とともに、社会教育施設として重要と見なされていたものの、1951年当時、図書館、公民館についてはそれぞれ既に単独で法制化されていた（図書館法、社会教育法）一方で、博物館については、社会教育法第9条に「別に法律をもつて定める」と規定されたが、その時点で法的措置は依然として講じられていなかった。また、当時2回に渡って来日した米国教育使節団も、戦時下で壊滅的な打撃を受けた我が国の博物館に関し保存と拡張のための勧告が必要だと示していた[13]。

さらに、敗戦後の混乱の中で文化財の海外流出、法隆寺金堂火災を契機に文化財保護の理念が高まり、文化財保護法案が議員立法として国会に提出された。一方で、文化財保護法制定時の1947年に、帝室博物館から独立した国立博物館が文化財保護委員会の附属機関として位置付けが変更されたことは、博物館関係者の間で論議の的となっていた。

今日、博物館法の制定時の情勢、すなわち博物館法制定の立法動機について、博物館関係者の間では、社会教育関連法制度の整備や文化財保護、国立博物館の独立化のための運動など、理念的・制度的文脈だけで語られることがほとんどであるように思える。このことが直ちに誤りであるとは言わないが、実際に

---

12 『わが国の近代博物館施設発達資料の集成とその研究〈大正・昭和編〉第1』日本博物館協会、1964、pp. 162-182

13 「博物館　現在日本には全部で235館と類似施設があるに過ぎない。これらの大多数のものは財政上の困難によって、いちじるしく不利な立場に置かれ、そのあるものは毎年補助金を受ける国の施設になるように請願している。文部省が博物館の窮状を研究し、その保存と拡張のために必要な勧告をなすよう勧める。」（第二次訪日アメリカ教育使節団報告書（1950））

は当時の博物館は私立博物館が大半を占めていたことから[14]、固定資産税や入場税などの税制優遇の獲得が重大な関心事となっており、当時の博物館関係者にとっては、税制改正の問題がそれぞれの館が存続するかどうかの死命を制する極めて切実な課題であり、これが大きな動機の一つとして、法制定のうねりとなっていったことを胸におくべきだろう。

　いずれにしても、このような情勢の中、文部省においては博物館法の立法化を企図し、特に博物館関係者の要請に基づき、1950年10月には国会議員、博物館関係者より成る懇話会を組織し、成案を得るに及んだのであるが、1951年2月に政府内の了解を得るに至らず国会提出できない状態となった。しかしながら、日本博物館協会の徳川宗敬会長をはじめ関係者はあくまで国会の通過成立を熱望し国会に陳情すること回を重ね[15]、その要望は遂に国会を動かすに至った。

　この結果、改めて衆議院提出法案として審議立案され、第12回国会（1951年）に若林義孝衆議院議員外9名が議員立法として衆議院に博物館法案を提出した。そして、衆議院文部委員会、参議院文教委員会での審議を経て同年11月26日に成立し、同年12月1日に公布された（施行日は公布の日から3月経過した日）[16]。博物館法の制定が関係者の熱心な働きかけにより、最終的に文化財保護法と同様に議員立法として制定されたものであることは特筆すべきことであろう。当時、新しい文化国家を創造しようとしている時代の息吹、教育の力、特に実際生活における自己教育活動としての社会教育への期待など、博物館法を提案した議員の気概を示すものとして、あえて提案理由説明の全文を以下に参考として示したい。また、今回の改正博物館法においては、時代に即して、資料のデジタル・アーカイブ化とその公開が業務に追加されたが、当時の提案理由説明においては、「実物教育機関」「視聴覚教育機関」として博物館を位置付け、学校での学習活動と対比した実際の生活における自己教育や、実物による公開・展示

---

14 現在は登録博物館・指定施設の6割以上は公立博物館である。地方自治体が設置している公共施設は固定資産税が課税されないので、このような問題は生じない。

15 『わが国の近代博物館施設発達資料の集成とその研究〈大正・昭和編〉第1』日本博物館協会、1964、pp. 147-182

16 法律番号：昭和26年法律第285号　提出年月日：昭和26年11月20日　成立年月日：昭和26年11月26日

　　提出者：若林義孝、外9名（東井三代次、飛島繁、平島良一、笹森順造、松本七郎、坂本泰良、浦口鉄男、小林進、小林信一）

の意義に焦点をあてていたことなども改めて注目したい。

(参考) 提案者 (若林義孝衆議院議員) による博物館法案の提案理由説明
(1951年11月21日衆議院文部委員会)

　「（前略）わが国が、文化的な国家として健全な発達をはかるためには、いろいろな方策が考えられましようが、国民の教養及び識見を高める教育の力が、最も大きな原動力となることは、今あらためて申し上げるまでもありません。しかしながら、わが国においては、往々にして学校教育を重視し、社会教育の面に力を及ぼさなかつたうらみがあるのでありまして、国民の自主的な教育活動を促進する環境は、まことに貧弱をきわめておるのであります。学校における学習活動と、実際生活における自己教育活動とは、当然相まつて行わるべきでありまして、かくしてこそ、真の教育の目的が達成され、文化国家の理想も実現できるものと考えるのであります。

　戦後、社会教育法、図書館法が相次いで制定され、公民館、図書館が活発な社会教育活動の中心機関として、広く国民の利用に公開されておりますことは、御同慶にたえません。しかし、一方において、実物教育機関としての、博物館が、社会教育法に「別に法律をもつて定める」と規定されながら、現在何らの保護助成の道が講ぜられずにいたのでありまして、近時視聴覚教育の主要性が痛感される折柄、まことに遺憾に思うのであります。特にわが国においては、その国柄から貴重な文化財が豊富にあるにかかわらず、十分な活用が行われず、かえつて文化財を損耗しつつあつたと申しても過言ではないのでありまして、視聴覚教育機関としての博物館の整備充実をはかることは、まさに緊急の要務であります。ついては、この博物館の健全な発展をはかるために、大要次のごとき事項を規定した法律案を提出したものであります。

　すなわち、第一には、新しい博物館の性格を明らかにして、その本来の機能を確立し、博物館が教育委員会の所管に属することを明確にしたことであります。第二には、博物館の職員制度を確立し、専門的職員の資格及び養成の方法を定め、博物館の職員組織を明らかにしたことであります。第三には、博物館の民主的な運営を促進するために博物館協議会を設け、土地の事情にそつた博物館のあり方を規定したことであります。第四には、公立博物館に対する国庫補助金交付の規定を設け、その維持運営の奨励的補助を行うことにしたのであ

ります。第五には、博物館資料の輸送料についての規定を設け、特に私立博物館については、固定資産税、市町村民税、入場税の課税の免除を規定し、私立博物館の独自な運営発展を促進するようにしたことであります。以上がこの法律案の骨子でありますが、（中略）博物館の主要性にかんがみまして、十分に審議の上御賛成くださるようお願い申し上げます。」

（3）博物館法と社会教育法、教育基本法との関係

　博物館法は、社会教育機関としての博物館の整備充実を目指して、1951年に制定された法律である。同法は、博物館が国民の教育、学術及び文化の振興に果たす役割にかんがみ、博物館の基本的な機能（資料の収集・保管、展示・教育、調査・研究）を果たすために必要な要件を備えた施設を登録し、登録された施設について税制上の優遇措置等の振興策を講ずることによって、当該施設の健全な発達を図ることを目的とするものであった。一方で、博物館の機能を確保し、適正な運営が行われるようにするために当該要件を備えているかどうかを審査する登録制度を設けたものである。

　ところで、博物館は社会教育施設であることは今では関係者の間で自明であるが、これはどのような根拠に基づくものなのだろうか。以下に関係法令について触れていきたい。

　社会教育法第1条には、「この法律は、教育基本法の精神に則り、社会教育に関する国及び地方公共団体の任務を明らかにすることを目的とする。」と規定されており、教育基本法の精神に則って制定されており、もとを遡れば教育基本法の精神に基礎を置くものである。教育基本法は2006年に改正されているが、この趣旨は変わっていない[17]。

　旧教育基本法は、当時占領下にあった我が国において、新しい日本の教育の基本的事項を規定して、心身ともに健康な国民の育成を目的として制定された

17　教育基本法（平成18年法律第120号）（抄）
　　（社会教育）
　　第十二条　個人の要望や社会の要請にこたえ、社会において行われる教育は、国及び地方公共団体によって奨励されなければならない。
　　2　国及び地方公共団体は、図書館、博物館、公民館その他の社会教育施設の設置、学校の施設の利用、学習の機会及び情報の提供その他の適当な方法によって社会教育の振興に努めなければならない。

ものである。社会教育法は、この旧教育基本法第7条に規定する社会教育に関する事項を具体的に規定し、我が国の社会教育に関する国及び地方公共団体の任務を明確に規定したものである。

　社会教育法第3条では、「国及び地方公共団体は、この法律及び他の法令の定めるところにより、社会教育の奨励に必要な施設の設置及び運営、集会の開催、資料の作製、頒布その他の方法により、すべての国民があらゆる機会、あらゆる場所を利用して、自ら実際生活に即する文化的教養を高め得るような環境を醸成するように努めなければならない。」と規定し、博物館、公民館、図書館等社会教育施設の設置及び運営について国及び地方公共団体の任務を明確にしている。また、同法第5条第1項では、市町村の教育委員会の事務として、「市（特別区を含む。以下同じ。）町村の教育委員会は、社会教育に関し、当該地方の必要に応じ、予算の範囲内において、次の事務を行う。」とし、第4号において「所管に属する図書館、博物館、青年の家その他の社会教育施設の設置及び管理に関すること。」と規定して、博物館に関する設置及び管理に関する事務を明示している。さらに同法第9条第1項では、「図書館及び博物館は、社会教育のための機関とする。」同条第2項では、「図書館及び博物館に関し必要な事項は、別に法律をもつて定める。」とされており、博物館に関する立法の必要性を明確にしている点等を見ても本法案は社会教育をさらに具体的に展開したものであり、社会教育を一層促進助長するものということができる。博物館法案は法制度的には、この社会教育法の目的から立案されているものである。

　なお、社会教育法の精神に基づいた博物館法における具体的事項として、社会教育の奨励に関する国及び地方公共団体の任務に基づき、これを更に展開して規定したこと（第1条から第3条、第8条、第24条及び第26条等）、私立博物館の取扱いに関して、社会教育関係団体の規定に準じたこと（第27条及び第28条）が挙げられる。

(4) 博物館法と文化財保護法との関係

　文化財保護法は建造物、絵画、彫刻、工芸品、書跡、典籍、古文書その他の有形の文化的所産で我が国にとって歴史上又は芸術上価値の高いもの、考古資料及びその他の学術上価値の高い歴史資料等の文化財の保存活用を図ることを目的としているが、博物館法に規定する博物館資料の中には、これらに該当す

るものが少なくない。

　したがって、博物館資料の利用については、博物館法と文化財保護法とは極めて密接な関係にあるので、これら法律の運用に当たっては連携協力してその目的達成に努めなければならないことは言うまでもない。このため、特に地域における文化財の保存活用については、博物館の専門的職員の適切な指導助言を必要とする場合が多くなると思われる。

　このようなことから、博物館法第3条第8号では、「当該博物館の所在地又はその周辺にある文化財保護法（昭和二十五年法律第二百十四号）の適用を受ける文化財について、解説書又は目録を作成する等一般公衆の当該文化財の利用の便を図ること。」を明示している。

（参考）博物館法と教育基本法、文化芸術基本法等との関係について

教育基本法（平成十八年法律第百二十号）
（社会教育）
第十二条　個人の要望や社会の要請にこたえ、社会において行われる教育は、国及び地方公共団体によって奨励されなければならない。
2　国及び地方公共団体は、図書館、博物館、公民館その他の社会教育施設の設置、学校の施設の利用、学習の機会及び情報の提供その他の適当な方法によって社会教育の振興に努めなければならない。

社会教育法（昭和二十四年法律第二百七号）
（この法律の目的）
第一条　この法律は、教育基本法（平成十八年法律第百二十号）の精神に則り、社会教育に関する国及び地方公共団体の任務を明らかにすることを目的とする。

（国及び地方公共団体の任務）
第三条　国及び地方公共団体は、この法律及び他の法令の定めるところにより、社会教育の奨励に必要な施設の設置及び運営、集会の開催、資料の作製、頒布その他の方法により、すべての国民があらゆる機会、あらゆる場所を利用して、自ら実際生活に即する文化的教養を高め得るような環境を醸成するように努めなければならない。
2～3　（略）

（図書館及び博物館）
第九条　図書館及び博物館は、社会教育のための機関とする。
2　図書館及び博物館に関し必要な事項は、別に法律をもつて定める。

文化芸術基本法（平成十三年法律第百四十八号）
（目的）
第一条　この法律は、文化芸術が人間に多くの恵沢をもたらすものであることに鑑み、文化芸術に関する施策に関し、基本理念を定め、並びに国及び地方公共団体の責務等を明らかにするとともに、文化芸術に関する施策の基本となる事項を定めることにより、文化芸術に関する活動（以下「文化芸術活動」という。）を行う者（文化芸術活動を行う団体を含む。以下同じ。）の自主的な活動の促進を旨として、文化芸術に関する施策の総合的かつ計画的な推進を図り、もって心豊かな国民生活及び活力ある社会の実現に寄与することを目的とする。

（基本理念）
第二条　（略）
2～9　（略）
10　文化芸術に関する施策の推進に当たっては、文化芸術により生み出される様々な価値を文化芸術の継承、発展及び創造に活用することが重要であることに鑑み、文化芸術の固有の意義と価値を尊重しつつ、観光、まちづくり、国際交流、福祉、教育、産業その他の各関連分野における施策との有機的な連携が図られるよう配慮されなければならない。

（美術館、博物館、図書館等の充実）
第二十六条　国は、美術館、博物館、図書館等の充実を図るため、これらの施設に関し、自らの設置等に係る施設の整備、展示等への支援、芸術家等の配置等への支援、文化芸術に関する作品等の記録及び保存への支援その他の必要な施策を講ずるものとする。

博物館法（昭和二十六年法律第二百八十五号）
（この法律の目的）
第一条　この法律は、社会教育法（昭和二十四年法律第二百七号）の精神に基き、博物館の設置及び運営に関して必要な事項を定め、その健全な発達を図り、もつて国民の教育、学術及び文化の発展に寄与することを目的とする。

（出所：文化庁ホームページをもとに作成）

コラム 文化財保護法制定と国立博物館

　戦後、1947年5月の日本国憲法の施行とともに、宮内庁所管の帝室博物館から独立した国立博物館が、1950年の文化財保護法制定の際に文化財保護委員会の附属機関とされたことについて、日本博物館協会を中心とする棚橋源太郎等をはじめとする関係者がこれに猛烈な反対を唱えた。彼は、博物館本来の性格より独立した機関とすることが至当であるとして、政府や国会の関係者に陳情したが、結論は覆らなかった。当時、博物館関係者が反対したのは、「文化財保護法の精神にも制定にも賛成ではあるが，博物館全体の中核的な役割を担う国立博物館は，単に文化財保管の施設ではなく博物館として総合的かつ重要な役割を担っており，委員会の附属機関に位置付けることは，日本全体の博物館の発展に極めて重大な支障となる。というのが主な反対理由であった」[18] であったという。

　しかしながらこの運動は実らず、国立博物館や文化財研究所は文化財保護委員会事務局の下に置かれた。関係者の働きかけが幅広い理解を得られなかったのは、附属機関化による実質的な支障面を明確に示せなかった点が所以であろう。その意味では、改正博物館法案の立案過程において行われていた、国立の博物館を登録の対象とするかどうかの議論も、最後には「国民に対するわかりやすさ」というあまり実質的でない観点に帰結した点で、どこか当時の論争と似ているようにも思える。関係者の理念的・理想論的な主張も、時として重要であることはもちろんだが、当時の文化財保護法を巡る情勢としては、文化財の海外への流出や法隆寺金堂火災を契機とした文化財保護の世論に対応することが喫緊の課題であったということだろう。

　いずれにしても、国立博物館の独立化は、約50年の時を経て、中央省庁等改革の一環としての独立行政法人制度の導入により独立行政法人国立博物館法の下で実現したが（現在は独立行政法人国立文化財機構法）、当時の独立化という主張と独立行政法人化との関係性については、現在ではほとん

---

18 半田昌之「博物館法をめぐる古くて新しい課題」（「日本の博物館のこれからⅢ」大阪市自然史博物館、2022、pp. 11-23）参照。また当時の経緯の詳細は、『わが国の近代博物館施設発達資料の集成とその研究〈大正・昭和編〉第1』日本博物館協会、1964、pp. 167-174 の原典資料に詳しい。

ど指摘されていない。このことは言い換えれば、社会や時代の要請、関係者の認識の変化等により、博物館の目的や理念も可変し、関係者がそれを受け入れられる土壌があることを示す一例と捉えることもできるかもしれない。その意味では、「博物館」という制度、ミュージアムという社会装置が、これからの未来に向かって、その意義・目的を自己革新、イノベートすることが可能な存在であると言える証左として、前向きに捉えたいと思う。

■■■■■

2. 改正博物館法の成立

(1) 我が国における「博物館」の定義とその多様性

　改正博物館法に至るこれまでの歩みについてふれる前に、まず「博物館」とは何かということについて整理してみたい。

　「博物館」という用語は、言うまでもなく museum の日本語訳であるが、これは他の訳語とともに既に幕末から用いられており、一般に普及したのは、1862 年から約 1 年間かけてイギリス、フランス、オランダ等を訪問した江戸幕府の文久遣欧使節に加わった福沢諭吉が、1866 年に出版した『西洋事情』において用いたのが嚆矢とされている[19]。その典拠は史記、春秋左氏伝にいずれも「博物」と用いられていることがあげられる[20]。いずれも「見聞を博（ひろ）くすること」「博く物事を知っていること」という意で用いられており、博物館とは見聞を広める建物と解される。

　一方、法令上の定義を見ると、博物館法の第 2 条では、「この法律において「博物館」とは、歴史、芸術、民俗、産業、自然科学等に関する資料を収集し、保管（育成を含む。以下同じ。）し、展示して教育的配慮の下に一般公衆の利用に供し、その教養、調査研究、レクリエーション等に資するために必要な事業を

19　福沢諭吉の『西洋事情初編』では、「博物館は世界中の物産、古物、珍物を集めて人に示し、見聞を博くする為に設けるものなり」とし、鉱物を集めた館、動物園（海魚を含む）、植物園、さらには医術の博物館にも言及している。また、博物館に続き、博覧会についても言及し、資料の陳腐化に対応して、西洋では「数年毎に産物の大会を設け、世界中に布告して各々その国の名産、便利の器械、古物奇品を集め、万国の人に示すことあり。之を博覧会と称す。」としている。一行は、当時、イギリスで開催されていたロンドン博覧会も視察している。
20　矢島恭介「博物館発達史の概要」p. 384（『わが国の近代博物館施設発達資料の集成とその研究〈明治編〉第1』日本博物館協会、1964 収録）「博物君子也」（『史記 呉太伯世家』）、「揚執戟之博物奇才」（『春秋左氏伝－昭公元年』）

行い、あわせてこれらの資料に関する調査研究をすることを目的とする機関（社会教育法による公民館及び図書館法（昭和25年法律第118号）による図書館を除く。）」とされている。

　すなわち、博物館は社会教育施設として、資料の①収集・保管、②展示・教育、③調査・研究を行う機関として位置付けられ、博物館法の「博物館」の中には、総合博物館や歴史博物館のみならず、美術館、科学館、動物園、水族館、植物園、野外博物館、プラネタリウムなども、博物館法制定当時から含まれており、教育施設としての役割だけでなく、レクリエーション施設としての役割も期待されてきた。

　このように博物館法であえて定義の解釈の範囲を広げているのは、博物館法に規定する事項に該当する施設であれば、いわゆる歴史博物館・美術館のみならず、動物園・植物園・水族館をはじめ、さらには野外美術館など、それ以外の施設もこの法律で定める博物館として取り扱われる余地を残し、形式にとらわれず、実質の面から博物館を捉えようとしているからである。すなわち、博物館の中には、一定の資料が建築物の中に収蔵され展示される屋内施設もあれば、自然景観等を利用して各種の資料を自然的に陳列展示する野外施設もあり、また歴史的、記念的施設を含む場合もある。また、その取り扱う資料にしても、生物もあれば死物もあるといったように、一概に博物館の範囲を断定することはかえって博物館の発展のためにも危険なことである。

　実際に、全国の博物館を見渡せば、文字通り、種別も広く、またその規模もまちまちであり、その資料の多様性から、画一的に定義を規定することはその本質上も法令上も極めて困難であることは言うまでもないだろう。

（2）文化施設としての博物館

　2001年に公布・施行された文化芸術振興基本法では、「美術館、博物館、図書館等の充実」として一条を設け、国は博物館に関し必要な施策を講ずるとされたところであり、博物館は文化施設としての役割も求められている。また、2017年に改正された後の文化芸術基本法は、文化芸術により生み出される様々な価値を生かして、これまで培われてきた伝統的な文化芸術を継承し、発展させるとともに、独創性のある新たな文化芸術の創造を促進するため、文化芸術に関する活動を行う人々の自主的な活動を促進することを基本としながら、文

化芸術に関する施策についての基本理念を明らかにしてその方向性を示し、文化芸術に関する施策を総合的かつ計画的な推進を図り、心豊かな国民生活及び活力ある社会の実現に貢献することを目的としたものである。特に、博物館に関しては、文化芸術基本法第26条において、「国は、美術館、博物館、図書館等の充実を図るため、これらの施設に関し、自らの設置等に係る施設の整備、展示等への支援、芸術家等の配置等への支援、文化芸術に関する作品等の記録及び保存への支援その他の必要な施策を講ずるものとする。」とされている。また、博物館法における文化芸術基本法の精神に基づいた具体的事項としては、法律の目的として、文化の発展に寄与することを規定するとともに、博物館の目的として、資料の収集・保存、展示・教育、調査研究することとしていること（第1条及び第2条）、博物館の事業を実施する観点として、地域における教育、学術及び文化の振興、文化観光の推進、福祉の増進その他の地域の活力の向上に資することについて規定したこと（第3条第3項）が挙げられる。

　また、2018年に策定された「文化芸術推進基本計画（第1期）」では、文化芸術に関する施策の推進に当たっては、文化芸術の固有の意義と価値（本質的価値及び社会的・経済的価値）を尊重しつつ、文化芸術そのものの振興にとどまらず、観光、まちづくり、国際交流、福祉、教育、産業その他の関連分野における施策を法の範囲に取り込むとともに、文化芸術により生み出される様々な価値を文化芸術の継承、発展及び創造につなげるための好循環を創出することが盛り込まれている[21]。特に、博物館は文化芸術の保存・継承、創造、交流、発信の拠点のみならず、地域の生涯学習活動、国際交流活動、ボランティア活動や観光等の拠点など幅広い役割を有しているとし、教育機関・福祉機関・医療機関等の関係団体と連携して様々な社会的課題を解決する場としてその役割を果たすことが求められているとしている。

　このように、博物館は今や、社会教育施設のみならず、文化施設としての機能・役割も帯びているのである。

　このような博物館の文化施設としての機能・役割を意識し、文化財保護法に

21　文化芸術基本法第2条第10項においては、「文化芸術に関する施策の推進に当たっては、文化芸術により生み出される様々な価値を文化芸術の継承、発展及び創造に活用することが重要であることに鑑み、文化芸術の固有の意義と価値を尊重しつつ、観光、まちづくり、国際交流、福祉、教育、産業その他の各関連分野における施策との有機的な連携が図られるよう配慮されなければならない。」とされている。

も、文化財の保護における博物館の役割について規定されてきた。2018年の同法の改正[22]では、文化財をまちづくりに活かしつつ、地域社会総がかりでその継承に取り組んでいくため、地域における文化財の計画的な保存・活用の促進等を図ることとされ、その保存・活用において重要な役割を担う機関として、博物館の役割が想定されている。また、2020年にはいわゆる文化観光推進法[23]が公布・施行され、文化財等の文化資源を有し、観光事業者と連携する博物館等を「文化観光拠点施設」とし、これらに対して法律や予算上の支援を行うことで、地域における文化・観光・経済の好循環を形成していくことを目指している。さらに、国が策定した『知的財産推進計画2020』においては、「文化財の新たな活用を図るため、デジタル技術による精密なデータ計測により、発信の強化や精巧なレプリカ作成、コンテンツ制作等の取組を進める」ことが「施策の方向性」として記載されている。

（3）博物館の定義の国際的な動向

　国際的な定義の動向を見てみると、2007年に採択されたICOM[24]規約[25]では、「博物館とは、社会とその発展に貢献するため、有形、無形の人類の遺産とその環境を、教育、研究、楽しみ を目的として収集、保存、調査研究、普及、展示する、公衆に開かれた非営利の常設機関である。」とされている。

　さらに、2022年にプラハで開催されたICOM総会では、京都で開催された総会[26]以来の懸案であった博物館の定義が見直されたが、①博物館は、有形及

22　文化財保護法及び地方教育行政の組織及び運営に関する法律の一部を改正する法律（平成30年法律第42号）

23　文化観光拠点施設を中核とした地域における文化観光の推進に関する法律（令和2年法律第18号）。同法では、文化資源を有する博物館等に対して支援等を行い、地域における文化・観光・経済の好循環を形成することを目指している。https://www.bunka.go.jp/seisaku/bunka_gyosei/bunkakanko/index.html

24　ICOM（International Council Of Museums）は、博物館の発展を目的として1946年に創設された国際非政府組織。

25　A museum is a non-profit, permanent institution in the service of society and its development, open to the public, which acquires, conserves, researches, communicates and exhibits the tangible and intangible heritage of humanity and its environment for the purposes of education, study and enjoyment. （「イコム規約」（ICOM日本委員会より抜粋）

26　ICOM京都大会とは、2019年9月、3年ごとに開催される総会が京都で開催されたもの。ICOM規約における「博物館」の定義の見直しについての議論や、「文化をつなぐミュージアム」等の決議が採択された。

び無形の遺産を研究、収集、保存、解釈、展示する、社会とその発展に貢献する、非営利の常設機関であることはこれまでとほぼ同様であるが、これに加えて、②博物館は、一般に公開され、利用しやすく、包摂的であり、多様性や持続可能性を促進すること、③博物館は、倫理的、専門的にそしてコミュニティの参加を得て機能し、コミュニケーションを図り、様々な体験を提供するものであることが追加された[27]。

　一見、博物館法の博物館の定義は国際的な定義と異なっているように見えるが、資料の収集・保管、展示・教育、調査・研究という博物館の基本的な役割・機能は概ね同様で共有されており、また、今回の定義で追加された②と③については、博物館が社会教育施設さらには今回の改正博物館法で文化施設として位置付けられたことから、教育基本法、社会教育法、文化芸術基本法などにその趣旨が含意されているとともに、これまでも博物館現場では十分意識されてきたものであることから、ICOM で新たに示された博物館の定義の考え方は、現在の博物館法の定義の中において関係者の間で既に共有されているものと言えるだろう。

　一方で、今回の ICOM 総会で採択された定義の中で、accessible（利用しやすい）, inclusive（包摂的）, diversity（多様性）, sustainability（持続可能性）, ethically（倫理的）, professionally（専門的）などの用語が新たに用いられたが、これらはミュージアムのみならず、他の分野、例えば、学校教育分野や社会経済分野などでも注目されている概念である。

　今後、博物館が新たな活動を行っていく際には、改めて ICOM でのミュージアムの定義に新たに含まれた、前述の用語が意味するところを意識し、各館の使命や方針、活動内容の見直しを行っていくことが求められるだろう。

---

27 A museum is a not-for-profit, permanent institution in the service of society that researches, collects, conserves, interprets and exhibits tangible and intangible heritage. Open to the public, accessible and inclusive, museums foster diversity and sustainability. They operate and communicate ethically, professionally and with the participation of communities, offering varied experiences for education, enjoyment, reflection and knowledge sharing.
「博物館は、有形及び無形の遺産を研究、収集、保存、解釈、展示する、社会のための非営利の常設機関である。博物館は一般に公開され、誰もが利用でき、包摂的であって、多様性と持続可能性を育む。倫理的かつ専門性をもってコミュニケーションを図り、コミュニティの参加とともに博物館は活動し、教育、愉しみ、省察と知識共有のための様々な経験を提供する。」
https://icomjapan.org/journal/2023/01/16/p-3188/

(4) ICOM 京都大会の「文化をつなぐミュージアム」の理念

　近年、国内の議論の中においては、博物館は地方公共団体・大学・民間企業等の関連機関・団体等と有機的に連携しながら、まちづくり・福祉・産業・観光・国際交流などの関連分野を相互に結びつけることが期待されている。

　これは、まさに ICOM 京都大会で提唱された、博物館が人文科学と自然科学を融合させた学際的な取組を行うなど、「文化をつなぐミュージアム（Museums as Cultural Hubs）」[28] として、国家や地域を超越した高度なネットワークを形成することが求められていることと軌を一にしていると言える。今や博物館は、社会教育施設としての役割だけでなく、ミュージアムという一種の社会装置として、地域のまちづくりや産業活性化、社会包摂、人口減少・過疎化・高齢化、地球温暖化や SDGs など、複雑な社会の変化や地域の現代的な課題解決に対応する専門的な拠点、ハブとしての機能も求められているのである。

　このように、博物館が社会の課題解決のため、地域の文化的ネットワークのハブとなり、社会的・経済的価値を生み出すという考え方は、突如現れたものではない。海外での取組はもちろんのこと、日本でも伊藤俊朗の地域指向型の博物館や、梅棹忠夫の国立民族学博物館の先進的な試み、さらには文化庁の支援の下で行われている様々な地域や企業の博物館での協働的な実践に既に現れているし、こうした実践の積み重ねこそが「文化をつなぐミュージアム」という概念に結実したと言えるだろう。

---

28 「文化をつなぐミュージアム」に関する決議
　「Museums as Cultural Hubs」の理念の徹底（ICOM 日本による提案）　※仮訳
　「25 回目を迎える ICOM 大会が、「Museums as Cultural Hubs」のテーマのもと、1997 年に国連の気候変動枠組条約に関する京都議定書が採択された会場と同じ場所で開催されたことは、重要な意義を有する。「Cultural Hubs」には、博物館が何世紀もの時を超え、政権交代や世代をも超えて知を交流するうえで中核を担う場であるという意味が込められている。
　博物館定義や持続可能性、そして博物館と地域発展に関する活発な議論が、この長期的な概念上の枠組みのもとで行われたことで ICOM 大会はより意義深いものとなった。さらに、「Cultural Hubs」には、国家的、地理的な境界を超越し得る博物館の能力という意味が込められている。
　概念的には、このテーマは、博物館がどのように多様な分野を横断的に連携する役割を果たし得るか、ということを示唆している。博物館は、人文科学と自然科学が相互補完的な関係であることを私たちに気づかせてくれる。その意味において、東アジアで 3 回目となる ICOM 京都大会の議論において、災害対策やアーカイブのような学際的なテーマが含まれていることは、非常に重要なことである。時を超え、国を越え、そして学問分野を超えて新たな時代のニーズに応えるため、我々は、ICOM が「Museums as Cultural Hubs」の概念的枠組みを取り入れた柔軟かつ融合的な論議を行うことを提唱する。」

(5) 新「文化庁」の機能強化と博物館行政

　公私立の博物館行政や博物館法の所管は、旧文部省、文部科学省を通じて、博物館が社会教育施設として位置付けられたことから、長年、社会教育部局が担当してきた。一方で、国立博物館は前述したように、戦後、一時文部省所轄となり、文化財保護法制定により文化財保護委員会の附属機関となった。その後、文化財保護委員会は、1968年に文化庁に改組されたが、その時点の文化庁の任務としては「文化の振興及び普及」「文化財の保存及び活用」「宗教に関する国の行政事務」の3つが規定されていた。

　それからちょうど50年を経て、2018年には、京都への移転が決まっている文化庁の機能強化を目的とした文部科学省設置法の改正[29]が行われ、現在では、文化庁の任務として「文化の振興その他の文化に関する施策の総合的な推進」「国際文化交流の振興」「博物館による社会教育の振興」「宗教に関する行政事務」の4つが規定されている。このうち「国際文化交流の振興」は2001年の中央省庁等改革の時に追加されたものであり、2018年に新たに追加されたのは、「文化に関する施策の総合的な推進」と「博物館による社会教育の振興」の2つである[30]。

　「文化に関する施策の総合的な推進」とは、政府における各省庁の施策のうち文化に関するものを取りまとめる機能を新たに文化庁に付与したものである。そして、「博物館による社会教育の振興」とは、これまで文部科学省本省が所管していた社会教育施設としての博物館、すなわち文化施設としての美術館及び歴史博物館のほか、水族館、動物園及び科学博物館等、博物館行政に関する事務全般について、新「文化庁」が一括して所管することにより、博物館の更なる振興等を図ることとされた。そして、博物館法も新「文化庁」が所管することとなった。

(6) 博物館に求められる役割・機能の多様化・高度化と博物館法の改正

　このように国際的にも国内的にも博物館を取り巻く環境、社会からの要請が目まぐるしく変化し、博物館に求められる役割・機能が多様化・高度化する中で、約70年前の1951年に制定された博物館法については、文化芸術基本法や

---

29 文部科学省設置法の一部を改正する法律（平成30年法律第51号）
30 従前の「文化財の保存及び活用」は、文化の振興の概念に包含されているものと整理された。

文化観光推進法の制定、ICOMなどの国際的な動向、デジタル化や新型コロナウイルス感染症への対応など、登録制度をはじめとする法制度の改正の必要性が博物館関係者をはじめ各所から指摘されてきた。

　特に博物館法上の登録制度については、既に2007年にまとめられた「これからの博物館の在り方に関する検討協力者会議」の報告書において、博物館の約8割が博物館法の対象外という状況にあり「博物館登録制度が我が国の博物館の活動の基盤を形成しているとは言い難い状況」であると指摘されていた。そして、学芸員等の職員の有無や開館日数等の外形的な審査が中心となっている現行の博物館登録制度を見直し、設置主体の限定を撤廃し、相当施設の指定制度を登録制度に一本化すること、実質的な博物館活動の審査を行うために、登録審査に専門家からなる第三者機関が参画すること等が提言されていた。

　しかしながら、2009年の社会教育法等の改正の中で行われた博物館法の改正では、2018年の 教育基本法改正を踏まえた規定の整備等が行われたのみで、登録制度の見直しをはじめ2007年の報告書の提言内容の大部分が反映されなかった。このようなことから、2009年の社会教育法等改正案の国会審議の際には、参議院文教科学委員会の附帯決議において、「多様な博物館がそれぞれの特色を発揮しつつ、利用者の視点に立ったより一層のサービスの向上が図られるよう、関係者の理解と協力を得ながら登録制度の見直しに向けた検討を進める」よう努めるとされ、博物館法の登録制度の見直しの必要性が指摘されたところである。

　一方で、新「文化庁」では前述したように博物館行政と博物館法を一括して所管することとともに、2019年に文化審議会博物館部会[31]を新たに常設し、博物館法の在り方について様々な角度からの議論が開始されたところである。2021年8月には、文部科学大臣から文化審議会に対して「これからの時代にふさわしい博物館制度の在り方について」の諮問がなされたが、この文部科学大臣からの諮問を受けて、さらに博物館部会を中心に審議され[32]、2021年12月

---

31 文化審議会令（平成12年6月7日政令第281号）第6条第1項及び文化審議会運営規則（平成23年6月1日文化審議会決定）第4条第1項の規定に基づき、博物館の振興に関する事項について調査審議を行うため、文化審議会に設置されたもの。調査審議事項は、博物館の振興に関する事項について等。https://www.bunka.go.jp/seisaku/bunkashingikai/hakubutsukan/index.html

32 博物館部会には、法制度の在り方に関するワーキンググループが設置され 博物館関連団体からの意見聴取も行った。https://www.bunka.go.jp/seisaku/bunkashingikai/hakubutsukan/hoseido_working/index.html

に文化審議会において答申[33]として取りまとめられた。これを受けて、文化庁ではこの答申の内容を実現すべく、政府提出の博物館法単独の改正としては約70年ぶりとなる法律案[34]を2022年の第208回国会（常会）に提出し、同法案は2022年4月8日の参議院で可決され、成立した（施行期日は2023年4月1日）。

　なお、国会の委員会審議では、博物館法やこれからの博物館に求められる役割・機能について、様々な観点から質疑がなされた。例えば、

・多様な主体と連携して地域的・社会的課題を解決するなど、博物館が社会教育施設と文化施設の双方の役割・機能を担うことが求められていること
・ICOM京都大会で決議された「文化をつなぐミュージアム」の理念の重要性
・デジタル・アーカイブ化とその公開の加速
・登録の審査基準、登録を促すメリットやインセンティブの重要性（知名度・信用の向上、税制や法律上の優遇措置、文化庁による予算上の支援等）
・館長や学芸員をはじめ博物館の職員に対する研修の重要性
・学芸員の資格要件の見直しが改正法に盛り込まれなかった理由と学芸員の処遇改善（社会的地位の向上、雇用の安定等）
・国立博物館・美術館の博物館法上の位置付け（登録の対象ではなく指定施設とされたこと、ナショナルセンター的機能等）
・障害のある方々の作品創造・展示の機会の増大、施設や展示手法のバリアフリー化
・学芸員の男女率と比べて、館長に占める女性の割合が相対的に低いことなどから、性別にかかわらず、各館の課題や特色を踏まえた人材の登用

などについて指摘がなされた。

　なお、今回、博物館法の目的に文化芸術基本法を位置付けたことにより、関係者の間で「博物館に教育よりも観光やまちづくりなどで経済的な活動が求められるようになった」という言説が使用される場合もあるが、博物館は依然として社会教育機関でもあり、文化施設であるという、両者の役割を併せ持つ存在である。社会装置としてのミュージアムが、まちづくり、文化観光、福祉、産業などの多様な主体と結びついて、新たな社会的・経済的価値を地域に還元

33「博物館法制度の今後の在り方」https://www.bunka.go.jp/seisaku/bunkashingikai/hakubutsukan/pdf/93654601_03.pdf
34 博物館法の一部を改正する法律案（閣法第31号）

することが重要なことであることは言うまでもない。

　同様に誤解があるのは入館料の徴収についてである。博物館法第23条においては、公立博物館（私立博物館の規定はない）は、入館料等を徴収してはならな

（参考）博物館法の一部を改正する法律案の国会審議経過

衆議院議案受理年月日	2022 年 2 月 22 日
衆議院委員会審査	2022 年 3 月 23 日　／　可決
衆議院本会議	2022 年 3 月 24 日　／　可決
参議院委員会審査	2022 年 4 月 7 日　／　可決
参議院本会議	2022 年 4 月 8 日　／　可決
公布年月日／法律番号	2022 年 4 月 15 日　／　24

図表 1-1　博物館法改正の背景と主な改正内容

2021年の文化審議会答申（博物館部会）を踏まえ「博物館法」を改正

背景

主な改正内容

2017年
文化芸術基本法
・文化芸術の範囲を拡大し、まちづくり、国際交流、観光・産業、福祉等との連携を範疇に

2018年
文科省設置法の一部改正
・博物館行政を文化庁が一括して所管

2019年
ICOM京都大会
・「文化をつなぐミュージアム」として、博物館を文化観光、まちづくり、社会包摂など社会的・地域的課題と向き合うための場として位置付け

文化審議会博物館部会（常設）での不断の検討

1．法律の目的及び博物館の事業の見直し
・目的に文化芸術基本法の精神に基づくことを追加
・博物館資料のデジタル・アーカイブ化を追加
・他の博物館との連携、地域の多様な主体との連携・協力による文化観光など地域の活力の向上への寄与を努力義務化

2．博物館登録制度の見直し
・地方公共団体、社団法人・財団法人等に限定していた設置者要件を法人類型にかかわらず登録できるように改め、地方独立行政法人立、会社立などの登録も可能に
・資料の収集・保管・展示及び調査研究を行う体制等の基準に適合するかを審査
・都道府県等教育委員会による学識経験者の意見聴取、運営状況の定期報告、報告徴収・勧告など登録審査の手続き等の見直し

3．その他の規定の整備
・学芸員補の資格要件を、短期大学士を有する者で、博物館に関する科目の単位を修得した者等に
・国・都道府県教育委員会による研修の対象に、学芸員以外の者も含める
・博物館に相当する施設として指定された施設（指定施設）の他の博物館等との連携等を努力義務化
　2023 年 4 月 1 日施行（既に登録されている博物館は施行から 5 年間は登録博物館等とみなす経過措置等）

（出所：文化庁ホームページをもとに作成）

いとされている[35]。これは、博物館法制定当時、社会教育のための機関である公立博物館が、地域住民に真に生活の道具として利用されるためには、無料公開するべきであるという考えのもとに置かれたものである。一方、博物館法制定当時においても、入館料が収入の相当部分を占めている博物館があった状況も踏まえ、同条ただし書において、博物館の維持運営のためにやむを得ない事情のある場合は、必要な対価を徴収することができることとされており、入館料については各館の実情を踏まえて設置者が適切に判断すべき事柄であるとされている。今回の改正法でもこの点に変更はない。実際に、2017年時点で約8割の公立博物館が入館料を徴収している。要は、博物館が収入を得ることを否定している訳ではなく、その収入が博物館自体及びその運営のために利用されることを求めているものと理解すべきである。

また、博物館が資料収集、公開展示、調査研究を行う施設であるという位置付けも変わっていない。なお、この調査研究については、博物館が現に収集、保管等する資料とそれに関連する調査研究のみならず、当該資料が関係する地域や学術分野における調査研究を幅広く含むとともに、博物館における教育や交流、デジタル化や広報等、博物館の活動一般に関する調査研究を含むものである。

(7) 登録制度の見直し〜法人類型にかかわらず登録可能に〜

前述したように、博物館法は、社会教育機関としての博物館の整備充実を目指して、1951年に制定された。同法は、博物館が国民の教育、学術及び文化の振興に果たす役割にかんがみ、博物館の基本的な機能（資料の収集・保管、展示・教育、調査・研究）を果たすために必要な要件を備えた施設を登録し、登録された施設について税制上の優遇措置等の振興策を講ずることによって、当該施設の健全な発達を図るものである。

今日の状況を踏まえ、今回の改正法の内容としては、文化芸術基本法の精神に基づくことを追加するとともに、デジタル・アーカイブ化を追加、他の博物館との連携、地域の商工会や観光関係機関、福祉事務所など地域の多様な主体

---

35 博物館法（昭和26年法律第285号）（抄）※改正後
　　（入館料等）
　　第二十六条　公立博物館は、入館料その他博物館資料の利用に対する対価を徴収してはならない。ただし、博物館の維持運営のためにやむを得ない事情のある場合は、必要な対価を徴収することができる。

と連携・協力して地域の活力の向上に寄与することが努力義務化された。

　また、登録制度においては、博物館の設置主体を地方公共団体や一般社団・財団法人等に限定し、登録要件として、必要な博物館資料を有していること、必要な学芸員その他の職員を有すること等を設け、都道府県教育委員会（指定都市教育委員会を含む）の審査を経たものを、博物館として登録することとされていた。しかしながら、法の制定から約70年が経過し、登録制度については長年の中で形骸化が進む一方、民間の会社等が設置した施設においても、博物館の基本的な機能を有するものが増加しており、これらが国民の教育、学術及び文化の振興に果たす役割にかんがみれば、これらの施設も登録の申請を行うことができることとし、博物館法の対象として振興策を講ずることが適当である状況に至っている。このため、登録制度の対象となる設置者の範囲を拡大するなど登録制度の見直しを行うこととすることとし、具体的には、法人類型にかかわらず登録できるように改め、地方独立行政法人立や会社立などの登録も可能にすることになった。

　また、「博物館の事業に類する事業を行う施設」のうち「博物館に相当する施設として指定したもの」を「博物館相当施設」とし、制度上の優遇措置が一部認められているが、内容に変更はないものの、博物館関係者からの意見も踏まえ、改正法ではこれを「指定施設」と定義し、改正法の附則で、美術館損害補償法等の他の法律での用語を「指定施設」と形式的に改めている。

　これらの新しい制度は2023年4月から施行することとしており、既に登録されている博物館についても、5年間の間に新しい制度のもとでの登録を取り直す必要がある。

　なお、従来は、前述した博物館法上の制度である「登録博物館」と「博物館相当施設（改正後は指定施設）」、博物館法には位置付けられていない「博物館類似施設」との3つに分類されてきた。改正博物館法が施行後も基本的にこの構造に変わりはないが、「博物館類似施設」については、あたかも制度上の位置付けがあるように思えるが、あくまで調査上の定義に過ぎず、博物館法上の位置付けはないため、改正法の資料では「その他の施設」や「登録又は指定以外の施設」という用語を用いている。また、「登録」という用語は既に人口に膾炙していることから法令上変更しないことになったが、その法的意味は認証に近いことから、「登録博物館」の英訳は“Registered Museums”から

図表 1-2　改正博物館法（2022 年）による新たな登録制度のポイント

● **すべての博物館が、その設置者にかかわらず、望ましい博物館像に向けて自らの運営を改善**することを促すとともに、博物館の「底上げ」と「盛り立て」を図る登録・指定制度へ
● また、**博物館と地方公共団体、学校、社会教育施設などの関係機関・民間団体が相互に連携**を図るよう努めることを規定し、博物館が地域の活力の向上に寄与する役割を期待

【旧制度】
全国的に博物館の数の増加を図るに当たって、
博物館の基本的、公共的な機能を確保するための制度

【新制度】
望ましい博物館像に向けた運営の改善促進等による
「底上げ」と「盛り立て」を図る制度

【登録博物館】
対象：地方公共団体
　　一般社団法人もしくは一般財団法人
　　宗教法人等政令で定める者
審査：**外形的な基準に基づき審査**
　　法律上の目的を達成するために必要な
　　① 博物館資料があること
　　② 学芸員その他の職員を有すること
　　③ 建物及び土地があること
　　④ 一年を通じて150日以上開館すること

【博物館相当施設】
審査：外形的な基準に基づき審査
対象：設置者による限定なし

その他の施設（博物館類似施設）

学校法人、株式会社、社会福祉法人等は対象外

活動の質や公益性を担保し、向上を促すことができていない

【新たな登録博物館】 Accredited Museums
対象：設置者による要件を撤廃
　　（**国・独法以外の設置者はすべて対象**に）
審査：**活動内容の質**について実質的に審査
　　・設置者の経済的基礎・礎・社会的信望
　　・資料の収集・展示、調査研究の体制※
　　・学芸員等の職員の配置※
　　・事業を行うにふさわしい施設や設備※
　　・一年を通じて150日以上開館すること
　　（※は、省令を参酌し各都道府県が基準を設定）

【指定施設】 Designated Museums
審査：登録博物館の審査基準を踏まえ規定
対象：設置者による限定なし

その他の施設

（出所：文化庁ホームページをもとに作成）

図表 1-3　新たな制度における博物館の類型

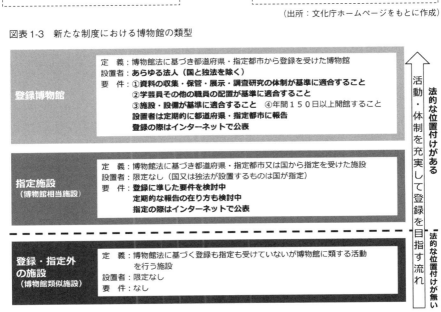

（出所：文化庁ホームページをもとに作成）

図表 1-3　博物館の類型

"Accredited Museums" に変更している。他方、指定施設（従前の博物館相当施設）については、博物館法の制定時から "Designated Museums" とされており、これはまさに指定された博物館という意味であることから英訳は変更していない。思うに、英訳のように「登録」という行政行為と対比すれば、「指定」に着目すべきであり、そもそも法令上も最初から「指定施設」という用語を使用すべきだったのかもしれない。改正法によって本来あるべき形になったと言えよう。いずれにしても、改正博物館法により、博物館は「登録」や「指定」されることで、法律上の地位が与えられ、信用や知名度の向上が期待できるとともに、税制上の優遇措置や、美術品補償制度の利用などの法律上の優遇措置を受けることが可能となる。

(8) 学芸員の資格要件の見直し

学芸員は博物館法第4条第4項において「博物館資料の収集、保管、展示及び調査研究その他これと関連する事業」を行う専門的職員とされており、登録博物館には必ず置くこととされている。全国で約9,000人が従事しており[36]、学士の学位を有する者で、大学において文部科学省令で定める博物館に関する科目の単位（9科目19単位）を修得したもの等が学芸員となる資格を有する。

学芸員については、文化芸術推進基本計画において「美術館、博物館が社会包摂や地域創生の礎となることが求められている近年において、作品や資料の収集、調査研究、展示企画の更なる充実や、適切に保存し、取り扱うための専門性の向上に加え、教育普及活動の更なる充実や地域振興、観光振興等への対応も求められている」と指摘されており、その専門性の維持や処遇改善は重要な課題である。一方、学芸員の資格要件など、その制度の在り方については、資格取得者の数に対して、実際に学芸員として採用される者の人数が極端に少ないことや[37]、専門的職員としての位置付けなどの点で様々な問題点が指摘さ

---

36 登録博物館、博物館相当施設、博物館類似施設の学芸員の合計は9,041人（令和3年度社会教育統計調査中間報告）

37 学芸員養成課程が開講されている大学が約300校あり、現在年間7,000～8,000人程度が資格を取得していると推計される（令和元年度博物館の機能強化に関する調査報告概要―大学における学芸員養成課程について―）。一方、2011～2013年度の3か年に学芸系職員を新規採用した博物館は2,258館中697館と30.9%であり、学芸員を採用した580館の採用者合計人数は823人にすぎない（平成25年度日本の博物館総合調査報告書（日本博物館協会））。

れている。

　また、これまでも学芸員の資格要件については、日本学術会議をはじめ様々な団体・関係者から提言が出されているが、現在の学芸員資格よりも高度な資質や経験を有する上位の資格（大学院レベル等）を創設し、処遇改善を図るべきとの意見もある。一方で、現場の関係者からは、資格の階層化への懸念や養成現場の負担など、博物館や養成を行う大学への影響等について慎重に検討すべきであるとの意見も多くあり、関係者の意見は一様ではない。この状況は、2007年にまとめられた「これからの博物館の在り方に関する検討協力者会議」の報告書が出された後に関係者の間で展開された議論とほとんど変わっていないと言える。

　その結果、文化審議会博物館部会における審議のまとめでは、「学芸員制度の今後の在り方については、上記の課題を踏まえて、学芸員に求められる専門的な能力を再定義しつつ、大学の設置する養成課程の状況や博物館現場におけるニーズを総合的に検討する必要があることから、拙速な議論を避け、実態の把握を行いながら、中長期的な課題として、引き続き博物館部会において継続的に検討していく必要がある」とされたところである。資格要件は、資格制度の根幹であり、関係者のコンセンサスが重要であることは言を俟たない。今後の関係者における真摯な議論が期待される。

(9) 学芸員補の資格要件の見直し

　学芸員補は、博物館法第4条第6項において「学芸員の職務を助ける」ことで博物館運営を支える職員とされており、全国で約1,000人が業務に従事している[38]。

　学芸員補の資格要件については、現在は博物館法第6条において、大学に入学することのできる者は、学芸員補となる資格を有することとされているが、法制定当時と比較して進学率が飛躍的に向上したことや博物館活動の高度化・複雑化等を踏まえ、学芸員補の資格要件について、短期大学士等を有する者で、文部科学省令で定める博物館に関する科目の単位を修得したものに改めることとしたものである。

---

[38] 登録博物館、博物館相当施設、博物館類似施設の学芸員補の合計は1,045人（令和3年度社会教育統計調査中間報告）

（10）様々な専門的職員の養成・資質向上

　昨今、博物館の役割・機能が多様化・高度化する中で、博物館には、館長や学芸員のみならず、館種ごとの特殊性に対応した専門家（例えば、動物園・水族館における獣医や飼育員）、さらには広報やPR、企画やデザイン、デジタル化、マネジメント、ファンドレイズなど、多様な専門的人材の必要性が増しており、こうした幅広い業務に従事する人材を確保することも求められている[39]。また、現職の学芸員や上記のような様々な専門的人材をはじめとする職員について、研修等を通じてその資質を向上し、博物館全体の活動の充実を図ることも必要である。関係団体・機関等と連携しつつ、現職研修の一層の充実を図る必要がある。さらに、文化財保護分野等において行われている関係機関の研修プログラムとの連携も重要である。

　このため、博物館法第7条を改正し、文部科学大臣及び都道府県の教育委員会は、従来の学芸員及び学芸員補に加えて、館長その他の職員に対して、その資質の向上のために必要な研修を行うよう努めることとすることとしたところである。もちろん、ここで言う「その他の職員」とは、今日博物館で求められている前述の様々な専門的職員のことを指すものである。

（11）博物館資料のデジタル・アーカイブ化の追加

　博物館資料をデジタル化して保存（＝デジタル・アーカイブ化）し、インターネット等を通じて公開することは、

① 博物館資料に係る情報の保存と体系化

② 博物館における調査研究の成果を含めた資料の公共化

③ 多様な創造的活動への博物館資料の活用の促進

などの観点から重要性がますます高まっている。特に新型コロナウイルス感染症の経験から、博物館の施設に利用の制限が求められた際におけるデジタル的な対応の必要性・有効性も認識されている。このことは、2015年に採択され

---

39 文化芸術推進基本計画においては、「文化芸術は、芸術家等のみならず、文化財の修理等を支える技術・技能の伝承者、文化芸術活動に関する企画又は制作を行う者、文化芸術に関する技術者、美術館、博物館における学芸員や劇場、音楽堂等、文化芸術団体の各種専門職員等、地域の文化芸術に熟知しマネジメント力を備えた人材、多様で高いスキルを有する専門的人材を必要としており、こうした人材の育成・確保が我が国の文化芸術の持続的な発展において重要である。特に文化財の修理等の文化芸術の担い手については、その育成・確保が求められている。」と指摘されている。

たユネスコの「ミュージアムとコレクションの保存活用に関する勧告」[40] でも言及されており、収蔵品目録の作成について適切な対策を講じるべきであり、デジタルの知識や技術を持たない人々へのアクセスを提供するよう努力すべき、社会の中にミュージアムのための場所を創出すべきであるとしている。一方で電子化がコレクションの保全に取って代わるものと見なされることがあってはならないとされている。

　しかしながら、我が国の博物館のデジタル化の状況を見ると、実施予定なしが半分を占め、専門知識を持った職員も約7割の館でいない状況であり、極めて厳しいものがある。具体的には、80.6％が「ICTを利用した新しい展示方法が導入できていない」ことを、77.5％が「ウェブサイト等での資料情報公開が不十分」なことを、73.9％が「資料や資料目録のデジタル化ができていない」ことを課題に挙げている。非常に厳しい現状であるが、社会全体がデジタル化する中で、デジタル・アーカイブ化には、ミュージアムの文化的・社会的・経済的価値を広げる様々なメリット、可能性があり、各館の実情に応じて取組を進めることが重要である[41]。

　例えば、デジタル・アーカイブ化により、貴重な博物館資料の価値が公共に共有され、広く国民の学習活動や文化芸術活動に資するとともに、博物館の内部においても、資料の情報が整理・体系化され、博物館資料の管理が効率的に行われるようになる。また、併せて、他の博物館との情報共有が容易となり、館同士の連携が促進される。さらに、博物館が所蔵・管理する資料を明らかにしておくことで、万が一、自然災害等による被害を受けた場合における資料の損害状況等を正確に把握することが可能となり、復旧に向けての取組に有利にはたらくことや、あらかじめ博物館資料の情報をデジタル化して管理することにより、現物の博物館資料自体に接触する必要のある場面が減少し、資料の保

40 ミュージアムとコレクションの保存活用、その多様性と社会における役割に関する勧告（2015年11月　第38回ユネスコ総会採択）「29. ミュージアムの機能はまた、新しい技術と、日常生活において増大するそれらの役割によっても影響を受ける。これらの技術は、ミュージアムを世界中に普及促進するうえで絶大な可能性を有しているが、他方で、それらにアクセスできず、それらを使いこなす知識や技術を持たない人々やミュージアムにとっては、潜在的な障壁となりうる。加盟各国は、司法権と管理が及ぶ地域内のミュージアムに、これらの技術へのアクセスを提供するよう努力すべきである。」
41 「博物館資料のデジタル・アーカイブ化の目的・状況について」https://www.bunka.go.jp/seisaku/bunkashingikai/hakubutsukan/hakubutsukan04/02/pdf/93734001_01.pdf

存に資することも挙げられる。

　特に、学校教育における活用面では、デジタル化は大いに効果を発揮すると考えられる。現在の学習指導要領では、博物館や美術館などの積極的な活用を謳っており、また学校現場ではギガスクール構想の下で一人一台のタブレットが配布されているが、例えば、事前にデジタル化された資料で学習してもらい、博物館に来館して又は学芸員の出前授業で本物を見せる、解説する、事後にもデジタルで学習するなどの取組が可能となる。

　一方で、

・博物館資料のデジタル・アーカイブ化は、現物資料の保存を代替するものではなく、資料のアーカイブ化をもって現物資料を処分することは不適当であること

・また、デジタル・アーカイブ化された資料や資料情報を「公開」することも国民の博物館の活用の観点から重要であり、公開に向けた環境の整備を進めていくことが必要であること

・博物館資料のデジタル・アーカイブ化やその公開に当たっては、利用者が博物館資料の情報を体系的・横断的に把握できるような形で行うことが望ましく、メタデータの標準化・共通化を図ることが望ましいこと[42]

・資料のデジタル・アーカイブ化及びその公開を進めるに当たっては、著作権や所有権等への配慮が必要なものがあること

・一方で、著作権が消滅している資料等について、利用者にとって過剰な権利制限を課している場合があること

・各館がデジタル・アーカイブ化した資料情報は、ジャパン・サーチや文化遺産オンライン、アートプラットフォームジャパンといったデジタル・データのプラットフォームに掲載し、利用者が情報にアクセスしやすい環境の醸成を図ることで、博物館が持つ資源をより効果的に「分かち合う」ことが可能であること

などの点については留意する必要があるだろう。

---

[42] 各館の状況や扱う博物館資料の性質に応じた対応が必要であり、メタデータの標準化・共通化はデジタル・アーカイブ化の精度や範囲などについて、一律の水準を設けることを意味するものではない。

　コロナ禍の中で、既存の博物館施設の老朽化対応や博物館を支える人員の配置、展示施設の確保等が困難となる事態が生じている。博物館が廃止された場合には、利用者は資料にアクセスすることができなくなり、資料の保管や整理、学芸員の雇用にも悪影響が生じることが懸念される。たとえ優れた文化資源を有していても、博物館が廃止されれば、その価値に人々が触れる機会が失われる。

　その一方で、コロナ禍の中でオンラインによる資料の情報発信や、インターネット上での展示が有効であることは、全国の博物館関係者にも実感を伴って理解された。今後は、コロナ禍の経験や今次のICT技術の発展・普及を背景として、物理的な展示施設の整備が困難な場合でも、資料の展示をインターネット上で行い、それ以外の博物館としての活動は、展示施設を持つ博物館同様、積極的に実施するケースが想定され、既に現場でも各種の取組が行われている[43]。しかしながら、こうした活動を行う場合であっても、制度上の担保がなければ、やがて活動が廃れてしまい、資料の死蔵・散逸や学芸員の役割の喪失が懸念される。

　したがって、学芸員等の専門的職員や博物館資料はあるものの、物理的な施設を有しない博物館が資料のデジタル・アーカイブ化を進めた場合に、デジタル化した資料によって展示を（インターネット上で）行うこととする場合には、これも一定の条件の下で登録の対象となり得ると考える。これにより、学芸員をはじめとする職員の配置が確保され、博物館の廃止やそれに伴う資料の散逸危機を防止し、博物館としての信頼の高まりに応じた展望を期待することができる。

　他方、資料をデジタル化して展示する博物館を登録する場合には、所蔵する博物館資料がデジタル・アーカイブ化された上で、その画像データや解説について、インターネット上に教育的配慮をもって「展示」されてお

---

43 千葉県大網白里市が設置・運営する「大網白里市デジタル博物館」
　大網白里市は、博物館や資料館、美術館などの物質的な施設を有していないが、いつでも・どこでも・無料で文化資源に親しむことのできる施策としてインターネット上での展示を企画。コンセプトを「館を持たない自治体が提案する本格的デジタル博物館」として、大網白里市に関する文化資源を順次公開している。

り、学芸員が資料の内容等に関する問い合わせに対応する体制も確保されていることが求められる。また、博物館資料の収集・保管や調査研究、利用者への解説等の活動が十分に行われていること（通常の博物館に関する登録基準の考え方と同様）も求められるだろう。特に、学校や社会教育施設と連携した教育普及活動、学芸員による調査研究活動が行われていること、物理的な展示施設がないとしても、実物資料を安定的に収蔵する施設が確保されていること、さらには問い合わせに応じた閲覧利用の対応や、収蔵庫の公開日の設定など、多様な手段と方法により、一般公衆が実物の資料に触れる機会が確保されていることも大切であろう。

そこで問題となるのが、開館日数についてどのように考えるかである。法定されている「一年を通じて百五十日以上開館すること」の要件については、インターネット上の展示のみをもって「開館」していることと解することは困難であろう。例えば、①リファレンス（利用者からの問い合わせに対して同時双方向でのやりとりができるか、又は即応できる状態にある日）、②公開機会の確保（収蔵庫を開放して学芸員が博物館資料を解説する機会を設ける日や、利用者の求めに応じて実物資料の閲覧をさせる日）、③アウトリーチ（地域の社会教育施設等において利用者への学習機会の提供がなされている日）、④研修会（デジタル・アーカイブ化した資料に関する講演会、講習会、研究会等が開催されている日）など、物理的に「開館」しているのと同程度の活動が行われていることが必要であると考えられる。なお、このような「開館」の考え方は、例えば、豪雪地帯において季節によっては物理的な開館が難しい博物館等についても同様に考えることが可能である[44]。

とはいえ、資料をデジタル化して展示することは、当然ながら博物館の物理的な閉鎖を促すことや、登録の基準を実質的に緩和することを意図するものではない。このため、実物に触れる機会を確保するなど、物理的な展示以外の手段により博物館としての機能を果たすことも求められる。また、これからの博物館の理想的な姿は、オンサイト・オンラインの双方から効果的な活動を行うことにある。従って、例えば、公立博物館がデジタル・アーカイブ化された博物館資料による魅力的な展示を続けることによ

---

44 例えば、「飛騨みやがわ考古民俗館」では、積雪等の交通事情から開館日数が限られている。

り、住民をはじめとする利用者の博物館や展示資料への関心が高まり、物理的な展示を求める声が高まっていくことも期待される。

いずれにしても、世の中のあらゆる分野でデジタル化が進む中で、未来のミュージアムに必要な要素は何か、求められる公共性、公益性とは何かが、今後も問われ続けていくことになるだろう。

コラム 博物館とミュージアム ―――――――――――――――――――

　本書では、多様で規模もまちまちの博物館、美術館、動物園、水族館など全てを含む存在として、あえてICOMの定義の文言そのままに「ミュージアム」という用語を副題に用いた。一方で、博物館法に関係する事柄について論じる際には、「博物館」という用語を用いている。

　「博物館」とは一般的な語感としては、歴史博物館や自然史博物館をイメージすることが多いのではないだろうか。近代博物館制度や博物館法上の「博物館」に美術館、科学館、文学館、まして歴史的には含まれるとは言っても、動物園や植物園、水族館が「博物館」に含まれるというのは一般的には分かりにくい。おそらく大部分の国民は知らないのではないか。

　また、博物館が長年、社会教育施設として位置付けられてきた経緯から、文化施設のイメージが十全に定着しておらず、改正博物館法で盛り込まれた文化観光やまちづくりなどを、資料の保護や教育活動と対立的な視点で捉えたり、他の多様な主体との連携を忌避したり、必要性を感じないとする誤った考えも一部にある。このため、今回の改正博物館法で文化施設として位置付けられたことを契機として、これまで使用してきた広義の「博物館」という用語に替えて、「ミュージアム」という用語を用いる考え方もあろう。しかしながら、これとて動物園や植物園、水族館が含まれると感じるかどうかは人それぞれの感じ方に依存しており、一般に示す際には、結局はそれぞれの場面や文書等において、定義を明確にするしかないだろう。

　近年、スポーツ分野では、以前は社会体育として「体育」の概念の中で扱われがちであった「スポーツ」という概念が、一般的にも独立した「スポーツ」という用語として世の中で定着し、今やスポーツ基本法やスポー

ツ庁のように制度的にも、しっかりと位置付けられている。

　前述したが、「博物」は（ある人が）「館」で見聞を広めるというのが元々の由来であり、来館者中心で受動的な意味合いが強い。その他方で、今般、ICOMの定義が変更され示されたmuseumの概念は、今まで以上に包括的かつ能動的な概念へと変化した。これを契機に、これまで約150年使用されてきた「博物館」と「ミュージアム」という概念の異同、その使用方法や当否等について、これまでと同様に今後も踏襲することでよいのか、まずは関係者で議論を深め、世に問うていく過程が今まさに必要なのではないだろうか。

コラム　会社が設置者となる博物館（会社立博物館）

　株式会社等が設置する博物館（会社立博物館）の中には、登録博物館と何ら遜色ない水準の活動を行っているところも多くあるため、2021年の文化審議会答申[45]を踏まえ、今回の改正法により登録制度の対象としている。なお、博物館業界で膾炙されている「企業博物館」という用語は、企業に関連する実物等の提示など内容に重きを置いた定義であり、研究者によっては、企業がメセナ活動等の一環で設置する、生業との関連がほとんど見られない美術館をこの中に含めないものもいるため、ここでは設置者に重きを置いた「会社立博物館（ミュージアム）」という用語を用いている。

　それでは、会社立博物館にはどのようなものがあるのだろうか。

　例えば、地域でまちづくりの中心となっている企業が、美術館を核として地域の活力の向上に取り組む事例や、世界的に著名な自動車メーカーがCSR（企業の社会的責任）の一環で、社史や自動車産業のみならず産業技術や科学技術等を発信するために博物館を設ける事例があるほか、歴史的な経

---

[45]「設置主体については、今日の多様な博物館の在り方に対応するため、現在の地方公共団体、一般社団法人、一般財団法人、宗教法人等という設置者の法人類型による限定を見直し、法人の形態ではなく、博物館としての活動を評価できるようにすることで、その対象を可能な限り拡大すべきである。その際、現在、登録制度の対象となっていない民間の法人が設置する博物館については、博物館として一定のレベルでの公益性を担保する必要がある。今後、登録の審査を具体的に議論するに当たっては、既に登録の対象として認められている一般社団法人・一般財団法人や、民間の法人が設置することができる専修学校等の制度を参考としつつ、公益性の確保という観点を考慮すべきである。」（2021年12月文化審議会答申）

緯から株式会社が設置している場合が比較的多い動物園・水族館などの例もある。このような施設の中には、文化芸術（メセナ）活動、産業振興や政治・経済への社会貢献（CSR）等の観点から意義深く公益性もあるものも多くあると考えられる。

なお、海外の博物館研究における「企業博物館/Corporate Museum」の定義でも、単なるビジターセンター（企業の事業や歴史を、主として企業の利益のために紹介する施設）と区別しつつ、「会社の歴史・事業・社是について、従業員、訪問者、顧客、一般に伝えるための博物館のような形態（museum-like setting）で展示された、有形物や展示物を備えた企業施設」[46] として、会社立博物館の存在を認知している [47]。

---

46 Danilov, V. J "The New Thrust of Corporate Museum,"Museum news, June, : p38,1986
　 Corporate Museum"/definition
　 "a corporate facility with tangible objects and/or exhibits, displayed in a museum-like setting, that communicates the history, operation, and/or interests of a company to employees, guests, customers and/or the public"
47 高柳直弥「企業博物館の価値創造活動とそれらが企業および社会にもたらす効果に関する考察」（「経営研究」第66巻、第3号、2015）

3. 博物館の機能強化のための好循環の創造

少子高齢化により、昨今、人口減少社会が我が国の社会各層において目に見えて影響を与えるようになっている。このため、大学をはじめとする学校教育や科学技術、社会福祉、新規産業の創出など、社会経済の様々な分野においてコラボレーション、ネットワーク等の連携・協力を図ることにより、効果的かつ効率的に各々の取組を進めていくことが不可欠となっている。限られた資源を社会全体でどのような分野に効果的・効率的に配分すべきかが、国、地方自治体、また民間セクターでも課題となる中で、博物館においても当然取るべき方策であろう。

このため、改正博物館法では、他の博物館との連携が新たに努力義務とされている。既に、我が国でも、県立博物館が県内の過疎地の自治体のミュージアムの人的ネットワークの核となり、資料保存や調査研究などの底上げにつながっている例や、自然史系の博物館がネットワークを形成し、京町家、酒蔵、仏教寺院など日本の伝統的建築物の家屋も活用しつつ、我が国の独自の文化が育まれたユニークな自然の存在についての展示、調査研究、教育普及等を実施している例などの優れた取組が生まれている。このようなネットワークを形成することにより、小規模な博物館でも、単独ではできない強みを発揮することが可能となる。

また、2019年にはOECDとICOMが共同で、地方自治体、ミュージアム、地域のコミュニティが文化遺産による社会的・経済的効果の拡大を目指し、より緊密に協調するための枠組みとなるガイドを開発し、地域課題をミュージアムと地方自治体などが協力して解決していくための具体的な方策を示している[48]。

一方で、このような取組は、可能な限り設置者等のステークホルダーのみな

らず、地域や社会一般に対してわかりやすく伝え、博物館が社会・経済にとって必要不可欠な存在であることを示すことにつながる。すなわち、単に来館者だけでなく、地方自治体や企業等の設置者、地域住民、ひいては国民全体の博物館に対する評価や信頼を高めるため、その多様な文化的・社会的・経済的価値を発信し、共有することが必要である。アメリカ博物館連盟（American Alliance of Museums）では、新型コロナウイルスのパンデミックによって甚大な被害が米国内のミュージアムにもたらされたとしながらも、ミュージアムが文化的価値のみならず、どれだけ社会的・経済的価値を持っており、米国や世界の文化、教育、経済等に貢献しているのか、「博物館の事実とデータ：博物館のおかげで世界はより良くなる」[49]としてまとめ、なるべく定量的に可視化して示している。今後、我が国でもこのような試みが一層必要だろう。

　持続的かつ質的に向上した博物館活動を可能にする、これからの博物館制度の在り方としては、博物館がその多様な価値を地域や社会に積極的に発信し、ステークホルダーからの信頼を勝ち得て評価が向上し、経営基盤が強化され、ひいては博物館活動の充実につながるという、博物館の機能強化のための好循環、エコシステムが作られることが望ましいのではないだろうか（図表1-4）。

　もちろん、博物館を含め、どのような分野であれ、従来と同様の活動を粛々と守っていく、行っていくという営為はそれ自身尊いものである。しかしながら一方で、今後そのような行為だけでは博物館の多様な価値は創出されず、評価も向上せず、投資も増えず、経営基盤も強化されず、結果、博物館活動は縮小するという負の循環に陥るという結果をもたらすリスクもあることを、関係者は念頭に置く必要があるだろう。

　国立民族学博物館の設立に尽力し館長を務めた梅棹忠夫は、かつて自著の中で「博物館はつねにイノベーション、自己革新が必要なんです（ママ）」と記すとともに、学校でも明治初期のようなやり方ではうまくいかないように、博物

48「文化と地域発展：最大限の成果を求めて地方政府、コミュニティ、ミュージアム向けガイド（OECD/ICOM）」https://www.bunka.go.jp/seisaku/bunkashingikai/hakubutsukan/hakubutsukan04/02/pdf/93734001_10.pdf

49 Museum Facts & Data by American Alliance of Museums Watch: The World is Better Because of Museums
https://www.bunka.go.jp/seisaku/bunkashingikai/hakubutsukan/hakubutsukan04/02/pdf/93734001_13.pdf

館も昔ながらのやり方で運営していたのでは到底価値を創出できないとしている。そして「常に工夫を凝らして、新しいやり方を試みることが必要なのです」「問題は、やりようです」と述べている[50]。

人口減少社会は急速に進んでいく。スピードも重要だ。このような状況を踏まえ、文化庁では、2022年度から、これからの博物館に新たに求められる社会や地域における様々な課題に対応する取組、博物館の組織連携・ネットワークの形成を通じた課題解決の取組への支援を通じて、博物館の機能強化の推進

図表1-4　博物館の価値を高める好循環

新たな博物館法制度が目指す「博物館の機能強化」のための好循環

博物館の活動の充実
・博物館の基本的機能（収集・保管、公開・展示、調査・研究）の強化
・教育普及、博物館・学校・図書館連携の強化
・地域の多様な主体との連携による文化観光やまちづくり、国際交流など協働事業の充実
・SNSなどパブリックリレーションの強化

博物館の多様な価値の創出
・各館のミッション（使命）や運営基準の明確化
・デジタル化した資料の公開や展示
・社会的・経済的価値（教育効果、経済効果、地域貢献、社会貢献等）の計測（OECD／ICOM、AAM）
・事業成果や自己評価の積極的な発信
・オープン化と利用条件明示による地域の創造的活動促進
・ミュージアムグッズ等の制作
・ユニークベニューや高付加価値化
・ロゴやキャンペーンによるブランディング向上

新しいミュージアムエコシステムの構築

博物館の経営基盤強化
・運営費・体制・施設設備の充実
・寄付・寄贈の増加など財源の多様化
・ボランティア・外部人材の充実
・サポーター組織の充実
・ファンドレイズ体制の強化
・多様な主体との連携・協働の促進
・政策予算・税制・法制度上の優遇措置
・館職員の研修充実・資質向上、意識変容

博物館に対する評価の向上
・地域の活力の向上（地域経済の発展、都市・地方再生、地域の創造的文化・教育活動の充実、地域の魅力と住民の幸福度の向上等）
・地方自治体や企業等の設置者、地域住民の肯定的な評価の獲得
・博物館がもたらす社会的・経済的価値の認識と共有

（出所：文化庁ホームページ）

---

50 梅棹忠夫『メディアとしての博物館』平凡社、p. 120 、1987
　　梅棹はインターネットがまだ一般的でない時代に、国立民族学博物館において世界で初めて「ビデオテーク」という装置、今でいうところのオンデマンドのようなものを開発し、市民に資料解説等を提供した。

を図ることを目的に、新たに「Innovate Museum 事業」を実施し、博物館の機能を活用し、社会的・地域的・広域的課題に対応するための取組を支援している。博物館の資料や取組が多様であるとは言え、優れた取組を他の博物館が参考にし、横展開していくことが求められる。いずれにしても、改正博物館法による新たな登録制度が施行される 2023 年以降、博物館の機能強化のための好循環の創造、エコシステムの実現に向けて、全国各地の博物館が他館の優れた取組も積極的に取り入れ、それぞれの地域や館種の特性を踏まえた、創意工夫あふれる取組が行われることを切に希望している。

　20年ほど前から、地方創生の文脈で、特定の地域に限って、その地域の実情や特色に合わせた取組を進めるために、様々な既成制度について規制緩和を行う特別区域（特区）制度が設けられている。現在、特区制度には3種類（構造改革特区、総合特区、国家戦略特区）あり、このうち総合特区、国家戦略特区は指定区域が限定されている一方[51]、構造改革特区は認められているメニューなら全国どこの自治体からも申請が可能である。また、内閣府の地方創生推進事務局では、これらの特区について、民間事業者や地方自治体からの規制緩和の提案や特区計画の申請を随時受け付けている。

　さて、特区というと、都市再生や医療、保育、観光、創業支援など、極めて今日的な課題に焦点があてられ、脚光を浴びる傾向がある。例えば、いわゆる「どぶろく特区」など、地域の特産物を活用し、食文化を通じて観光や農業など地域の活性化を図る酒類関係の特区は全国各地で実施されている。これは構造改革特区によって始まったものである[52]。また、同じ食文化でいえば、2011年から、総合特区による「特定伝統料理海外普及事業」を実施し、熱意のある外国からの料理人が日本料理を働きながら学べる特例が全国で唯一、京都市内に限って実現している[53]。

　道路上に看板やオープンカフェ等を設営できるエリアマネジメント特例により、地域の文化芸術関係を含む路上イベント等を実施できるようになった例もある。また、趣ある古民家等をホテルにリノベーションする場合に、ビデオカメラなどがあれば本来義務のフロントを免除することにより、由緒ある歴史的建造物を保護・再生し、文化観光を進めている例などもある。

　一方で、地域の文化芸術振興のために、真正面から特区を活用しようとする意欲的な提案が多く実現しているかといえば心もとないのも事実であ

---

51 国家戦略特区では現在10地域が指定されている。https://www.chisou.go.jp/tiiki/kokusentoc/shiteikuiki.html

52 現在は、どぶろく以外にも、ワイン、リキュールなども特例に追加されたほか、2019年には、日本酒の製造体験を行う施設への特例も認められている。2021年11月現在で、全国各地で276の酒類関係の特区が認定されている。https://www.nta.go.jp/taxes/sake/qa/30/03/01.pdf

53 出入国管理及び難民認定法の特例。https://www.city.kyoto.lg.jp/sankan/page/0000235190.html

る。現在、文化芸術をメインとした特区計画は、富山県と南砺市が共同で、県内の芸術公園にある合掌造りの家屋を舞台芸術専門劇場として改造するために、誘導灯等の規制緩和を行った「舞台芸術特区TOGA」構想が全国唯一であるといわれている。

　例えば、国家戦略特区における過疎地等での自家用自動車の有償活用（交通機関が不便な地域で自家用車をタクシーとして利用）なども、タクシーやバスのない公共交通機関に乏しい所にあるミュージアムが、来館者に対する利便性を高めるために活用可能ではないだろうか[54]。

　全国津々浦々とは言わないが、都市部だけでなく地方も含め、多種多様で規模も様々なミュージアムが存在するのは日本の良さであり、文化芸術の享受の面のみならず、まちづくりや文化観光、教育、福祉など、ミュージアムの社会的・経済的価値の発信による地域活性化を進める上でも、強みになっていく点だと思う。これからのミュージアムにとっては、その魅力を活かすために特区ならではの制度を活用する幅広い視点も必要ではないだろうか。

---

54 道路運送法でも既に自家用自動車の旅客運送が一定の条件で認められているが、対象は地域住民に限られている。一方で、国家戦略特区では、対象が訪日外国人をはじめとする観光客に拡大している。https://www.chisou.go.jp/tiiki/kokusentoc/pdf/punch/t4-3.pdf

【参考文献】

・伊藤寿朗「博物館法の成立とその時代—博物館法成立過程の研究—」『博物館学雑誌』第 1 巻第 1 号、
　1975、pp. 26-40
・『わが国の近代博物館施設発達資料の集成とその研究　明治編、同大正・昭和編』日本博物館協会、
　1964
・「近代日本教育制度史料」第 7 巻、第 27 巻、大日本雄弁会、講談社、1966、1968
・伊藤寿朗「1955 年博物館法改正に関する研究—法定着過程の問題—」日本社会教育学会『紀要』
　No.11、1975
・「戦後の博物館の概況」国立教育研究所編『日本近代教育百年史』第 8 巻、1974
・伊藤寿朗、森田恒之『博物館概論』学苑社、1978
・椎名仙卓「大正期における博物館設置運動の特質—議会の建議案を中心として—」『博物館学雑誌』
　第 1 巻第 1 号、1975.8、pp. 8-15
・日本博物館協会編『わが国の博物館—その現状と課題—〈1974 年版〉』日本博物館協会、1975
・日本博物館協会編集「日本の博物館総合調査報告書〈令和元年度〉」日本博物館協会、2020
・研究代表者篠原徹『日本の博物館総合調査研究』2014-2016
・清川雪彦「殖産興業政策としての博覧会・共進会の意義—その普及促進機能の評価—」『経済研究』
　第 39 巻 4 号、1988.10
・伊藤寿朗『市民のなかの博物館』吉川弘文館、1993
・「文化と地域発展：最大限の成果を求めて地方政府、コミュニティ、ミュージアム向けガイド」OECD/
　ICOM、2019
・半田昌之「博物館法をめぐる古くて新しい課題」『日本の博物館のこれからⅢ』大阪市立自然史博
　物館、2021、pp. 11-23
・梅棹忠夫『メディアとしての博物館』平凡社、1987
・福沢諭吉『西洋事情　初編』常葉書房、2013
・関秀夫『博物館の誕生』岩波書店、2005
・矢島恭介「博物館発達史の概要」『わが国の近代博物館施設発達資料の集成とその研究〈明治編〉』
　日本博物館協会、1963
・平井宏典「企業ミュージアムにおける基本的性質の分析—事業の関係性と機能の充実度による分類
　手法—」『共栄大学研究論集第 10 号』2012
・高柳直弥「企業博物館の価値創造活動とそれらが企業および社会にもたらす効果に関する考察」『経
　営研究』第 66 巻、第 3 号、2015
・上山信一・稲葉郁子『ミュージアムが都市を再生する—経営と評価の実践—』日本経済新聞社、
　2003
・カトリーヌ・バレ、ドミニク・プーロ著、松本栄寿・小浜清子訳『ヨーロッパの博物館』雄松堂出
　版、2007
・河島伸子・小林真里・土屋正臣『新時代のミュージアム　変わる文化政策と新たな期待』ミネルヴ
　ァ書房、2020
・中岡司『文化行政 50 年の軌跡と文化政策』悠光堂、2021
・河村健夫・伊藤新太郎編著『文化芸術基本法の成立と文化政策—真の文化芸術立国に向けて』水曜
　社、2018
・Geoffrey Crossick・Patrycja Kaszynska 著、中村美亜訳『芸術文化の価値とは何か—個人や社会に
　もたらす変化とその評価』水曜社、2022

II

我が国の近代博物館制度と
現在の博物館に求められる役割

～博物館の北極星～

(1) 博物館への眼差し

　我が国の近代的な博物館の興りは、1872年に湯島聖堂で開催された博覧会とされている。ここで出品された資料は、考古遺物や古美術などの歴史資料から動植物など自然資料に至る多様なもので、翌年開催されるウィーン万国博覧会への出展準備として集められた。本博覧会は大変な活況を呈して会期が延長されるなどしたという。このとき集められた資料の一部は、現在の日比谷公園近くの内山下町に開かれた「山下門内博物館」において1881年まで展示された。

　実はこの頃、太政官に置かれた博覧会事務局と文部省が博物館の方向性をめぐって争っている。博覧会事務局が「動植物はもちろん古器旧物等その他新発明のものにいたるまでことごとく網羅し、現物実検の上で諸説比較智識を開く」資料網羅型の博物館の建設を目指したのに対し、文部省は「生徒教育の需要、実地経験のために相備え、人民一般開知の一端に及ぼす」学校教育のための教育型の博物館を目指していた（国立科学博物館、1977）。この頃すでに、博物館のあり方について二分する考えが示されていたのだ[1]。結果的に前者は東京国立博物館の前身である帝国博物館、後者は国立科学博物館の前身である教育博物館として発展していくことになる。

　1951年には博物館法が制定された。教育基本法と社会教育法を母法に社会教育施設として規定された博物館は、国民の余暇時間の拡大を受け、対象資料や活動の多様性を増しながら20世紀後半にかけて急増した。利用者の多様な学びと楽しみ方に応える選択肢が増える一方で、収益性に乏しい博物館の経営には次第に厳しい目が注がれるようになっていく。バブル崩壊後の長い不況期に入ると、自治体や財団、企業など、設置母体の財政がひっ迫する中で、相対的に高額の運営費が問題視されるようになってきた。この頃から自治体にも導入され始めた事業評価は博物館にも及び、来館者数や入館料収入などのほか、サービス指標としての満足度調査や、出前授業、体験学習イベントの回数など定量的な数値評価が盛んに行われる。それは事業改善のためというよりは、設置母体による運営費支出の根拠や理由探しを目的とした業績評価のような性格

1　博覧会事務局側がウィーン博覧会の推進者であった町田久成、文部省側がトロントの教育博物館の視察で感銘を受けた田中不二麿を中心として議論が展開されている（国立科学博物館、1977）。2人の博物館観の形成過程とその相違が背景となっており、興味深い。

が強い。

　そうした評価が広がる中で、博物館の基本機能である収集保管や調査研究という、ある意味内向きの事業の確実な執行よりも、展示や教育という外向きの事業の成果が注視されるようになった。博物館が利用者や社会に対してどのようなサービスを提供しているのか、どのように役立っているのかを、直接的で短期的な指標をもって示すことを強く求められるようになってきたのである。時を同じくするように「ミュージアム・マネジメント」の重要性が叫ばれるようになったのも、「顧客」への視点を持った博物館経営の必要性が認識されはじめたことの表れと言える[2]。

　かつて、伊藤寿朗が三世代に分けて時系列的な整理を試みたように（伊藤1991）、資料のための博物館から市民のための博物館への変化が、多くの博物館で指向され進展していくことになった。博物館は社会教育の観点から市民参画や市民知の集積、文化を核とした街づくりやコミュニティの形成、多様な価値観の醸成による社会包摂などに取り組んできたが、近年では精神的な豊かさによる健康、福祉、幸福の実現、文化芸術による地域の創造的発展など、期待される役割はさらに多様化している。これらは社会教育をベースとした博物館活動や文化芸術が生み出す効果や価値を、社会課題への対応にまで拡大したものだ[3]。

　他方、観光や国際交流、地域の振興など、経済や産業への寄与も大きく期待されるようになってきた。2019年9月に開催されたICOM京都大会のパネルディスカッション「博物館と地域発展」では、OECDとICOMが公表した『文化と地域発展：最大限の成果を求めて——地方政府、コミュニティ、ミュージアム向けガイド』（OECD-ICOM 2019）を議論のベースとして、博物館の社会的・経済的効果の認識を深めることの必要性と、そのためのエビデンスの取得と発信が強調された。こうした議論は、世界的な経済成長に陰りが見える中で生まれてきたものではあるかもしれないが、自らの事業を評価、測定し、生み出す

2　大学等での学芸員資格取得に関する単位において、1997年から「博物館経営論（1単位）」が新たに設けられ、2012年には2単位になった。また、日本ミュージアム・マネジメント学会も1995年に設立されている。

3　伊藤寿朗の世代分類を承け、「第四世代の博物館」を見出そうとする論考は多いが、（稲庭ほか2018）において「第四世代のミュージアムの到来は（中略）ミュージアムを取り巻く社会との関係性の中でこそ、その輪郭を見せるのだろう。」との展望が示されていることに注目しておきたい。

価値や便益を社会に対してどのように示していくのかという、博物館側が本来的に抱えてきた命題がより強く意識されることになってきたものとも言えよう。

(2) 文化政策と観光

　我が国においても、特に2010年代半ば以降になって観光や経済への寄与という観点から文化への期待が急速に高まってきた。2016年3月に観光庁から発表された、『明日の日本を支える観光ビジョン』では、「文化財の観光資源としての開花」が謳われ、2017年6月の『骨太の方針』では「稼ぐ文化への展開」として「文化による国家ブランド戦略の構築と文化産業の経済規模（文化GDP）の拡大に向け取組を推進」することが示された。同年12月に内閣官房と文化庁から発表された『文化経済戦略』では、「文化は、我が国の国際プレゼンスを高めるとともに、経済成長を加速化する原動力にもなる重要な資産」と位置付けられている。

　法制度としては、2017年6月に「総合的な文化芸術政策の展開」のために文化芸術振興基本法が改正され、名称も新しく『文化芸術基本法』として施行された。これを踏まえて2018年3月に閣議決定された『文化芸術推進基本計画（第1期）』では、「美術館、博物館、図書館等は、文化芸術の保存・継承、創造、交流、発信の拠点のみならず、地域の生涯学習活動、国際交流活動、ボランティア活動や観光等の拠点など幅広い役割を有している」と、博物館の新しい役割について記載されている。さらに、2020年5月には、「文化観光拠点施設を中核とした地域における文化観光の推進に関する法律（文化観光推進法）」が施行され、博物館を含む文化財保存活用施設が文化観光推進事業者と協働して進める「文化観光」が、政府支援によって強力に進められていく制度と体制が整えられることになった。

(3) 博物館現場の反応

　一方で、現場には戸惑いの声もある。文化財や博物館行政を取り巻く動きについて、経済的な側面が強調された発信がされてしまったために、学芸員や文化財担当者などから反発や不安の声が上がった（青木ほか2019、岩城ほか2020）。これらの反発や不安は、日々文化財と文化の保護と継承に取り組む現場担当者からの真摯な反応と言える。

ただ、改正や成立した新しい法制度の理念や趣旨は、文化資源の積極的な活用と発信によって社会的価値と便益の創出を進めるものではあるが、拙速な活用や収益追求を求めるものではない。むしろ文化資源の適切な保護を前提として[4]、将来にわたる文化の継承と振興の実現を期すものだ。そこには文化資源の価値と魅力をより多くの利用者が享受し、保存と継承の意義の理解を促進するための、文化と観光の共生の視点がある（中尾2021）。今後は丁寧な説明と発信により、現場の理解と協力を求めていかなければならない。

　また、長引く経済不況を背景に人員や予算が削減されてきた中で、博物館現場では収集・保管、調査・研究、展示・教育の基本機能の維持すら懸念される状況が生まれている[5]。さらに、観光や国際交流のほか、博物館DXによる情報のデジタル化やオープン化、運営資源の多角化に向けたファンドレイズなどの推進には、これまでの博物館現場にない新しい知識やノウハウ、技術を必要とする場面が多い。現状の体制や組織のままで新しく期待される役割に対応することは難しいというのが現実的な認識だろう。

（4）多様化する事業

　図2-1には、現在期待されている博物館の事業や取組を4つの象限に分けてプロットしてみた。それぞれのプロット位置については、事業内容や館種、規模、設置主体によって大きく変わるので、ここで示すのはおおまかなイメージに過ぎない[6]。また、ここで示すものが博物館の事業のすべてでもない。

　濃いグレーに白文字を伏せたものは、博物館法第3条「博物館の事業」から起こしたもの。基本的に公益性が強く、第III・IV象限に偏在する。

　薄いグレーに黒文字は、第3条に明記されない事業や取組について示しており、新しい役割に付随する事業や取組もこれに入る。基本的に外部（地域や社会）

---

4 「文化観光拠点施設を中核とした地域における文化観光の推進に関する基本方針」の冒頭には、「文化資源の保存・修復などを適切に進めていくことを大前提として、多くの人々に文化資源の魅力を伝えることは、文化の保存・継承の意義の理解につながり、新たな文化の創造・発展につながるものである。」と明記されている。

5 日本博物館協会が行っている日本の博物館総合調査では、「収蔵庫に入りきらない資料がある」と回答した館が23.3％、「「資料台帳」は未完成」は15.3％、「資料購入予算がゼロ」は60.5％など、博物館の基本となるコレクションの収集や登録すら満足にできていない館が多いことがわかる（日本博物館協会2020）。

6 ここでは博物館種の中で約6割を占める「歴史博物館」を念頭に図を作成してみた。

に向けたもののほか、経済や産業に寄与するものとなっており、第Ⅰ・Ⅳ象限にプロットされる。

　社会教育施設として公益性の強い事業（第Ⅲ・Ⅳ象限）を行ってきた博物館にとって、第Ⅰ象限にプロットされる市場性の強い事業に取り組むことは、大きな事業方針やマインドの転換を伴う。組織の体制や予算構造の変化を要する場合も多く、文化財保護の観点以外にも不安の声が上がっている現状がある。もとより博物館の規模や設置目的は多様であり、その活動は単純に一元化されるものではない。例えば小規模な自治体の郷土資料館や、地域の偉人や文化人、芸術家の足跡を残す博物館や美術館などまでが観光や国際交流に取り組む必要があるのかといえば、必ずしもそうではないだろう。逆に地域に密着した強みを活かして、これまでの取組をさらにアップデートし、地域に向けた魅力の発信や新しい価値の創造を図っていくほうが望ましい結果を生むはずだ。

　一方で、観光地にある博物館では、館自体が観光行程に組み入れられることも多く、観光客に歴史や文化、自然などの情報を提供している。また、大型の博物館や美術館、水族館や動物園などは、館園への訪問自体が観光やレクリエ

図表2-1　博物館の事業や取組

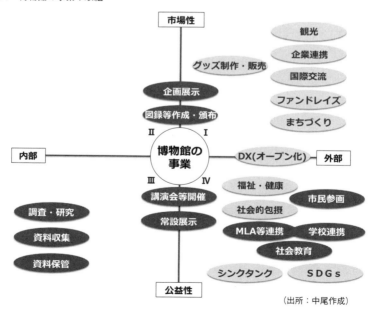

（出所：中尾作成）

ーションの目的となる場合も多い。国際交流についても特に自然史系の博物館などでは共同調査や研究が盛んだし、動物園などでは希少種の保全などの国際的な取組がある。人文系博物館においても海外交流展や国際アートフェスなどの連携がみられる。

　以上のように、国内の博物館は、館の性格や設置目的にあわせた事業計画に基づき、重点的に取り組む内容や事業の優先順位を付けながら多様な活動を行ってきた。しかしながら、近年では政策的な期待や利用者の声によって、新しい事業への取組が強く求められる場面も多い。それが十分な将来展望に富み、博物館の設置目的にも合致するものであればよいが、そうでないものであった場合は本来の館の設置目的や機能の充足の阻害要因ともなりかねない。近視眼的なニーズに流されてしまったり、押し切られたりしないためには確固たる理念と行動の指針が必要だ。指針がなければ、博物館は方向性を見失い迷走してしまう。

(5) 博物館の北極星

　博物館にとって行動指針となるのが、「博物館が何を目的に活動し、どのような使命を果たそうとしているか」を明文化したミッションステートメントだ。スタッフはもちろん社会に向けて博物館の存在意義や社会的役割を示し、成果の還元を約束するものでもある。明確なミッションがなければ、経営方針も定まらない。ところが意外なことに、約半数の博物館で「目的・使命」が策定されていない現状がある（日本博物館協会 2020）。

　これには社会教育施設としての存在意義を自明のものとすることで、「博物館の社会的役割は議論されてこなかった（布谷 2013）」背景があるように思う。また、独自に目的・使命を立てなくても、法に定められた必要な機能と役割を果たせばいいという考え方もあるかもしれない。ただ、博物館が有する資料は基本的に唯一無二の独自性を有しており、各館はそれをベースにしたユニークな活動を行っている。その活動が何を目的とし、どのような成果や価値を生み出そうとしているのかを内外で共有することは経営上、重要な意味を持つはずだ。

　先述してきたように、いま博物館に寄せられる期待は拡大し、多様化している。未来へ向けた変革が求められる中、北極星たるミッションなくして、博物

館の活動はどこに向かうのか。ただ基本的な機能だけをこなし、ときおり外部からの要請や状況に対応するだけの場当たり的な仕事は、移ろいやすい波風に翻弄されながら目的地の無い航海を続けているようなものだ。古代より船乗りたちは、中天に輝く北極星を見出して航海の指針とした。博物館に向けられる期待や役割が多様化し、時に強い横風や向かい風となるような時代こそ、博物館の北極星であるミッションを内外で共有することが必要だ。

　折しも2020年初頭からの世界的な新型コロナウイルス感染症の拡大は、予想外のスピードで社会の変化をもたらし、コミュニケーションを中心とした人の行動をドラスティックに転換させた。博物館を含めた「文化」のあり方もまた、本質的な不変性を担保しつつも、ポストコロナ社会へ向けたアップデートを必要としている。今以上にミッションの策定と見直しが求められる時代はない。

　熊本市現代美術館では、2020年8月に新しいミッションとビジョンを公表した。感染症の拡大によって急速に変化する日常の中で、地域の美術館はどうあるべきなのか、何ができるのか。ミッションとともに綴られたメッセージは、利用者だけでなく館のスタッフも勇気づけ、北極星のように目指すべき進路を示している[7]。

(6)「学芸引力」

　これからの博物館にとって行動指針となるミッションを持ち、共有することが必要になることを述べた。もうひとつ大切になるのが、博物館が持つ人的資源の再評価と活用だ。博物館は多様なスタッフやボランティア、連携事業者や利用者によって支えられているが、それらの中心になって館の事業を推進するのが学芸員だ。ただし、学芸員の数は法律上の必置要件がある登録博物館でも平均で3.93人、類似施設まで含めた平均は1.46人と少ない（平成30年度社会教育調査より）。必然的に現場の取組は、担当学芸員の資質やモチベーションに大き

---

[7]　熊本市現代美術館のスタッフの話によれば、新たなミッションの策定自体はコロナ以前からの計画だったという。ただ、「多様なものを受け入れる寛容なまちと市民が心豊かに生きることができる未来を創造します。」という新しいミッションは、シンプルながらいつの時代にも通有する価値を持っているし、2016年の熊本地震と、今回のコロナ禍に触れながら美術館のあり方と展望を示した率直なメッセージは、苦しい状況にあるスタッフや利用者に勇気を与えるものだと思う。https://www.camk.jp/blog/4441/

く依存することになる。健全な状態とは言えないが、資料購入費だけでなく施設改修やコンテンツ充実のための十分な費用すらも得難い中では、専門的知見からコレクションや展示の魅力を引き出し、広く発信していく学芸員の担う役割はますます大きくなっている。

　一方で、特に公立博物館には、学芸員の名前や顔を積極的に出したがらない風潮がある（橋爪 2019）。専門家としての学芸員の能力と個性が活かされず、事業成果も評価も個人に帰すことが徹底して避けられる中では、モチベーションを維持するためのインセンティブが働かない。利用者にとっても、学芸員という魅力的な専門家の存在を知ることができない状況では、博物館は無機質な展示施設として認識されてしまう。

　ところが、コロナ禍においてオンラインコンテンツや講演などの発信が急速に広がる中で、学芸員が動画などに出演し、自ら資料や展示の価値を熱っぽく語ることが増えた。手作り感あふれる動画では、映像や音声のレベルは低いが、整ったプロモーション動画以上に「いいね」などの評価を得るものが多い。学芸員の資料や展示にかける愛情や熱量が人を引き寄せることはもちろんだが、画面越しであっても「顔が見える」安心感や親しみやすさ、専門家とコミュニケーションを持てたプレミアム感が利用者に支持されている。

　かつて大阪府では、財政改革を掲げた知事のもとで府事業の大規模な見直しが進められた。2008 年 2 月には財政非常事態宣言が発表され、府立博物館を含めた公立施設の廃館も含めた検討方針が打ち出された。当時、大阪府立弥生文化博物館で学芸課長を務めていた江浦洋は、暫定予算や特別展示の延期などの制約がある中で解説パネルや展示造作、学芸員による解説受け入れの仕組みづくりなどの工夫を重ね、展示の充実、来館者とのコミュニケーション、アウトリーチや体験イベントなどの教育事業を地道に積み上げていった。取組の結果、「たどり着いたのは「人が見える展示」。すなわち、人間力を前面に押し出した展示であった」と回顧している（江浦 2011）。そのうえで「学芸員が様ざまな博物館活動を通じて、人をひきつける力」が博物館には必要であるとして、「学芸引力」の造語を提唱した。

　廃館検討や暫定予算での運営報道などを受け、弥生文化博物館では、その存続を心配する来館者に対して、この「学芸引力」というワードを前面に出したチラシを配付したが、当時はまだ博物館勤務でなかった筆者にもシンプルかつ

力強いメッセージ性が深く響き、その後の学芸員時代を支えた言葉になった。

（7）まとめにかえて

　その興りから変化を続けてきた博物館は、21世紀に入ってまた大きな変化の局面を迎えている。2010年代には、急増する外国人観光客数を背景に産業としての観光がクローズアップされ、博物館等の文化政策にも大きく影響した。その中で博物館の社会的役割はこれまでにないくらい多様化している。また、長引く不況の中で博物館事業にも成果や評価の可視化が強く求められてきた。その変化は、コロナ禍によりある部分で加速し、ある部分でさらなる変化の方向性をみせている。

　コロナ禍による経済ダメージが、今後ますます大きくなってくる中では、限られたリソースを有効かつ適切に使って目的を達成し、その成果を社会に示すためのミュージアム・マネジメントがこれまで以上に重要になる。多様化する博物館の役割や社会の期待に応えていく中では、博物館の北極星であるミッションを常に意識し、目的地を見据えた航路の設定と舵取りが必要になる。

　また、事業目的や使命の達成のために重要なのが、学芸員という人的資源の大きさを自他ともに再認識し、最大限に活かすことだ。情報が氾濫している現代だからこそ、博物館資料を通じた深い専門知識と研究成果は大きな価値を持つが、しまい込んで隠してしまえば光が当たらない。表に出すことで磨かれ、さらに大きな輝きを放つこともある。博物館が社会から切り離され孤立した箱になってしまわないように、学芸員を中心とした発信と、多様な人々との協働を進め、社会の支持・支援を得ていく必要がある。「学芸引力」が各地の博物館現場やweb上で利用者を惹きつけていくことを期待したい。

※本章は『ミュージアムデータ』No.82（丹青研究所、2021）所収の論考を一部修正して再録したものである。

【参考文献】
・国立科学博物館『国立科学博物館百年史』1977
・伊藤寿朗『ひらけ、博物館』岩波ブックレット、No.188、1991
・稲庭彩和子・伊藤達矢『美術館と大学と市民がつくるソーシャルデザインプロジェクト』青幻舎、2018
・OECD-ICOM, Culture and local development: Maximizing the impact-Guide for local governments, communities and museums, 2019
・青木豊・辻秀人・菅根幸裕編著『博物館が壊される！―博物館再生への道―』雄山閣、2019
・岩城卓二・高木博志編著『博物館と文化財の危機』人文書院、2020
・中尾智行「共生する文化と観光―「文化観光推進法」の成立と取り巻く議論―」『文化遺産の世界』vol.38、2021
・中尾智行「博物館の北極星」『ミュージアムデータ』No.82、丹青研究所、2021
・日本博物館協会編集「日本の博物館総合調査報告書〈令和元年度〉」日本博物館協会、2020
・布谷知夫「博物館の社会的役割を意識的に考えよう」『博物館研究』vol.48 No.1　日本博物館協会、2013
・橋爪勇介「学芸員は名前が出せない？　美術館の（奇妙な）現状を探る」美術手帖 web サイト、2019　https://bijutsutecho.com/magazine/insight/19799
・江浦洋「創作展示手法模索―大阪弥生文化博物館での実践―」『大阪文化財研究』第38号、財団法人大阪府文化財センター、2011
・伊藤寿朗「博物館法の成立とその時代―博物館法成立過程の研究―」「博物館学雑誌」第1巻第1号、pp.26-40、1975.8

III
改正博物館法の解説

1. 改正事項の概要

（1）登録制度の見直し

　博物館の設置者が多様化していることや、博物館に求められる役割が多様化・高度化していることを踏まえ、登録を受けて振興策の対象となりうる博物館の設置者の範囲を見直すとともに、現在の博物館に求められる機能や活動の質の向上に貢献できる制度にするため、登録制度を以下のとおり見直すこととする。

① 登録申請ができる設置者の範囲の見直し（第2条第1項及び第13条第1項関係）

　新しい登録制度では、設置者の法人の種類によらず、博物館に求められる機能を果たす施設を対象とすることとし、民間会社等も含めて登録を申請することができることとする。なお、国及び独立行政法人については特段の事情の変更がないため、従前の位置付けを変更せず、登録制度の対象には引き続き含めない。

② 登録要件の見直し（第13条第1項関係）

・設置者に関する要件

　博物館が登録された場合には一定の振興策の対象となることや、博物館としての使命を果たすことが求められることを踏まえ、法人の種類を登録申請の要件としないこととした代わりに、経済的基礎を有することや社会的信望など、教育施設の設置者として一般的に求められる一定の要件を定めることとする。

・博物館資料の調査研究等を行う体制に関する要件

　現行の規定では、登録要件として職員配置や施設要件のほか、博物館資料を

有することが定められているが、より実質的な要件として、「博物館資料の収集、保管及び展示並びに当該博物館資料に関する調査研究を行う体制」が省令で定める基準を参酌して都道府県教育委員会が定める基準に適合していることを定める。

③ 登録手続に関する規定の整備（第12条〜第15条関係）

登録に係る手続き等に関する規定について次の改正を行う。
・博物館資料の調査研究等を行う体制に関する要件のように、専門的・技術的な見地からの審査が求められる内容については、審査基準の捉え方のばらつきや審査の形骸化を防ぎ、専門性を担保する必要があることから、学識経験を有する者の意見を聴くものとする。
・登録を受けた博物館の情報を適切に管理するため、登録の申請書類の記載事項、登録簿に記載する事項、登録後に公表する事項、変更の届出が必要な事項が一貫するように整理を行う。

④ 博物館の水準を確保するための措置（第16条〜第19条関係）

登録を行った後も博物館の活動について一定の水準を確保するため、次の措置を講ずる。
・登録時の水準が維持されていることを確認するため、博物館に対して、定期的な報告に関する義務を設ける。
・定期報告等を踏まえて、必要と認めるときは、都道府県教育委員会が博物館業務に関し、必要な報告や資料の提出を求めることができることとする。
・報告徴収の内容等を勘案して、博物館及びその設置者が登録基準を満たさないこととなったと認めるときは都道府県教育委員会が設置者に対し是正のための勧告及び命令を行う権限を設ける。
・状況が改善されない場合や、登録に際して不正があった場合等に登録の取消しができるように、取消しの要件を整理する。
　※なお、都道府県・指定都市が自ら設置する博物館については、③及び④で定める措置について、特例的な措置が必要であると考えられることから、これらについての特例規定を置くものとする。（第21条関係）

(2) 博物館等の間の連携・協力の推進（第3条第2項関係）

　第3条第1項各号に掲げる事業をより充実させるため、第3条の博物館の事業の規定に、当該事業の充実のため、博物館及び博物館に相当する施設として指定された施設（以下「指定施設」という。）の間で連携・協力するよう努めることを規定する。

(3) 地域の活力の向上等への寄与（第3条第3項関係）

　近年、博物館の基本的な事業（収集・保存、展示・教育、調査・研究）の成果を活用することで、地域における教育、学術及び文化の振興、文化観光その他の活動の推進を図り、もって地域の活力の向上に資することが博物館に求められるようになっていることを踏まえて、博物館の事業を定める第3条に、当該事業を実施する際の観点として、地域の活力の向上等への寄与について規定する。

(4) 学芸員補の資格の要件の見直し（第5条及び第6条関係）

　博物館に求められる役割が多様化・高度化していることを踏まえ、学芸員補の資格要件についても、短期大学士等の学位と博物館に関する所定の科目の履修を求めることとする。

(5) 指定施設に関する規定の整理等（第31条関係）

　指定施設の指定、取消し、それらの公表及び指定施設に対する指導又は助言に係る規定について整理するとともに、(3) 及び (4) を踏まえた博物館や関係機関との連携・協力について規定する。

2. 改正事項の詳細

(1) 本法の目的（第1条関係）

　文化財保護を含む我が国の文化芸術全般にわたる基本的な法律として、文化芸術振興基本法が2001年に議員立法により成立し、2017年に「文化芸術基本法」へと改正された。文化芸術基本法においては、文化芸術に関する基本的施策として、美術館、博物館、図書館等の充実が規定（第26条）されている[1]。

　2018年には文部科学省設置法が改正され、博物館に関する事務について、これまで博物館制度全体は文部科学省本省が所管し、文化庁は美術館や歴史博物館といった一部の類型の博物館のみを所管していたが、これらを一括して文化庁の所管とすることにより、博物館行政の更なる振興等を図ることとされたところである。

　これらを踏まえて、博物館法の目的が、文化芸術基本法の精神にも基づいていることを明確化するため、第1条で参照する法律に、現在の社会教育法に加えて、文化芸術基本法を加えることとする。

　なお、社会教育法は、同法第1条に規定するとおり、教育基本法の精神に則って制定されており、もとを遡れば教育基本法の精神に基礎を置くものである。教育基本法は、新しい日本の教育の基本的事項を規定して、心身ともに健康な国民の育成を目的として制定されたものである。社会教育法は、この教育基本法第12条に規定する社会教育に関する事項を更に敷衍し具体的に規定して、

1　文化芸術基本法（平成13年法律第148号）
　　（美術館、博物館、図書館等の充実）
　　第二十六条　国は、美術館、博物館、図書館等の充実を図るため、これらの施設に関し、自らの設置等に係る施設の整備、展示等への支援、芸術家等の配置等への支援、文化芸術に関する作品等の記録及び保存への支援その他の必要な施策を講ずるものとする。

我が国の社会教育に関する国及び地方公共団体の任務を明確に規定したものである。

　文化芸術基本法は、文化芸術により生み出される様々な価値を生かして、これまで培われてきた伝統的な文化芸術を継承し、発展させるとともに、独創性のある新たな文化芸術の創造を促進するため、文化芸術に関する活動を行う人々の自主的な活動を促進することを基本としながら、文化芸術に関する施策についての基本理念を明らかにしてその方向性を示し、文化芸術に関する施策を総合的かつ計画的な推進を図り、心豊かな国民生活及び活力ある社会の実現に貢献することを目的としたものである。

(2) 博物館の定義の規定ぶり （第2条第1項関係）

　従来、博物館の定義の中で博物館の設置者となり得る法人類型が定められており、この法人類型のみが登録を受けることができることとなっていた。本改正においては、法人類型にかかわらず博物館として適切な施設が存在していることを踏まえ、定義規定（第2条第1項）から設置主体に関する部分を削除するとともに、博物館の設置主体が公的性格を有すること等については登録の際に審査を行うこととする。

　このように変更しても、博物館の定義としては、登録を受けたものが要件となっているため、博物館の設置者となりうる者が一定の要件を満たすものであることは変更がない。

(3) 公立及び私立博物館の定義について （第2条第2項及び第3項関係）

　第2条第1項における博物館の設置者による定義を削除し、これまで登録制度の対象となっていなかった地方独立行政法人、株式会社等の民間の法人等が新たに対象となることに伴い、同条第2項における「公立博物館」及び「私立博物館」の定義についても、以下のとおり改正するものとする。

①「公立博物館」への地方独立行政法人立博物館の追加

　現行法では、地方独立行政法人の設置する博物館については、博物館法における博物館として規定されていない。地方独立行政法人の設置する博物館は、地方公共団体の設置する博物館と同様の公的性格を持つととらえられることか

ら、第2条第1項の改正に伴い、「公立博物館」の設置者として、地方独立行政法人を加えることとする。

　なお、地方独立行政法人法施行令の一部を改正する政令（平成25年政令第298号）により、地方独立行政法人の業務の範囲が拡大され、博物館の設置及び管理が可能となった。この際に、地方独立行政法人を博物館法における（登録）博物館の設置者として追加することが議論されたが、当時の文部科学省において、本法における改正内容と同様に、博物館法における博物館の設置者を拡大する検討を行っていたところであったため、当該検討と一体的に検討することとし、当時は地方独立行政法人を博物館法の対象としなかった。

②「私立博物館」の規定の変更

　現行法では、私立博物館は一般社団法人及び一般財団法人、宗教法人等が設置するものに限られるが、第2条第1項の改正に伴い、公立博物館以外の登録博物館については、すべて「私立博物館」として整理することとする。

(4) 国立の博物館の位置付けを変更しないこと

　博物館法制定時に、国立の博物館を博物館法上の博物館の対象とせず、同法の博物館に関する規定が適用されていなかったのは、①国立の博物館について規定すべき事項は、各々の各省設置法（当時。現在では、独立行政法人については独立行政法人個別法）により定められていること、②国際的な調査研究等その機能において、公私立の博物館とは相当の懸隔があること、③文化財保護委員会の附属機関たる（当時）国立の博物館の管理、他省所管の博物館との関係等今後研究すべき多くの問題があること等とされている。これらの事情は、今回の改正においても変わるものではないため、博物館法における国立の博物館の位置付けは変更しないこととされたものである。また、第13条第1項に定める登録に係る申請者の類型から、国及び独立行政法人を除くこととするため、第2条第3項の規定によっても、国又は独立行政法人が設置する博物館が博物館法上の博物館に含まれることはない。

　なお、養蚕の資料を多く収集・展示している東京農工大学科学博物館などの国立大学法人が設置する博物館の扱いについては、国立大学法人は、国立大学法人法において博物館法その他の政令で定める法律においては独立行政法人と

みなされることとされているため[2]、本法では国立大学法人が設置する博物館に関する規定を置いていない。独立行政法人とみなされるため、国立大学法人が設置する博物館の位置付けに変更はなく、登録に係る申請者の類型から除かれることとなる。

（5）博物館資料に係る電磁的記録の作成・公開に関する規定の整備
（第3条第1項第3号関係）

博物館資料をデジタル化して保存し（デジタル・アーカイブ化）、インターネット等を通じて公開することは、資料に係る情報の保存とその公開による国民への成果の還元、創造的活動への活用の促進など様々な面から意義深く、社会の情報化の進展に伴いインターネットを通じて情報を収集する機会が飛躍的に増加していることにより、その重要性はますます高まっている。また、今般、新型コロナウイルス感染症の感染拡大により、公共施設のひとつとして博物館も施設の利用制限が課された際、インターネットを通じて広く博物館資料の魅力を発信できるデジタル・アーカイブの必要性・有効性が改めて強く認識された。

このため、第3条第1項に規定する博物館の事業のひとつとして、博物館資料のデジタル・アーカイブ化とその公開について追加することとする。

第3条第1項の各号の並び順は、現行第2条第1項に規定する博物館の定義の規定と同様に、①資料の収集・保管・展示（第1号・第2号）→②一般公衆の利用に供すること（第3号）→③資料に関する調査研究（第4～7号）→③その他の博物館の事業に関すること（文化財保護（第8号）→社会教育の学習成果の機会の提供（第9号））→④他機関との連携に関すること（第10・11号）となっている。今回改正により新たに規定することとなる博物館資料に係る電磁的記録の作成・公開は①に関することであり、より直接的な資料収集・保管・展示に関する第1号・第2号の次に新たに第3号として規定する。

2　国立大学法人法（平成15年法律第112号）
　　（他の法令の準用）
　第三十七条　（略）
　2　博物館法（昭和二十六年法律第二百八十五号）その他政令で定める法令については、政令で定めるところにより、国立大学法人等を独立行政法人通則法第二条第一項に規定する独立行政法人とみなして、これらの法令を準用する。

（6）博物館の業務に従事する人材の養成及び研修に関する規定の整備
（第3条第1項第11号及び第7条関係）

　博物館に求められる役割が多様化・高度化することに伴い、中核的職員として活躍する学芸員のみならず、高度化する博物館経営をマネジメントする館長の資質向上や、館種や規模、事業目的や所蔵資料等に応じて、様々な役割を担う職員の養成・確保が必要となっている。例えば、海外の博物館においては、学芸員と同種の役割を果たす、いわゆるキュレーターとは別に、例えば、保存・修理（コンサベーター、レストラーラー）、作品の登録や履歴の管理（レジストラー）、教育普及（エデュケーター）等の各業務を担当する専門的職員を配置する事例もある。また、デジタル化やマーケティング、ファンドレイジング等に関する人材が活躍する事例もある。

　国内においても、これからの博物館が、多様化・高度化する役割を果たしていくためには、その役割に応じた多様な人材の確保と育成を進める必要がある。現在、第7条の研修の対象は、学芸員及び学芸員補に限定されているが、館長や、必ずしも学芸員として発令されないこれらの職員についても、その資質を向上させるための研修を、文部科学大臣や都道府県の教育委員会が行うことを促すため、必要な規定を整備することとする。（第7条関係）

　また、博物館には博物館の業務に従事する人材の養成及び研修に必要な施設・設備が備わっているとともに、学芸員等の専門的知識を有する者も配置されているため、文部科学大臣や教育委員会にまかせるのではなく、博物館自身が必要な人材の養成及び研修を行うことも求められる。このため、博物館の事業として、博物館の業務に従事する人材の養成及び研修を追加する。（第3条第1項第11号関係）

　なお、第3条第1項の各号の並び順は、現行第2条第1項に規定する博物館の定義の規定と同様に、①資料の収集・保管・展示→②一般公衆の利用に供すること→③資料に関する調査研究→③その他の博物館の事業に関すること→④他機関との連携に関することとなっており、本規定は③に関することであり、人材の養成及び研修は博物館としての固有の事業というよりも、専門的な事業を実施する施設として求められる一般的な事項であることから、③の最後の第11号として規定する。

（7）博物館等相互の連携・協力に関する努力義務規定を置くこと
（第3条第2項関係）

　近年、博物館に求められる役割が多様化・高度化しており、単独の博物館のリソースだけでは、現代の博物館に求められる事業を十分に実施する体制が確保できない場合がある。

　このため、博物館及び指定施設が、資料の相互貸借や異なる分野の専門的な知見を持った職員の交流によって連携・協力して事業を実施する必要があることから、第3条第1項各号に掲げる事業をより充実させるため、博物館が他の博物館や指定施設の間で連携・協力することに関する努力義務規定を置くこととする。（なお、指定施設にも同様の努力義務を第31条第5項において規定）

　なお、現行の第3条第1項第10号は、博物館が他の博物館等と連絡・協力し、刊行物及び情報の交換、資料の相互貸借等を行うことを規定しているが、第3条第1項は博物館が「おおむね次に掲げる事業を行う」とする限定的な事業の列挙を行う趣旨ではなく、新たに規定する第3条第2項の努力義務規定で概ね現行の規定の内容を包含できることから、削除することとする。

　また、現行の第3条第1項第10号では、「連絡」「協力」としている一方で、新第3条第2項では、「連携」「協力」としている。それぞれの用語の意味を見てみると、「連絡」が関連・繋がりがあるという状態を指すとともに、情報を伝達することを指す語である一方で、「連携」「協力」は特定の目的に向かって行うことが表現される語である[3]。改正案においては博物館の目的に向かって各博物館等が「連携」・「協力」することを推進する観点から、これらの語を採用することとした。

（8）地域の活力の向上等に関する規定を置くこと（第3条第3項関係）

　博物館は、その事業の成果を活用して、地域の教育、学術及び文化の振興、文化観光その他の活動の推進を図り、もって地域の活力の向上に寄与していくことが求められている。このような地域の活力の向上等への寄与は、あくまで

3　「連絡」：①互いにつらなり続くこと。つらね続けること。②互いに関連すること。また、その関連。③相手に通報すること。相互に意思を通じ合うこと。④繋がりがあること。特に、交通機関の接続。
　「連携」：同じ目的を持つ者が互いに連絡をとり、協力し合って物事を行うこと。
　「協力」：ある目的のために心を合わせて努力すること。
　（出典：「広辞苑（第六版）」新村出編）

第3条第1項に規定された博物館の基本的な事業の成果の効果として結果的に現れるものであり、必ずしも独立した事業ではないため、博物館が事業を実施する際の観点として、第3条第3項に努力義務として規定する。

また、成果の活用は、博物館単独では十分に行うことはできない。その課題に主体的に取り組む機関や民間事業者と協力することが不可欠となるため、これらの機関や民間事業者との連携・協力についても規定することとする。

なお、現行の第3条第2項は、博物館が土地の事情を考慮して国民の実生活の向上に資し、更に学校教育を援助することに留意することが規定されているが、当該規定の趣旨は、新たに規定する第3条第3項が包含するため、削除することとする。

(9) 学芸員補の資格の見直し（第5条第1項第2号及び第6条関係）

現行法においては、学芸員補となる資格を有する者は「学校教育法（昭和22年法律第26号）第90条第1項の規定により大学に入学することのできる者」とされており、学校教育法第90条第1項においては、高等学校等を卒業した者等を大学に入学することのできる者として定めている[4]。これは、法制定時の進学率（高校進学率 42.5%（1950年）、大学等進学率 10.1%（1955年）（学校基本調査））を背景として、大学に入学することのできる資格をもって、博物館の専門的職員として必要な知識と技術の基礎としたものである。

法制定時と比較して、現在では進学率が飛躍的に向上したことにより本規定により極めて多くの者が学芸員補となる資格を有することとなっている一方で、博物館活動の高度化・複雑化に伴い、学芸員補であっても、求められる知識と技術の基礎の水準が高まるとともに、一定の専門性が求められるようになってきている。このため、学芸員補になる資格についても、高校卒業程度以上の専門的な能力を求めることが必要である。

また、学芸員補の資格は、短期大学（学校教育法第108条第2項の大学）において

4　学校教育法（昭和22年法律第26号）
　　第九十条　大学に入学することのできる者は、高等学校若しくは中等教育学校を卒業した者若しくは通常の課程による十二年の学校教育を修了した者（通常の課程以外の課程によりこれに相当する学校教育を修了した者を含む。）又は文部科学大臣の定めるところにより、これと同等以上の学力があると認められた者とする。
　　2　（略）

大学と同様の学芸員養成講座を修了した者が、博物館法第5条第1項第2号の規定により、一定の実務経験を積むことにより学芸員の資格を取得するまでの経過的な措置として活用されている。このことを踏まえて学芸員と学芸員補の資格要件の関係性についても整理することとした。

　学芸員補に求められる能力の高まり及び学芸員補の資格の活用実態を踏まえて、学芸員補になる資格を有する者について、第6条第1号において短期大学士の学位を有する者で、学芸員と同様の博物館に関する科目の単位を修得したものを規定することとする。なお、短期大学士の学位と同等の学位として、専門職大学の前期課程を修了した者に対して与えられる学位（学校教育法第104条第2項）及び専門職短期大学を卒業した者に対して与えられる学位（同条第6項）があることから、これを併せて規定することとする。

　なお、上記の学士要件によっては、大学等において短期大学士と同等以上の学位を修得し博物館学を修めた者等が無資格者となってしまうが、これからの博物館活動の充実・高度化に当たってはこれらの者の博物館学の知見も活用することも考えられるところであり、第6条第1号に規定する者と同等の学力及び経験を有する者についても学芸員補となる資格を有することとする。（第6条第2号）

　第6条第2号において定める者の具体的な内容については、文部科学省令に委任することとする。中心的な資格要件について法定し、それと同等の能力を有する者については省令委任する例として、学校教育法第90条第1項において大学入学資格を、高等学校を卒業した者等と定め、その他これと同等以上の学力があると認められた者を文部科学省令に委任しているものがある[5]。

　第5条第1項第2号では、一定の学修を経た者が学芸員補として3年間勤務した場合には学芸員の資格を得られることとしている。この「一定の学修」について、現行法では短期大学士等の学位までは求めていないが、学芸員補となるために必要な学修として短期大学士を求めていることとの均衡上、学位の要件を改めることとする。学位以外の要件である博物館に関する科目の62単位

5　学校教育法施行規則（昭和22年文部省令第11号）
　　第百五十条　学校教育法第九十条第一項の規定により、大学入学に関し、高等学校を卒業した者と同等以上の学力があると認められる者は、次の各号のいずれかに該当する者とする。
　　一　外国において学校教育における十二年の課程を修了した者又はこれに準ずる者で文部科学大臣の指定したもの（以下略）

以上の修得については学芸員補と同じであることから、第5条第1項第2号の学力の要件は学芸員補と同じになる。このため、第6条各号に該当することを要件とするように改める。

（10）博物館法に登録制度を設けた趣旨について

博物館法は、戦後、我が国が文化的な国家として健全な発展を図るためには、国民の教養及び識見を高める教育の力が最も大きな原動力となるものであるが、国民の自主的な教育活動を促進する環境が極めて貧弱であったことから、公民館や図書館に続き、教育機関としての博物館の整備充実を図ることが緊急の要務であるとの認識のもと、全国への博物館の整備を企図し、1951年に制定された。博物館の機能は、各種各様な資料によって基礎づけられるものであり、また、その資料が常に公共的に活用されることが大切である。この博物館の機能を確保するためには、設置主体を限定するだけでなく、その機能の基本的要件が確保される必要があることから、当該要件を備えているかどうかを審査する登録制度を設けたものである。

（11）登録制度の主な法的効果について

博物館の設置者は、登録されることで、博物館法上の規定に加えて、他の法令において規定される規制等に関しても、様々な法的効果を受けることが可能となる。主な法的効果は、以下のとおりである。

（税制上の優遇措置）
・土地等を譲渡した場合の譲渡所得の特別控除等
・贈与及び遺贈のみなし譲渡所得等の非課税
・新増改築の費用に充てる募金についての優遇措置
・特定土地区画整理事業等のために土地等を譲渡した場合の譲渡所得の特別控除
・重要文化財を譲渡した場合の譲渡所得の非課税
・登録美術品についての相続税の物納順位の特例
・特定美術品についての相続税の納税猶予及び免除の特例
・標本等として用いる物品を輸入し又は寄贈された場合の関税の免除の特例
・固定資産税、都市計画税、不動産取得税の非課税措置

・法人住民税（道府県民税、市町村民税）の非課税措置に関する所要の措置
・事業所税の非課税措置に関する所要の措置

（その他の法的効果）
・展覧会のために借り受けた美術品に損害が生じた場合の国家補償（展覧会における美術品損害の補償に関する法律（平成 23 年法律第 17 号）第 2 条）
・登録美術品制度の契約美術館となることができる（美術品の美術館における公開の促進に関する法律（平成 10 年法律第 99 号）第 2 条）
・登録博物館の用に供している宅地に対する換地計画において、特別の考慮（土地区画整理法（昭和 29 年法律第 109 号）第 95 条）

図表 3-1　登録の優遇措置の例

美術品補償制度

　美術品の評価額の高騰や保険料率の上昇により、展覧会主催者の損害保険料の負担が増大していた状況を踏まえ、**借り受けた美術品の損害を政府が補償**する制度。展覧会において海外等から借り受けた美術品に、万一損害が発生した場合に、その損害を総額の一定部分は主催者が負担し、それを超える部分を国が補償する。（補償上限額 950億円）。

【補償対象の展覧会の例】
ゴッホ展―響きあう魂 ヘレーネとフィンセント
（令和3年9月18日～令和3年12月12日）
出典：東京都美術館HP

登録美術品制度

　重要文化財や国宝、その他世界的に優れた美術品を、国が登録し、登録した美術品を美術館において公開する制度。**登録博物館及び博物館相当施設のうち美術品を展示する施設が、登録美術品を公開することのできる美術館となることができる。**登録美術品は、相続が発生した場合、他の美術品とは異なり、国債や不動産などと同じ順位で物納することが可能。

【登録美術品の例】
登録番号2：花鳥文様象耳付大花瓶（金森宗七 制作）
公開館：東京国立近代美術館（国立工芸館）
出典：文化庁HP

特定美術品制度

　文化財保護法に基づく「認定保存活用計画」に基づき、特定美術品を**登録博物館及び博物館相当施設からなる寄託先美術館へ**寄託していた者から、相続又は遺贈によりその特定美術品を取得した**寄託相続人**は、寄託先美術館への寄託を継続する場合、その寄託相続人が納付すべき**相続税のうち、その特定美術品に係る課税価格の80％に対応する相続税の納税が猶予**され、寄託相続人の死亡等により、納税が猶予されている相続税の納付が免除される。

希少野生動物種譲渡し規制の緩和

　種の保存法で指定された希少生動植物種は原則、譲渡し等の取引や取引につながる販売・頒布目的の陳列・広告が禁止されており、展示・教育、学術研究等のために、これらの希少野生動物種の譲渡しを行う場合、事前の許可申請・協議が必要となる。**登録博物館又は博物館相当施設における展示のために譲渡し等をする場合（生きている個体に係るものを除く）、これらの事前の許可申請が免除され、事後30日以内の届出・通知だけで譲渡しを行うことが可能。**

著作物の複製等

　登録博物館及び博物館相当施設は、図書館と同様に、その営利を目的としない事業として、図書、記録その他の資料を用いて著作物を複製することができる。また、国立国会図書館が、絶版その他これに準ずる理由により一般に入手することが困難な図書館資料（絶版等資料）による自動公衆送信を受け、その営利を目的としない事業として、利用者の求めに応じ、提供することができる。

（出所：文化庁ホームページをもとに作成）

図表 3-2　登録博物館に関する主な税制上の優遇措置（2022 年度）

◯国税関係

博物館事業の実施主体に係る優遇措置	
博物館※において標本等として用いる物品を輸入し又は寄贈された場合の関税の免除	博物館等が、標本等として用いる物品を輸入した場合、又は当該物品を寄贈された場合には、関税は免除される。 ※ 国及び地方公共団体が設置する博物館は登録を受けているかどうかにかかわらず対象

博物館を支援する者に係る優遇措置	
博物館への贈与及び遺贈のみなし譲渡所得の非課税	個人が財産を公益社団・財団法人、特定一般法人その他の公益を目的とする事業を行う法人に贈与又は遺贈をする場合で、一定の要件を満たすものとして国税庁長官の承認を受けた場合には、当該財産の贈与又は遺贈はなかったものとみなされ、みなし譲渡所得課税の規定は適用されず、所得税は課税されない。
博物館※に寄託している登録美術品についての相続税の物納順位の特例	納付すべき相続税額を延納によっても納付することが困難な場合、美術品の美術館における公開の促進に関する法律に規定する登録美術品（相続時に既に登録を受けているものに限る。）を相続税の物納に充てることができる。その際、物納の優先順位が通常の動産については第三位であるが、当該美術品については、第一位に繰り上げられる。 ※ 指定施設も対象
博物館※に寄託している特定美術品についての相続税の納税猶予及び免除の特例	文化財保護法に基づく保存活用計画を策定し、国の認定を受けて美術館等に寄託・公開された重要文化財・登録有形文化財（美術工芸品）については相続税の納税猶予の特例が認められている。 ※ 指定施設も対象
博物館の事業に供するための土地収用に伴い土地等を譲渡した場合の譲渡所得の特別控除	収用等に伴い、博物館を設置運営する法人に土地等を譲渡する場合には、譲渡所得の特別控除又は代替資産の取得に伴う特例の適用を受ける。

◯地方税関係

博物館事業の実施主体に係る優遇措置	
博物館の事業に対する事業所税の非課税	博物館を設置する法人の博物館の事業に対する事業所税が非課税とされている。
博物館において直接その用に供する固定資産に対する固定資産税・都市計画税の非課税	博物館を設置する公益社団・財団法人及び宗教法人は、直接その用に供する固定資産に対する固定資産税・都市計画税が非課税とされている。
博物館において直接その用に供する不動産の取得に対する不動産取得税の非課税	博物館を設置する公益社団・財団法人及び宗教法人は、直接その用に供する不動産の取得に対する不動産取得税が非課税とされている。
博物館の設置を主の目的とする者に対する法人住民税の非課税	博物館の設置を主の目的とする公益社団・財団法人は法人住民税が非課税とされている（収益事業を行う場合はこの限りでない）。

（出所：文化庁ホームページをもとに作成）

（12）登録制度の概要

　登録制度は、博物館の基本的な機能を確保するための仕組みであり、登録を受けることにより、博物館法上の博物館として社会的な地位を与えられるほか、振興策の対象となる。この登録の機能を十分に果たすことができるように、今回の改正によって、次のような制度とする。

① 登録の要件

　登録の審査によって、博物館の基本的な機能を確保することができるよう、次の要件を定める。また、要件の審査について専門的・技術的知見を活用することができるよう、専門家の意見を聴くこととする。

・設置者

　博物館は教育文化施設であり、また、各種の振興策の対象となることから、一定の社会的信頼性が必要である。このため、従来は設置者を一定の法人類型に限定していた。しかしながら、法人類型に限らず博物館として適切な施設は存在するため、私立博物館については、設置者の経済的基礎、博物館運営の専門的知識や経験、社会的信望を要件として定め、これらの要件のいずれにも該当する法人を適切な設置者として対象とできるようにしている。

・博物館資料に関する調査研究等を行う体制

　博物館資料は基本的な構成要素であるが、博物館資料は順次整備されるものであり、また、一定量があればそれで足りるというものでもない。このため、従前の「必要な博物館資料があること」という要件では、適切な審査を行うことができなかった。

　このため、博物館資料の収集、保管及び展示並びに当該資料に関する調査研究を行う体制に着目し、これについて文部科学省令で定める基準を参酌して都道府県教育委員会が定める基準に適合していることを要件とする。

・職員の配置

　博物館の基本的な機能を果たすために必要な要素は、教育文化施設として必要な専門性を持った職員を配置することなどの職員の適切な配置である。このため、これについて文部科学省令で定める基準を参酌して都道府県教育委員会が定める基準に適合していることを要件とする。

・施設・設備

施設・設備は、博物館の基本的な機能を果たすために引き続き必要であることから、これについて文部科学省令で定める基準を参酌して都道府県教育委員会が定める基準に適合していることを要件とする。

・開館日数

　博物館資料を単に保管するだけでなく、展示によって公開することを担保するため、現行法で定めている「１年を通じて150日以上開館していること」の要件については、引き続き規定することとする。

② 水準を維持するための措置

　登録後も一定の水準が確保されるようにするため、次の手続を定める。

・定期報告

　登録時の水準が維持されていることを確認するため、博物館に対して、博物館の運営の状況に関して定期的な報告を行わせることを義務付ける。

・報告徴収

　定期報告等を踏まえて、必要と認めるときは、都道府県教育委員会が博物館の運営の状況に関し、必要な報告や資料の提出を求めることができることとする。

・是正のための勧告及び命令

　報告徴収の内容等を勘案して、博物館及びその設置者が登録基準を満たさないこととなったときは都道府県教育委員会が設置者に対し、学識経験者の意見を聴取した上で、是正のための勧告及び命令を行うことができることとする。

・是正されない場合の登録の取消し

　状況が改善されない場合や、登録に際して不正があった場合等には、学識経験者の意見を聴取した上で、最終的に登録の取消しを行う。なお、都道府県・指定都市が自ら設置する博物館については、これらの措置について、特例的な措置が必要であると考えられる。具体的には、変更の届出、定期報告、報告聴取、勧告及び命令、廃止の届出については、情報の管理以外の手続きは不要であると考えられる。また、登録の取消しについても、自ら設置する博物館について、上記の手続きが適用されないことに加えて、偽りその他の不正の手段により登録を受けることも想定されないことから、登録要件に該当しなくなった場合の規定のみで足りると考えられるため、新たに都道府県及び指定都市の設

置する博物館に関する特例を設けることとする。

③ 登録を受けた博物館に関する情報の管理

　登録を受けた施設は、博物館法上の博物館としての地位を得られるほか、各種の振興策の対象となるため、登録を受けた博物館の情報を適切に管理することが必要である。また、博物館の利用者や、博物館と連携して事業を行う者にとっては、一定の機能が確保された施設であるかどうかは関心事であるため、情報を公表することとする。

　このため、申請書に記載された博物館及びその設置者の名称及び所在地・住所に関する情報について、以下のように取り扱う。

・登録する際に登録原簿に記載する
・変更が生じた場合には更新されるよう、届出を義務付ける
・登録、変更、取消し、廃止の際に、インターネットその他の方法で公表する

④ 登録申請書の記載事項について（第12条関係）

　第12条第1項の登録申請書の記載事項は、登録を受けようとする博物館をまぎれなく特定するための以下3項目とし、登録要件に係る事項については、第12条第2項に定める添付書類により確認するものとする。

・登録を受けようとする博物館の設置者の名称及び住所
・登録を受けようとする博物館の名称及び所在地
・その他都道府県の教育委員会が定める事項

⑤ 登録要件の審査について（第13条第1項及び第2項関係）

　多様化・高度化した博物館の役割に対応した要件とする必要があること、設置者の法人類型の要件を外したことに対応する要件を定める必要があることを踏まえ、現行第12条に規定する登録の要件を、以下のとおり改めることとする。

・申請者の適格事項（第13条第1項第1号）

　第2条第1項に規定する設置者要件の削除に伴い、特に私立博物館について、その設置の際に一定の要件が担保される一般社団法人・一般財団法人等に加えて、株式会社等の営利企業等が申請者となることが可能となることに伴い、公的性格を有する博物館の適正な運営を確保するために、一定の要件を課す必要

があることから、経済的基礎を有することや社会的信望を有すること等の申請者の適格事項に関する規定を追加する。

　設置者の要件は、学校や福祉施設において一般的に規定されているものと同様であり、例えば「役員」の範囲や「社会的信望」などの要件の解釈運用も、他の施設の解釈運用を参照しつつ行うこととする[6]。

・申請者の欠格事項（第13条第1項第2号）

　公的性格を有する博物館の適正な運営を確保するために、申請者の欠格事項として、過去に設置する博物館の登録を取り消され、その取消しの日から2年を経過しない者であることを規定する。

・博物館資料の収集・保管、展示、調査研究（第13条第1項第3号）

　現行の第12条第1号では、博物館として必要な最低条件として、博物館資料を有することのみが要件とされているが、博物館がその社会的役割をより一層果たすため、博物館資料の収集・保管、展示、博物館資料に関する調査研究という活動を適切に行うための体制を求める要件に改めることとする。収集・保存、展示、調査研究を適切に実施するために必要な体制は多岐にわたると考えられることから、詳細については文部科学省令を参酌して都道府県教育委員会が定める基準に委任することとする。

・職員の配置（第13条第1項第4号）

　現行の第12条第2号では、第2条第1項に規定する目的を達成するために必要な学芸員その他の職員を有することを要件としている。博物館を運営するに当たって、適切な人的体制を有することは必要であるため、新しい登録制度においても、これらについて登録の要件として引き続き規定し、詳細については文部科学省令を参酌して都道府県教育委員会が定める基準に委任することとする。

・施設及び設備（第13条第1項第5号）

6　学校教育法（昭和22年法律第26号）

　第百二十七条　専修学校は、国及び地方公共団体のほか、次に該当する者でなければ、設置することができない。

　一　専修学校を経営するために必要な経済的基礎を有すること。

　二　設置者（設置者が法人である場合にあつては、その経営を担当する当該法人の役員とする。次号において同じ。）が専修学校を経営するために必要な知識又は経験を有すること。

　三　設置者が社会的信望を有すること。

現行の第12条第3号では、第2条第1項に規定する目的を達成するために必要な建物及び土地があることを要件としている。博物館を運営するに当たって、その物的基礎を有することは必要であるため、新しい登録制度においても、これらについて登録の要件として引き続き規定する。また、複合施設の一部としての運営の増加に伴い、必ずしも土地があることが重要ではなくなっていること、資料を適切な環境で保存・展示し、バリアフリー等の多様な利用者の便宜を図る観点から、建物に加えて、設備の重要性が高まっていることから、「建物及び土地」を「施設及び設備」と改めるとともに、詳細については文部科学省令を参酌して都道府県教育委員会が定める基準に委任することとする。

・開館日数（第13条第1項第6号）

　現行の第12条第4号では、資料の公開を担保するため150日以上開館していることについて要件としていることから、第6号として引き続き規定することとする。

　なお、規定順については、現行規定の登録要件が、①博物館資料、②職員、③建物及び土地、④開館日数の順で規定されていることを踏まえて、申請者に関する要件をまず規定した後、①博物館資料の収集・保管、展示、調査研究の体制、②学芸員その他の職員、③施設及び設備、④開館日数の順で規定するものとする。

⑥ 文部科学省令を参酌基準とすること

　第13条に基づく事務は地方自治法上の自治事務であるため、第13条第1項第3号から第5号までに定める基準については、文部科学省令で定める基準を参酌して、都道府県等の教育委員会が定めることとする。この点は、現行法においても文部科学省令への委任がされておらず都道府県教育委員会が独自に定めることとしていたことや、下記のように地域によってある程度異なる基準を作ることには合理性が認められることを踏まえれば、博物館法の体系の中でも整合的であると考えられる。

・建物の基準は、例えば複合施設の中に設置することを促進したい都市部と、大規模施設の設置を促進したい地域では異なりうること
・博物館資料の調査体制については、例えば博物館資料を調査研究する機能を有する大学が所在する地域や、教育委員会に専門的な調査体制があるよ

うな地域では大学等の機関との連携の下で備えることも考えられるなど、地域の調査研究のリソースによって異なると考えられること

　なお、教育委員会が基準を定めるに当たっては、法律上文部科学省令を参酌することが求められるため、現行法のように教育委員会が完全に自由に定めることができていたことと比較すれば、一定の標準化が期待される。また、参酌基準であっても教育委員会がこれを大きく下回る基準を定める場合には、議会などにおいて地域の実情に即した合理的な説明が求められることとなる。これらの点を考慮すれば、文部科学省令で参酌基準を定めることは、設置主体を拡大したことに対応する全国的な水準の保証として、一定の制度的な担保にはなりうる。さらに、新たに法律で博物館資料の調査研究体制を基準として立てることを求めることにより、これまでよりも博物館の活動に即した基準が定められることが期待される。

　また、教育委員会の定めに委任するに際し、定める観点を法律上に示すため、「第3条第1項各号に掲げる事業を行うために必要なものとして」を規定する。現行法では第2条第1項に規定する目的を達成するために必要なものとして、と規定されていたが、以下の点を考慮すれば、第3条第1項各号の事業を引用する方が適当であると考えられる。

・教育委員会への委任の観点としては、第2条第1項の目的だけでは極めて抽象的であるのに対し、第3条第1項各号の事業は具体的な内容を規定しているため、より的確に委任の観点を示すことができること
・第31条では博物館に相当する施設の指定の観点は「博物館の事業に類する事業を行う施設」と規定していること
・第3条第2項及び第3項の博物館の努力義務についても第3条第1項各号の事業がもとになっていること

⑦ 博物館の登録に際して学識経験者の意見を聴くこと（第13条第3項関係）

　都道府県教育委員会が行う登録の審査について、登録要件の基準に必ずしも外形的・定量的に判断することのできない項目を追加することに伴い、学識経験者が専門的・学術的観点から審査を行うことで、審査の恣意性や都道府県教育委員会の審査担当職員の知識や経験の不足等に起因する不公平が発生することを防ぐため、学識経験を有する者の意見を聴くことを規定する。

⑧ 登録等の公表（第14条・第15条・第19条・第20条関係）

　登録された博物館については、美術品の美術館における公開の促進に関する法律における登録美術品公開契約を契約する美術館となることができるなど、関連する法律上の効果が生じることになるが、これらを国民が利用するに当たっては、博物館が登録されているかどうかを容易に確認できるよう、登録された博物館について、公表しておく必要がある。

　このため、登録（第14条）、変更登録（第15条）、取消し（第19条）、廃止（第20条）のそれぞれの行政行為が行われたことを、都道府県教育委員会がインターネットの利用その他の方法により公表する旨の規定を追加する。なお、現行第12条に規定されている博物館登録原簿への記載や、申請者への通知については、新第14条において規定することとしている。

⑨ 都道府県教育委員会への定期報告（新設）（第16条関係）

　現行法においては、例えば、登録後に学芸員が配置されなくなる、開館日が少なくなるなど、博物館の運営が不適切な状況に仮に陥ったとしても、行政庁が必ずしも把握できていないことが指摘されている。

　このため、博物館の運営状況を確認し、活動と経営の向上を継続的に図るための仕組みとして、定期的な報告を求めることとする。

⑩ 報告の徴収及び勧告・命令（新設）（第17条及び第18条関係）

　新設した定期報告（第16条）などに基づき、登録の水準が維持されているかどうか疑義が生じ、都道府県教育委員会が、登録博物館の適正な運営を確保するため必要があると認める場合、当該登録博物館の運営の状況を更に精査し、取消しを行うか否かの判断を行う必要がある。このため、上記のような場合において、都道府県教育委員会が、登録博物館にその業務に関する報告を求めることができる規定を新設する。（第17条）

　また、報告徴収等を行った結果、登録の基準を下回っている等の不適切な状況が確認された場合には、是正のための勧告及び命令を行うことができることとする。（第18条）

　勧告・命令を行うに当たっては、登録要件の審査と同様に、勧告・命令の恣意性や都道府県教育委員会の審査担当職員の知識や経験の不足等に起因する不

公平が発生することを防ぐため、学識経験を有する者の意見を聴くことを規定する。

⑪ 登録の取消し（第19条関係）

　現行第14条においては、博物館が登録要件を欠くこととなった場合又は虚偽の申請に基づいて登録を受けた事実が発覚した場合に、都道府県教育委員会が義務的にその登録を取り消すこととしつつ、天災その他やむを得ない場合により要件を欠くに至った場合には2年間の猶予期間を置いている。

　しかし、天災その他やむを得ない事由により登録要件を欠くに至った場合、2年間では登録要件を満たす現状に戻らないことも想定されることから、登録の取消しを義務的に定める現行規定を改めることとする。取消し事由については、現行第14条に規定するものを引き継いで、偽りその他不正の手段により登録を受けたとき（第1号）を定めるとともに、変更届出義務違反（第2号）、定期報告義務違反（第3号）、報告義務違反（第4号）、措置命令違反（第5号）を追加することとする。

　なお、現行第14号においては、登録要件を欠くこととなった場合の取消しが規定されていたが、改正法では、登録要件を欠く場合には第18条に基づき勧告及び措置命令をすることとするため、その措置命令違反による取消しを規定することとした。

⑫ 都道府県・指定都市が設置する博物館に関する特例（新設）（第21条関係）

　登録後に必要となる諸手続きは、登録審査を行う都道府県等の教育委員会がその事務を行うに当たって不可欠なものであるが、都道府県・指定都市が自ら設置する博物館については、当然その現状を把握しているものであるから、変更の届出（第15条第1項）、定期報告（第16条）、報告又は資料の提出（第17条）、勧告及び措置命令（第18条）、廃止の届出（第20条第1項）の規定は必ずしも必要でないと考えられることから、これらの規定の適用除外について規定する。他方で、変更登録及びその情報の公表（第15条第2項）、登録取消し情報の公表（第19条第3項）、登録抹消及びその情報の公表（第20条第2項）について、届出により行われる手続きとされているが、都道府県・指定都市が自ら設置する博物館については、自ら把握した情報に基づき、これらを行うこととするよう読替え

規定を整備する。また、登録の取消し（第19条第1項及び第2項）については、変更届出義務違反、定期報告義務違反や報告・資料提出義務違反、措置命令違反等が取消し事由として規定されているが、都道府県・指定都市が自ら設置する博物館については、これらを適用しないこととすることに加えて、偽りその他の不正の手段により登録を受けることも想定されない。このため、都道府県・指定都市が自ら設置する博物館については、その取消し事由として、登録要件に該当しなくなった場合の規定のみとする読替え規定を置くこととする。なお、取消しに当たって学識経験を有する者の意見を聴くことの必要性は、都道府県・指定都市が自ら設置する博物館とそれ以外とで変わりがないことから、第13条第3項の規定は準用するものとする。

(13) 現行第 18 条 (設置) を削除すること (現行第 18 条関係)

　本条においては、公立博物館の設置に関する事項について、当該博物館を設置する地方公共団体の条例で定めなければならないことを定めている。しかしながら、博物館法の制定後に定められた地方自治法第244条の2（昭和38年の改正で追加）の規定[7]において、公の施設の設置及びその管理に関する事項は、条例で定めることとなり、本条はその役割を終えていると考えられるため、削除するものとする。

(14) 現行第 19 条 (所管) を削除すること (現行第 19 条関係)

　現行第19条は、地方教育行政の組織及び運営に関する法律（以下「地教行法」という。）第21条に基づき教育委員会となる博物館の所管関係について、本法公布後にその所管について疑問を生ずるからこれを明示したものである。博物館法の制定から70年が経過し、地教行法における所管関係に関する認識は十分に定着しているとともに、2019年に成立した第9次分権一括法（地域の自主性及び自立性を高めるための改革の推進を図るための関係法律の整備に関する法律（令和元年法

7　地方自治法（昭和22年法律第67号）
　　（公の施設の設置、管理及び廃止）
　　第二百四十四条の二　普通地方公共団体は、法律又はこれに基づく政令に特別の定めがあるものを除くほか、公の施設の設置及びその管理に関する事項は、条例でこれを定めなければならない。

律第 26 号））により追加された地教行法第 23 条第 1 項第 1 号の規定[8]により、博物館の所管は条例に定めることにより地方公共団体の長に移管することが可能となったことなど、所管関係は柔軟化していることを踏まえて、当該規定は削除することとする。

（15）博物館協議会の委員の任命（第 24 条関係）

博物館協議会は、地域住民に直接のサービスを行う地方公共団体立の公立博物館について、当該地方公共団体の住民等の意見を聴くことにより、地域に開かれた運営を担保するため、公立博物館の設置者である地方公共団体の教育委員会がその判断により設置するものである。

公立博物館に地方独立行政法人が設置する博物館が追加されることに伴い、博物館協議会の扱いを整理することとする。博物館協議会は博物館に設置される組織であり、地方独立行政法人法第 20 条[9]において、地方独立行政法人の職員は、理事長が任命することとされていることを踏まえて、委員の任命は地方独立行政法人の理事長が定めるものとする。

（16）博物館協議会の設置等に関する事項（第 25 条関係）

第 25 条では、博物館協議会の設置、その委員の任命の基準、定数及び任期その他博物館協議会に関し必要な事項については、当該博物館を設置する地方公共団体の条例で定めることとし、その基準の作成に当たっては、文部科学省令で定める基準を参酌することとしている。本規定は、社会教育施設としての博物館の活動について、地域に開かれた運営を担保するという博物館協議会の

8　地方教育行政の組織及び運営に関する法律（昭和 31 年法律第 162 号）
　　（職務権限の特例）
　　第二十三条　前二条の規定にかかわらず、地方公共団体は、前条各号に掲げるもののほか、条例の
　　　定めるところにより、当該地方公共団体の長が、次の各号に掲げる教育に関する事務のいずれか
　　　又は全てを管理し、及び執行することとすることができる。
　　一　図書館、博物館、公民館その他の社会教育に関する教育機関のうち当該条例で定めるもの
　　　（以下「特定社会教育機関」という。）の設置、管理及び廃止に関すること（第二十一条第七号
　　　から第九号まで及び第十二号に掲げる事務のうち、特定社会教育機関のみに係るものを含む。）。
9　地方独立行政法人法（平成 15 年法律第 118 号）
　　（職員の任命）
　　第二十条　地方独立行政法人の職員は、理事長が任命する。

趣旨を担保するため、その委員の構成や任命の基準等について、文部科学省令で一定の参酌基準を定めることとしたものである。本法律により、公立博物館の設置主体に地方独立行政法人が加わることに伴い、上記の地方公共団体の条例で定める事項について、地方独立行政法人の設置する博物館については、当該地方独立行政法人の規程で定めることとする。

(17) 公立博物館に係る補助対象について（第27条関係）

第27条は、第26条の規定により公立博物館は原則として入館料不徴収とされていることに伴い、国が公立博物館を設置する地方公共団体に対して予算措置ができることを定めるものである。本法律により、公立博物館の設置主体に地方独立行政法人が加わることから、公立博物館を設置する地方独立行政法人を第27条の補助対象に加えることとする。

(18) 博物館に相当する施設の指定等について（第31条関係）

現行の第29条では、博物館に相当する施設について、文部科学大臣、都道府県又は指定都市の教育委員会が指定し、それぞれの登録主体が指定した施設について、現行第27条第2項の規定（私立博物館に対する指導・助言）が準用されることとされており、当該規定を登録主体ごとに整理（第1項及び第4項）するとともに、新たに指定の取消し及びこれらに係る公表について規定する（第2項及び第3項）。

指定施設は、登録博物館と比べて、より多様な主体が多様な事業を行う施設であることが想定されるが、第3条第2項（事業充実のための連携・協力）及び第3条第3項（事業の成果を活用した関係者との連携による地域活性化等への貢献）の規定の重要性については同様に当てはまるものであり、これらの規定の趣旨を踏まえた関係機関等との連携・協力について定めることとする（第31条第5項）。

また、国又は独立行政法人が設置する指定施設については、ナショナル・センターとして、博物館及び指定施設の連携の中核的役割を担うことが期待されており、関係機関等との連携・協力に当たっては、第5項の規定のみならず、その所有する資料を他の施設に貸し出すことや、他の施設の職員に研修を行うことなど、博物館及び他の指定施設の事業の充実のための必要な協力を行うことについての努力義務を定めることとする（第31条第6項）。

（19）指定施設の取消しの規定を設けること

　行政機関が特定のものを指定することについては、手続について詳細を規定していないものがある。特に本法律では指定の効果が明確になっていないこともあり、取消しなどの手続を置いていないものと考えられる。だが、実際には、現在でも、博物館法施行規則において、指定の申請手続（第19条）や取消し（第24条）等について定めているところである。

　しかしながら、指定されることによって博物館に相当する施設としての一定の地位を得るとともに、他の法律による振興策の対象にもなることから、その地位を奪う不利益処分である取消しについては、法律上規定を置いておくことが適当である。このため、今回の改正において取消しの規定を置くとともに、指定施設の指定及び取消しについて、その結果の公表に係る規定を新設することとした。

（20）原始附則第2項の経過措置の削除について（原始附則第2項関係）

　原始附則第2項では、現行の第6条で規定する「大学に入学することのできる者」に、次に掲げる者を含むものとする経過措置を定めている。

・旧中等学校令（昭和18年勅令第36号）、旧高等学校令又は旧青年学校令（昭和14年勅令第254号）の規定による中等学校、高等学校尋常科又は青年学校本科を卒業し、又は修了した者[10]

・文部省令でこれらの者と同等以上の資格を有するものと定めた者

　これらの者については、すべて現在の短期大学士の学位と同等以上とはみなすことのできない資格であり、本法律により、学芸員補の資格のひとつとして、短期大学士の学位を有する者とすることとし、現在博物館において学芸員補の職にある者以外について、特段の経過措置を設けないことから、本経過措置は削除する。

（21）改正法附則

---

10 ①に掲げる各学校の卒業時の年齢と現行制度における学校の修了時の年齢との比較
　・中等学校及び高等学校尋常科の卒業　高校第一学年修了相当
　・青年学校本科の卒業（女子）　高校第二学年修了相当
　・青年学校本科の卒業（男子）　大学第一学年修了相当

① 施行期日について（改正附則第1条関係）

　本改正については、各地方公共団体において、新しい登録要件の審査の体制整備のために一定の時間が必要であることから、2023年4月1日を施行日とする。ただし、後述する経過措置の政令への委任規定については、政令を上記の施行日までに定める必要があることから、公布の日から施行することとする。

② 経過措置について（改正附則第2条及び第3条関係）

・学芸員の規定の改正に係る経過措置（第1項）

　学芸員補として必要な資格要件を引き上げることに関連して、第5条第1項第2号に規定する学芸員として必要な資格要件についても改正を行うことに伴い、現行の規定（大学に2年以上在学）よりも対象が狭くなる（短期大学士の学位等）ことから、この法律の施行の際、現に学芸員となる資格を有する者については、引き続き学芸員となる資格を有する者とみなす経過措置を設ける。

・学芸員補の規定の改正に係る経過措置（第2項）

　学芸員補に関しては、現行の高校卒業をもって資格とする仕組みでは不十分であるため、現在の学芸員補の資格では、施行日後は学芸員補の資格を有しないこととする。この場合でも、実際には多くの学芸員補が一定の学歴等を有しているため、大きな混乱は生じない。ただし、現行法の資格要件で現に学芸員補として勤務しているものが失職することを防ぐため、この法律の施行の際、現に博物館において学芸員補の職にある者については、引き続き当該博物館において学芸員補となることができる経過措置を設ける。

・施行日前に行われた申請に関する経過措置（第3項）

　次の第4項との関係で、従前の地位が維持される期間（以下「移行期間」という。）における利益を保護するため、本法律の施行の日（以下「施行日」という。）前にされた申請で、施行日時点で登録がなされていない場合、改正前の博物館法の規定に基づき、引き続き審査を行い、登録の処分が行われるものとする。

・現行法の規定に基づき登録された博物館に係る経過措置（第4項）

　今回の改正により、関係法律も改正し、従前の登録を受けていた博物館に認められていた優遇措置は、改正後の登録博物館に適用されるようにする。改正後の登録要件は、現行法の登録要件とは異なるため、現行法の規定に基づき登録を受けている博物館が、新しい登録制度において登録を受けるためには、新

しい基準による審査を受ける必要がある。ただし、新しい基準に適合するために博物館側に準備期間が必要であるとともに、税制等の優遇措置が急に適用されなくなる場合には混乱が生ずるため、一定の期間は、現行法の登録を受けた博物館に認められていた優遇措置を継続する必要がある。また、審査側（都道府県教育委員会）にとっては登録の審査に係る業務が一定期間に過度に集中することを防ぎ、円滑な新制度への移行を行うことも必要である。このため、施行の日から5年間の移行期間においては、既に登録を受けている博物館については改正後の博物館法による登録を受けているとみなすこととする。

- **期間内に登録の処分が得られなかった博物館の取扱い**

　期間内に登録の申請をせず、又は登録の処分が受けられなかった博物館の登録については、当然に効力を失うこととなる。この場合には、都道府県の教育委員会は、当該博物館の登録を抹消することとなる。この点は、当然の手続であるため、経過措置として規定する必要はないと考える。登録制度を定める他の法令でも同様に、経過措置を徒過した場合の登録の抹消等の手続については定められていない。

- **第4項により改正後の登録を受けているとみなされる博物館に対する第18条第1項及び第21条第2項の規定の適用に係る経過措置**（第5項）

　新設する第18条第1項では、新しい登録基準に該当しなくなったと認められる博物館に対する改善のための勧告について定めている。第4項の規定により改正後の登録を受けているとみなされる博物館についても、当該規定が適用されることとなるが、これらの博物館は新しい登録要件の審査を受けていないため、移行期間中は、新しい登録要件に該当しなくなったことをもって勧告対象とすることは適当ではない。このため、改正前の博物館法の登録要件に該当しなくなったことをもって、勧告を行うこととする。

　また、新設する第21条第2項では、都道府県・指定都市が自ら設置する博物館について、新しい登録基準に該当しなくなったと認められる場合の登録の取消しについて定めているが、改正後の登録を受けているとみなされる博物館についても、当該規定が適用されることとなり、これらの博物館は新しい登録要件の審査を受けていないため、移行期間中は、新しい登録要件に該当しなくなったことをもって登録を取り消すことは適当ではない。このため、改正前の博物館法の登録要件に該当しなくなったことをもって、登録の取消しを行うこ

ととする。

　今回、指定施設の規定を大幅に整理したことに伴い、現行法において指定された施設が、改正後においても指定施設とみなされることについて確認的な経過措置を設けるものとする。(第6項)

　本改正案の公布後、その施行前において、新たな経過措置を設ける必要が生じた場合に備え、経過措置に関し、政令に委任することができる旨の規定を定めることとする。(附則第3条)

・**他の法律における条ズレ等対応について** (改正附則第4条及び第5条関係)

　租税特別措置法 (昭和32年法律第26号) 第70条の6の7において、個人が寄託先美術館の設置者に一定の要件を満たす特定美術品の寄託をした場合において、その特定美術品を相続又は遺贈により取得した者がその寄託を継続したときは、担保提供を条件に、その寄託相続人が納付すべき相続税額のうち、その特定美術品に係る課税価格の80%に対応する相続税の納税を猶予する等の特例が規定されている。寄託先美術館となる要件として、博物館法に基づく登録又は博物館に相当する施設の指定を受けている必要があることから、登録及び指定、並びにこれらに関する取消し及び抹消について、博物館法の規定がそれぞれ引用されており、これらについて所要の改正を行う。なお、租税特別措置法 (昭和32年法律第26号) 第70条の6の7第3項第7号及び同条第5項では、指定施設の取消しについて規定しており、本改正において、指定施設の取消しについて新たに規定することに伴い、所要の改正を行う。

　また、博物館法第29条を引用しているため、第29条の条ズレ等に伴い、美術品の美術館における公開の促進に関する法律 (平成10年法律第99号) 第2条第2号、展覧会における美術品損害の補償に関する法律 (平成23年法律第17号) 第2条第2号ハ、について改正を行う。

IV
改正博物館法 Q&A

問 1 **今回の博物館法の改正の目的は何か。**

○博物館法が制定されてから約 70 年が経過する中で、当時、社会教育施設として位置付けられた博物館を取り巻く状況は大きく変化している。

○具体的には、

①文化芸術基本法の成立や ICOM 京都大会における「文化をつなぐミュージアム」の理念のように、文化観光やまちづくり、福祉、産業への貢献等、文化施設としての役割も求められている。

②また、博物館の数は制定当初の約 200 館から約 5,700 館にまで増加し、博物館同士の連携・協力が重要となるとともに、コロナ禍の中でデジタル・アーカイブ化の推進も求められている。

③さらに、地方独立行政法人立や株式会社立の博物館・美術館等が設立されるなど、地方公共団体や社団法人・財団法人等に限られている設置者の要件が時代にそぐわなくなってきている。

○今回の改正博物館法は、このように博物館に求められる役割が多様化・高度化する中で、博物館の設置主体の多様化を図りつつ、その適正な運営を確保するため、法律の目的や博物館の事業、博物館の登録要件等を見直すものである。

問 2 **約 70 年ぶりの改正となった背景は何か。**

○2017 年の文化芸術基本法の成立や 2019 年の ICOM 京都大会で提唱された「文化をつなぐミュージアム」の理念に代表されるように、文化観光、まちづくり、福祉、産業等の地域や社会の課題解決に取り組むことが求められるなど、博物館の役割が多様化・高度化している。

○また、コロナ禍において博物館の休館や入場制限を余儀なくされる中で、これまで遅れがちであったデジタル・アーカイブ化を加速させ、豊かなコンテンツを発信していく必要性も多くの関係者に痛感されたところである。

○一方、博物館行政については、文部科学省と文化庁でそれぞれ担当していた博物館に関する事務について、2018 年からは文化庁で一括して所管することとしたところであり、改正博物館法は、その後約 2 年間かけて幅広い関係者から意見を聴取しつつ文化審議会で議論し、2021 年末にとりまとめられた答申を踏まえたものである。

問3　関係団体からはどのように意見聴取のヒアリングを行ったのか。

○今回の法律を文化審議会で検討するに当たっては、博物館に関係する団体等から幅広くご意見を伺いながら、丁寧に検討を進めてきたものである。

○具体的には、

・文化審議会において、幅広い分野から有識者に参画いただき、約2年間議論を重ね、27回の会議を開催

・同審議会の下に設置した博物館部会において、13の館種別団体からヒアリングを実施

・日本博物館協会主催のイベントなど、様々な場において関係団体から意見を聴取

・実際の登録業務を担う都道府県・指定都市の教育委員会に対して、説明会やアンケートを実施

などを行った上で、文化審議会において2021年末に改正の方向性が答申された。

（参考）法律の早期制定等の要望団体の一覧

・日本博物館協会

・全国美術館会議

・日本動物園水族館協会

・日本水族館協会

・日本公開天文台協会

問4　2019年のICOM京都大会における「文化をつなぐミュージアム」とはどのような考えか。改正博物館法にどのように反映されているのか。

○2019年に開催されたICOM京都大会では「文化をつなぐミュージアム」の理念が採択された。

○これは、多様な種類、設置形態、規模の博物館同士が互いに連携・協力し、「文化の結び目」として地域や社会の課題解決を図っていこうという考えである。

○このような考え方について、本法律においては、博物館同士の連携・協力と、地域な多様な主体との連携・協力による地域の活力の向上への寄与に努めるよう、新たに規定することとしたものである。

問 5　改正博物館法は、博物館を社会教育施設から観光施設へと変えようとするものではないか。

〇改正博物館法では、博物館が文化施設として地域の様々な主体と連携して、文化観光などを推進し、地域の活力の向上に寄与するよう努めることとしている。

〇一方、①資料の収集・保管、②展示・教育、③調査・研究など、社会教育施設としての基本的な機能は、引き続き規定しており、社会教育施設としての博物館の役割は何ら変わるものではない。

〇もとより博物館は文化観光のみを扱う施設ではないが、今後、博物館には、社会教育施設と文化施設の両方の性格を持つ施設として、文化観光やまちづくりなどの様々な社会的・地域的課題の解決にも寄与することが期待されている。

問 6　改正博物館法において登録博物館となるメリットは何か。

〇博物館の設置者は、登録されることで、法律上の地位が与えられ、信用や知名度の向上が期待できるとともに、税制上の優遇措置や、美術品補償制度の利用などの法律上の優遇措置を受けることが可能となる。

〇また、2022年度から文化庁で開始された予算事業（博物館機能強化推進事業）においては、登録博物館を中心に措置するなどの取組を行い、登録を受けることによって、これらの様々な支援が受けられるようにされている。

問 7　国では、登録博物館に対してどのような支援を行っているのか。

〇登録博物館に対しては、税制優遇や法制度上の優遇措置のほか、予算上の支援を行うこととしており、文化庁の2023年度概算要求においては、博物館に関する予算（図表4-1の1〜3の事業）として約39億円が計上されている。

問 8　国立博物館の入館料はどのように設定されているのか。

〇独立行政法人が運営する国立博物館・美術館の常設展入場料金は、設置者である独立行政法人の経営判断により、館ごとに設定されている。

〇これらの館においては、児童生徒が文化芸術に触れ合う機会を提供し、健全な育成に資するために児童生徒の入館料を無料とするなど、博物館法第

図表 4-1　博物館関連支援予算（2023 年度概算要求）一覧

１．博物館機能強化推進事業　　　　　　　　　　　1,474 百万円

① Innovate MUSEUM 事業　　　　　　　　　　　1,349 百万円

・Museum DX の推進（新規）
　博物館資料のデジタル・アーカイブ化とその公開・発信や、博物館における業務の
DX 化に効果的に取り組む館の事業を支援し、デジタル化されたデータの活用や業務フ
ローの効率化を図る。

・特色ある博物館の取組支援
　これからの博物館が新たに求められる社会的・地域的な課題（地方創生、都市再生、
人口減少、社会包摂等）への対応に先進的に取り組む事業を支援し、その内製化と横展
開を目指す。

② 新制度におけるミュージアム応援事業　　　　　125 百万円

　博物館法の改正を踏まえ、（１）新たな登録制度の価値を高めるための積極的なプロ
モーション、（２）博物館活動の質を高めるための体制整備、（３）博物館人材育成・質
の向上に資する研修　等について実施。

２．文化観光拠点施設を中核とした地域における文化観光推進事業　2,332 百万円

　文化の振興、観光の振興、地域の活性化の好循環を生み出すことを目的とする「文化観
光拠点施設を中核とした地域における文化観光の推進に関する法律」に基づく拠点計画及
び地域計画の実施等のための事業について支援。

３．アートエコシステム基盤形成促進事業　　　　　72 百万円

美術品の管理適正化のためのシステム開発事業　　45 百万円

　市場に流通する美術品等の取引履歴（トレーサビリティ）の確保や、美術館・博物館に
おける美術品・文化財の管理適正化を図る。

４．地域ゆかりの文化資産を活用した展覧会支援　　2,835 百万円

　文化庁や国立博物館等が所蔵する地域ゆかりの文化財の地方博物館での展覧会を支援
（日本博予算の一部を活用）。　　　　　　　　　　　　　　※国際観光旅客税予算を活用

５．国民文化祭を契機とした三の丸尚蔵館の地方展開　　8 百万円

　「国民文化祭」開催地の博物館・美術館等において、
三の丸尚蔵館収蔵品を中心とした国等が有する貴重な文化財を紹介する展覧会を開催する
ための費用（作品輸送、保険、リーフレット印刷）等を支援。

６．被災ミュージアム再興事業　　　　　　　　　　210 百万円

　東日本大震災で被災した博物館資料の修理への支援。

７．国立アイヌ民族博物館の運営等　　　　　　　1,750 百万円

　2020 年 7 月に開館した国立アイヌ民族博物館（ウポポイ）の管理運営費を計上。年間
来場者数100万人の達成を目標。アイヌ施策推進法に基づくアイヌ文化振興事業への支援。

８．国立文化施設の機能強化・整備　　　　　　23,272 百万円
独立行政法人国立科学博物館運営費交付金　　　　2,999 百万円
独立行政法人国立美術館運営費交付金　　　　　　9,194 百万円
独立行政法人国立美術館施設整備費　　　　　　　900 百万円
独立行政法人国立文化財機構運営費交付金　　10,179 百万円の内数

（出所：文化庁ホームページをもとに作成）

23条の趣旨を踏まえた取組を行っている。

問9 **博物館におけるデジタル・アーカイブ化の推進とはどのようなものか。なぜ追加されたのか。**

○博物館資料をデジタル化して保存し、インターネット等を通じて公開することは、地域住民への成果の還元、文化芸術の創造的活動の活用、文化観光や地域活性化への貢献など様々な面から意義深く、その重要性はますます高まっている。

○また、今般、新型コロナウイルス感染症の感染拡大により、博物館の利用制限が課された際、インターネットを通じて広く発信できるデジタル・アーカイブの必要性・有効性が関係者にも改めて強く認識されたところである。

○このため、改正博物館法の第3条第1項に定める博物館の事業に、博物館資料のデジタル・アーカイブ化とその公開を追加することとしたものである。

問10 **歴史博物館や美術館と、動物園や水族館といった施設は、その役割が異なると考えられるが、どのように考えるか。**

○動物園や水族館等の生物を資料として扱う館についても、資料を収集、保管、展示し、その調査研究を行うという社会教育施設としての役割は歴史博物館や美術館等と変わるところはなく、博物館法制定時より、博物館の類型の一つとして認識されていた。

○館種により役割は多様化しているが、動物園や水族館等は、今日でも社会教育施設、文化施設としての役割を果たしており、動物園や水族館等の関係団体・関係者は自らを博物館として自認されている。

○文化審議会答申においても、引き続き、動物園や水族館等が博物館の重要な一部であるとの提言が出されており、この改正博物館法においても、その認識は変わっていない。

問11 **学芸員の処遇改善・地位向上のためにどのように取り組むのか。**

○学芸員は、資料の収集・保管、展示・教育、調査・研究という博物館運営の中核的な役割を担う専門的職員であり、その地位を向上し、処遇を改善することは重要な課題である。

○このため、文化庁や地方自治体において、学芸員の能力の底上げを図り、その処遇の改善等につなげるため、若手から中堅に至る様々な学芸員の研修が実施されている。また、学芸員が海外での博物館等で研修や人脈の幅を広げる機会も提供している。

○また、文化庁では2022年度から新たに「博物館機能強化推進事業」が実施され、博物館について組織改革の取組の促進やネットワークを通じた組織連携の推進などを図ることとしている。

○学芸員の処遇については、それぞれの博物館の設置者が判断するものであるが、改正博物館法を契機として、様々な機会を通じ博物館の価値を発信することにより、その処遇改善について設置者をはじめ社会全体の理解を得る取組が求められている。

問12 **2008年の改正時にはなぜ改正しなかったのか。当時も今と状況は変わらなかったのではないか。**

○教育基本法の改正を踏まえて行われた社会教育法、図書館法、博物館法の改正では、教育基本法の改正内容と関連した改正が行われたものである。

○2017年に文化芸術基本法が改正されたことをはじめ、文化観光推進法の成立や文化財保護法の改正など、博物館に求められる役割はますます多様化・高度化している。また、2019年にはICOM総会が京都で開催され、博物館の定義の見直しが進められるなど、国際的にも同様の議論が行われている。

○さらに、新型コロナウイルス感染症への対応の中では、実物に触れる感動の重要性が再認識されるとともに、デジタル化などの課題への必要性も加速している。

○このような中、当時以上に、博物館行政の基盤となる博物館登録制度の見直しが強く求められていると認識していた。

問13 **2008年の法改正時の参議院附帯決議を受けて、どのように対応してきたのか。なぜ今まで登録制度を改正しなかったのか。**

○2008年に成立した「社会教育法等の一部を改正する法律」に対する参議院文教科学委員会の附帯決議において、「博物館については、多様な博物館がそれぞれの特色を発揮しつつ、利用者の視点に立ったより一層のサービス

の向上が図られるよう、関係者の理解と協力を得ながら登録制度の見直しに向けた検討を進めるとともに、広域かつ多岐にわたる連携協力を図り、国際的に遜色のない博物館活動を展開できるような環境の醸成に努めること。」とされた。

○これを踏まえて、文部科学省では、2011年に「博物館の設置及び運営上の望ましい基準」を全面改正するなど、多様な博物館がそれぞれの特徴を発揮しつつ、そのサービスの向上を図ることができる制度の構築に向けて、検討を進めてきたところである。

○また、2018年に博物館法の所管を文化庁に一本化したことを契機に、2019年、文化審議会に博物館部会を設置し、2年以上にわたって審議を進めてきた結果、今回の改正博物館法に至ったものである。

問14　2019年に開催されたICOM京都大会ではどのような議論が行われ、どのような成果があったのか。

○2019年に開催されたICOM京都大会では、国際的な「博物館」の定義の全面的な見直しが議論（※）されるとともに、ICOM日本委員会が提出した「文化をつなぐミュージアム（Museums as Cultural Hubs）」の理念の徹底等の決議が採択されたところである。

※博物館の定義については、慎重な意見が多く出されたことから、改正に至らなかったが、次の2022年プラハ大会において新しい定義が合意された。

○ICOM京都大会を受けて、文化庁では、文化審議会に博物館部会を設置して、博物館の振興に関する議論を広く開始した。今回の改正博物館法は、その成果が大きいと考えている。

問15　文化観光の推進は全ての博物館に必須なのか。

○文化審議会の「答申」では、これからの博物館に求められる役割・機能として、以下の5つの方向性を提示している。

〈これからの博物館に求められる役割・機能〉

①資料の収集・保管と文化の継承（「守り、受け継ぐ」）

②資料の展示、情報の発信と文化の共有（「わかち合う」）

③多世代への学びの提供（「育む」）

④社会や地域の課題への対応（「つなぐ、向き合う」）

⑤専門的人材の確保、持続可能な活動と経営の改善向上（「営む」）

○改正博物館法では、博物館資料の収集・保管、展示、調査研究という博物館の基本的な定義を引き続き規定しつつ、地域の様々な主体と連携して、文化観光その他の活動の推進を図り、もって地域の活力の向上に寄与することについての努力義務を新たに規定している。

○文化観光の推進は、地域の活力の向上に寄与するための手段のひとつであり、どのような活動によって地域の活力の向上に寄与するかについては、それぞれの館のミッションや地域の状況等に応じて決めるべきものである。

問16 博物館には新型コロナウイルス感染症でどのような影響が生じ、国はどのような対応を取ってきたのか。

○新型コロナウイルス感染症の感染拡大に伴う緊急事態宣言等の発出に伴い、多くの博物館が休館や入場制限を余儀なくされ、入館料等が減少する一方で、感染症対策に資源を投入せざるを得ない状況が続いてきた。

○日本博物館協会等では、感染症対策のガイドラインを策定するとともに、各博物館におけるウィズコロナを見据えた活動再開・再生に向けた取組を支援している。

○例えば、文化庁の2021年度補正予算においては、「文化施設の活動継続・発展等支援事業」に24億円が計上され、感染症対策のための消耗品や赤外線カメラ等の確保、室内環境モニタリング、事前予約システム等のICTを活用した感染対策に係る経費等の支援が行われた。

問17 博物館が寄付金など自己収入を上げる必要があるのか。

○改正博物館法によって登録制度を見直すのは、博物館の活動と経営が改善・向上し、博物館がその使命を果たしつつ、これからの時代に必要とされる機能も発揮していくことにより、博物館が国民生活にとってより身近で必要なものとなることを促していくためである。

○これにより、博物館の価値に対して国・地方公共団体や産業界、個人等が支援・投資し、更なる人材・資金・施設等の経営基盤が充実されていくという、博物館の価値を高めるための好循環が形成されることを目指す必要

がある。

○また、欧米の博物館と日本の博物館の財政状況を比較すると、寄付金など自己収入が占める割合が低い状況にある。

○このような状況から、文化庁では、2022年度から新たに開始された「博物館機能強化推進事業」の中では、これからの博物館が新たな課題へ対応していくに当たって不可欠な経営基盤の強化のため、寄付金などの収入を上げることを含め、各館がその目的と地域の実情に応じて適切な支援基盤を拡大できるような組織へと改革していく取組を促進するための調査研究事業を行っている。

問18 日本学術会議から博物館法の見直しについて提言された内容と、今回の改正内容が異なる部分が多いのはなぜか。

○文化審議会博物館部会では、日本学術会議からもヒアリングを行った。

○日本学術会議は、登録制度について、第三者的な協会等を実施主体とした、一級認証博物館と二級認証博物館から成る認証制度への転換を提言しているが[1]、その趣旨は、博物館を階層化することで相互の連携・協力を促進することにあり、今回の法改正においても、博物館相互の連携・協力について規定している。

---

1 提言　博物館法改正へ向けての更なる提言〜2017年提言を踏まえて〜」（令和2年8月27日　日本学術会議史学委員会博物館・美術館等の組織運営に関する分科会）

〈提言等の主な内容〉

(1) 登録博物館制度から認証博物館制度への転換
現状との乖離が著しい登録博物館制度から、日本の博物館全体の機能強化とレベルアップのための新しい認証博物館制度への転換を提言する。

(2) 認証博物館制度の認証基準策定、検証、評価等を担う第三者機関の設置
認証博物館を一級、二級に区分した新たな認証博物館制度を構築する。

(3) 学芸員制度の改正による学芸員の区分の設定
「一種学芸員」と「二種学芸員」に区分した新たな学芸員資格の導入。

(4) 学芸員による独創的な研究を可能とする新制度設計
学芸員による業務から離れた自由な研究活動の意義も認め、独創的な研究を可能にする研究環境の基盤整備を講ずるべきである。

(5) 文化省（仮称）の創設による博物館の運営改善と機能強化の実現
博物館の運営改善と機能強化を支援する国家的な文化政策を立てるためには、文化庁が文化省（仮称）に拡充改編されることが望ましい。

問 19 博物館の登録の要件は具体的にどのように見直すのか。

○現在の外形的な基準（年間 150 日以上開館している、館長や学芸員が配置されている）
に加えて、博物館資料の収集、保管及び展示並びに当該資料に関する調査
研究を行う体制が、都道府県教育委員会が定める基準に適合することなど、
博物館の活動や公益性に着目した基準を設けている。

○具体的には、以下のような要件を加えている。

①私立博物館については、設置者が経済的基礎、博物館運営の専門的知識
や経験、社会的信望を有すること

②博物館資料の収集、保管及び展示並びに当該資料に関する調査研究を行
う体制が、都道府県教育委員会が定める基準に適合すること

③職員の配置について、都道府県教育委員会が定める基準に適合すること

④施設・設備について、都道府県教育委員会が定める基準に適合すること

○都道府県教育委員会が上記②〜④の基準を定めるに当たっては、文部科学
省令で定める基準を参酌するものとしており、2022 年 7 月に行われた文化
審議会博物館部会に改正博物館法の実施に関する基本的な留意事項を示さ
れた所であり、今後、これを基に文部科学省令を定められることとなる。

問 20 ひとつの建物に着目するのではなく、例えば一定のエリア全体を博物館と見立
てるなどの「面」でとらえる視点が必要ではないか。

○ひとつの建物（建築物）に着目するだけでなく、そこから離れた建物も含め
「面」として、地域全体を博物館活動の場と捉え、地域の活力の向上を図る
ことは重要である。

○改正博物館法においては、博物館に求められる役割が多様化・高度化し、
単独の博物館のリソースだけでは、現代の博物館に求められる事業を十分
に実施する体制が確保できない場合があることから、博物館が他の博物館
等の間で連携・協力することとともに、社会や地域の課題解決に主体的に
取り組む機関や民間事業者との連携・協力により地域の活力の向上へ寄与
することを努力義務として規定している。

○2022 年度から新たに開始された博物館機能強化推進事業では、上記のよう
な取組を支援するとともに、2020 年に成立した文化観光拠点施設を中核と
した地域における文化観光の推進に関する法律においても、同様の観点か

ら文化観光の推進に取り組む地域や施設を支援している（現在44地域）。

問 21　博物館に登録されないと、博物館を名乗れないのか。

○博物館法においては、「博物館」の名称をいわゆる「名称独占」とはしておらず、法律に基づく登録を行っていない館であっても、「博物館」を名乗ることによる罰則等は規定されていない。したがって、登録されなくても博物館を名乗ることは可能である。

問 22　なぜ国立の博物館は博物館法上の登録博物館となることができないのか。

○国立の博物館についての設置及び運営に関する事項は、現在、独立行政法人の個別法等において定められており、博物館法においては、それら以外の公立及び私立の博物館の設置及び運営に関して必要な事項を定めているところである。

○一方、国立の博物館は、引き続き改正博物館法上の指定施設となることができ、博物館としての法律上の優遇措置や、国による予算上の支援措置の多くは国立の博物館も対象となる。

○また、国又は独立行政法人が設置する指定施設（国立博物館、国立美術館など）については、ナショナル・センターとして、博物館及び指定施設の連携の中核的役割を担うことが期待されており、関係機関等との連携・協力に当たっては、その所有する資料を他の施設に貸し出すことや、他の施設の職員に研修を行うことなど、博物館及び他の指定施設の事業の充実のための必要な協力を行うことについての努力義務（第31条第6項）を新たに定めている。

問 23　国立大学の大学博物館はどうなるのか。

○国立の博物館の設置及び運営については、独立行政法人個別法等によって既に定められていることから、実務上登録の対象とする必要性が必ずしもなく、今回の改正においては、引き続き博物館相当施設の指定を受けるものとされた。

○国立大学法人が設置する博物館は、国立大学法人法において、独立行政法人とみなすこととされており、独立行政法人が設置する博物館と同様の取扱いをすることとされた。

○国立大学法人が設置する博物館は、指定施設とし、法律上の優遇や支援の施策を適用されることとなる。

問 24 **博物館では老朽化・狭隘化が進んでいるがどのように考えるか。**

○改正博物館法により登録制度を見直すのは、博物館の活動と経営が改善・向上し、博物館がその使命を果たしつつ、これからの時代に必要とされる機能も発揮していくことにより、博物館が国民生活にとってより身近で必要なものとなることを促していくためである。

○これにより、博物館の価値に対して国・地方公共団体や産業界、個人等が支援・投資し、更なる人材・資金・施設等の経営基盤が充実されていくという、博物館の価値を高めるための好循環が形成されることが重要である。

○登録審査を通じて、各地方公共団体等の設置者において、博物館が果たす地域の文化や伝統の継承、文化観光やまちづくりなど地域の活力の向上に果たす役割を再認識していただき、博物館の更なる振興につなげることが大切である。

問 25 **株式会社等の設置する博物館が登録博物館となるメリットは何か。**

○本改正により新たに対象となる株式会社等が登録を受けた場合、法律上の地位が与えられ、信用や知名度の向上が期待できるとともに、いくつかの法律上の優遇措置を受けることが可能となる。

○具体的には、

・事業所税が非課税となる

・標本等として用いる物品を輸入又は寄贈された場合の関税が免除される

・希少野生動物種の個体の譲渡し等が可能となる

・美術品公開促進法における登録美術品制度に基づく美術品の公開が可能となる

・展覧会のために借り受けた美術品に損害が生じた場合の国家補償が受けられる

・特定美術品についての相続税の納税猶予及び免除の特例

等の法律上の措置が適用可能となる。

問 26 営利企業を博物館の設置主体として認めることは、**問題ではないか**。

○民間の法人が設置する博物館の中には、登録博物館と何ら遜色ない水準の活動を行っているところも多くあるため、文化審議会答申を踏まえ、改正博物館法により、登録制度の対象とされた。

○例えば、まちづくりの中心となっている企業が、美術館を核として地域の活力の向上に取り組む事例や、歴史的な経緯から株式会社が設置している場合が比較的多い水族館などの例もある。

○他方で、民間の法人が設置する博物館については、博物館として一定のレベルでの公益性を担保する必要があるため、登録審査の基準において、企業の設置する博物館を含め、設置者に対して一定の要件（必要な経済的基礎、役員の知識又は経験や社会的信望、体制・職員配置・施設設備等が基準に適合、年間150日間以上の開館など）を課すこととしている。

問 27 博物館が閉館した際の資料の保全についてどのように考えるか。

○改正博物館法では、博物館同士が連携・協力し、事業を実施することに関する努力義務規定も創設している。

○複数の博物館が、相互に連携してネットワークを形成することにより、特に小規模な館にとっては、単独では実現できないような課題に取り組むことが可能となるとともに、災害や閉館に当たって博物館資料を保全するための対応や検討を速やかに行うことにもつながり得ると考えられる。

○なお、現在、国で定めている「博物館の設置及び運営上の望ましい基準」[2]では、博物館が休止又は廃止となる場合には、他の博物館に譲渡すること等により、適切に保管・活用されるよう努めるものとされている。

問 28 どの博物館でも資料が増える一方で、収蔵庫の整備を行う必要がある。政府の支援を行うべきではないか。

○今回の改正によって博物館登録制度を見直すのは、博物館の活動と経営が

---

2 博物館の設置及び運営上の望ましい基準（平成23年12月20日文部科学省告示第165号）
　　第五条
　　6　博物館は、当該博物館が休止又は廃止となる場合には、その所蔵する博物館資料及び図書等を他の博物館に譲渡すること等により、当該博物館資料及び図書等が適切に保管、活用されるよう努めるものとする。

改善・向上し、博物館がその使命を果たしつつ、これからの時代に必要とされる機能も発揮していくことにより、博物館が国民生活にとってより身近で必要なものとなることを促していくためである。

○これにより、博物館の価値に対して国・地方公共団体や産業界、個人等が支援・投資し、更なる人材・資金・施設等の経営基盤が充実されていくという、博物館の価値を高めるための好循環が形成されることが重要である。

○なお、博物館の中には、兵庫県立人と自然の博物館や宮城県立美術館のように、収蔵庫そのものを見せるギャラリーとして活用し、集客を図り、博物館への理解を深める活動を行っている事例もあるので、これらの好事例を横展開していくことも大切である。

問29 **大多数を占める小規模館が抱える人員面予算面の課題に対してどのような支援を考えているのか。**

○改正博物館法によって登録制度を見直すのは、博物館の活動と経営が改善・向上し、博物館がその使命を果たしつつ、これからの時代に必要とされる機能も発揮していくことにより、博物館が国民生活にとってより身近で必要なものとなることを促していくためである。

○また、今回の改正により、博物館同士が連携・協力し、事業を実施することに関する努力義務規定も創設している。複数の博物館が、相互に連携してネットワークを形成することにより、特に小規模な館にとっては、単独では実現できないような課題に取り組むことが可能となるとともに、災害や閉館に当たって博物館資料を保全するための対応や検討を速やかに行うことにもつながり得ると考えられる。

問30 **文化芸術基本法の精神を目的に位置付けるのはなぜか。具体的にどのような意味があるのか。**（第1条関係）

○文化財保護を含む我が国の文化芸術全般にわたる基本的な法律として、文化芸術振興基本法が2001年に成立し、2017年に「文化芸術基本法」へと改正された。文化芸術基本法においては、文化芸術に関する基本的施策として、美術館、博物館、図書館等の充実が規定されている。

○2018年には文部科学省設置法が改正され、博物館に関する事務について、

文化庁の所管として一括することにより、博物館行政の更なる振興等を図ることとされた。

○これらを踏まえて、博物館法の目的が、文化芸術基本法の精神にも基づいていることを明確化するため、第1条で参照する法律に、現在の社会教育法に加えて、文化芸術基本法が加えられた。

問31 **博物館を文化施設として位置付けることにより、博物館の社会教育施設としての意義が弱まるのではないか。（第1条関係）**

○第1条で参照する法律に「文化芸術基本法」を加えるのは、博物館法の目的が、博物館法の成立後に成立した文化芸術基本法の精神にも基づいていることを明確化するためであって、博物館法に基づく博物館の性格を変更する趣旨ではない。

問32 **なぜ登録制度があるのか。（第2条関係）**

○博物館法は、戦後、我が国が文化的な国家として健全な発展を図るため、公民館や図書館に続き、教育機関としての博物館の整備充実を図ることが緊急の要務であるとの認識のもと、全国への博物館の整備を企図し、1951年に制定された。

○博物館の機能を確保するためには、設置主体を限定するだけでなく、その基本的要件が確保される必要があることから、当該要件を備えているかどうかを審査する登録制度を設けたものである。

問33 **私立博物館を博物館のうち公立博物館以外のものとするのはなぜか。（第2条関係）**

○現行法においては、博物館の定義の中で博物館の設置者となり得る法人類型が定められており、この法人類型のみが登録を受けることができることとなっている。

○本改正においては、法人類型にかかわらず博物館として適切な施設が存在していることを踏まえ、博物館の定義から設置主体に関する部分を削除することとしており、これに伴い、多様な法人類型の設置者が登録を受けることが可能となることから、私立博物館の定義を「公立博物館以外のもの」としている。

問34 学芸員その他の博物館の事業に従事する人材の養成及び研修を博物館の事業に追加するのはなぜか。その他の博物館の事業に従事する人材とは具体的に何か。（第3条第1項関係）

○現行法では、第7条において文部科学大臣や教育委員会による研修が規定されているが、博物館における人材の養成及び研修については定められていない。

○博物館には、博物館の業務に従事する人材の養成及び研修に必要な施設・設備が備わっているとともに、学芸員等の専門的知識を有する者も配置されているため、博物館自身が必要な人材の養成及び研修を行うことも求められることから、博物館の事業として、博物館の業務に従事する人材の養成及び研修を追加するものである。

○この際、博物館に求められる役割が多様化・高度化することに伴い、高度化する博物館運営をマネジメントする館長や、館種や規模、事業目的や所蔵資料等に応じて、様々な役割を担う職員が必要となっていることを踏まえて、学芸員等のみならず、「その他の博物館の事業に従事する人材」を対象とすることとされた。

○具体的には、例えば、
・保存・修理（コンサベーター、レストアラー）
・作品の登録や履歴の管理（レジストラー）
・教育普及（エデュケーター）
等の各業務を担当する専門的職員が想定される。
また、デジタル化やマーケティング、ファンドレイジング等に関する人材を育成していくことも重要である。

問35 他の博物館等との連携を努力義務とする理由は何か。（第3条第2項関係）

○近年、博物館に求められる役割が多様化・高度化しており、単独の博物館のリソースだけでは、現代の博物館に求められる事業を十分に実施する体制が確保できない場合がある。

○このため、博物館が、資料の相互貸借や異なる分野の専門的な知見を持った職員の交流によって連携・協力して事業を実施する必要があることを踏まえて、第3条第1項各号に掲げる事業をより充実させるため、博物館が

他の博物館等の間で連携・協力することに関する努力義務規定を置くこととされた。

問36 地域の多様な主体との連携・協力による文化観光その他の活動を図り地域の活力の向上に取り組むことを努力義務とする理由は何か。(第3条第3項関係)

○博物館は、その事業の成果を活用して、社会や地域の様々な課題の解決へ寄与していくことが求められている。

○このような社会や地域の課題解決への貢献は、博物館単独では十分に行うことはできず、当該課題に主体的に取り組む機関や民間事業者と協力することが不可欠となるため、これらの機関や民間事業者との連携・協力による、地域の活力の向上への寄与を努力義務として規定することとされた。

問37 学芸員の資格要件のうち第5条第1項第2号はなぜ改正するのか。(第5条第1項第2号関係)

○現行法では、学芸員の資格要件について、

（1）学士の学位等を有する者で、大学において文部科学省令で定める博物館に関する科目の単位（9科目19単位）を修得したもの（第5条第1項第1号）

（2）大学に二年以上在学し、前号の博物館に関する科目の単位を含めて六十二単位以上を修得した者で、三年以上学芸員補の職にあったもの（第5条第1項第2号）

（3）文部科学大臣が、文部科学省令で定めるところにより、前二号に掲げる者と同等以上の学力及び経験を有する者と認めた者（※試験認定及び審査認定）（第5条第1項第3号）

とされている。

○このうち、第5条第1項第2号では、「一定の学修」（大学に2年以上在学し、博物館に関する科目を含む62単位以上の修得）を経た者が学芸員補として3年間勤務した場合には学芸員の資格を得られることとしているが、この「一定の学修」については、現行法では学芸員補の資格要件として短期大学等の学位等まで求めてはいないものの、今回、学芸員補となるために必要な学修として短期大学士等の学位等を求めることしていることから、「一定の学修」については学芸員補の資格要件と同じとなるため、削除されるものである。

問 38 学芸員補の資格はなぜどのように見直すのか。(第6条関係)

○現行法においては、学芸員補となる資格を有する者は「大学に入学することのできる者」とされている。

○法制定時と比較して、現在では大学等進学率が大きく向上したことにより、本規定により極めて多くの者が学芸員補となる資格を有することとなっていることに加えて、博物館活動の高度化・複雑化に伴い、学芸員補であっても、求められる知識と技術の基礎の水準が高まるとともに、一定の専門性が求められるようになってきている。

○他方、学芸員補の資格は、現在、短期大学等に2年以上在学し、学芸員と同様の博物館に関する科目の単位を修得した者が、博物館法第5条第1項第2号の規定により、一定の実務経験を積むことにより学芸員の資格を取得するまでの経過的な措置としても活用されている。

○このため、学芸員補の資格について、現在の大学入学資格を有する者から、短期大学士等の学位等を有する者で、学芸員と同様の博物館に関する科目の単位を修得したものとすることとされた。

(参考) 高校及び大学等進学率の変化 (学校基本調査)

　・高校※進学率　　　　　42.5%（1950年）→　95.5%（2020年）

　　　　　　　　　　　　　　　　　　　　　※通信制課程（本科）を除く

　・大学等※進学率　　　　10.1%（1955年）→　58.6%（2020年）

　　　　　　　　　　　　　　　　　　　　　※大学（学部）・短期大学（本科）

問 39 現在の学芸員補の数はどうなっているか。短期大学士を資格条件の一つとした場合、地域的な偏在が生まれると思われるが、どのように対処するのか。(第6条関係)

○学芸員補は、学芸員の職務を助けることで博物館運営を支える職員であり、現在、全国で約1,000人が業務に従事しているところである。

○現在、博物館に関する科目を開設している短期大学は全国に6大学あるが、地域によってはこれらの大学へのアクセスが容易でない場合もあり得る。

○しかしながら、本改正において、学芸員補となる資格は、「短期大学士の学位を有する者で、博物館に関する科目の単位を修得したもの」に加えて、

これと「同等以上の学力及び経験を有する者として文部科学省令で定める者」を定めることとしており、具体的には、

・大学に2年以上在籍し、博物館に関する科目の単位を修得した者
・外国の大学に在籍するなど、上記と同等以上の学力及び経験を有する者と認められる者

等について定めることを想定しており、学芸員補の資格要件の取得が広く行われるよう配慮されるものである。

(参考) 短期大学で博物館に関する科目の単位を修得できる大学 (6大学)
(公立短期大学) 1
　　山形県立米沢女子短期大学
(私立短期大学) 5
　　帯広大谷短期大学　郡山女子大学短期大学部　國學院大學栃木短期大学
　　大谷大学短期大学部　大阪青山短期大学

問40　**現在、学芸員補として活躍している人はどうなるのか。**（第6条及び附則関係）

○現行法においては、高等学校を卒業した者は学芸員補となる資格を有することとされているが、法制定時からの進学率の向上を踏まえつつ、博物館活動の高度化・複雑化に伴い、学芸員補に求められる知識と技術の基礎の水準が高まるとともに、一定の専門性が求められるようになってきていることから、資格要件の見直しを行うこととされた。

○これに伴い、現行法の資格要件（高卒など）で現に学芸員補として勤務している者が失職することを防ぐため、法律の施行の際（2023年4月1日）に、現に博物館において学芸員補の職にある者については、引き続き当該博物館において学芸員補となることができる経過措置（附則第2条第2項）を設けることとされた。

問41　**国・都道府県等教育委員会による研修の対象に学芸員・学芸員補以外の者を含めることとする理由は何か。**（第7条関係）

○博物館に求められる役割が多様化・高度化することに伴い、中核的職員として活躍する学芸員のみならず、保存・修復、教育普及、高度化する博物

館運営を統括する館長の資質向上や、館種や規模、目的や所蔵資料、事業内容等に応じて、様々な役割を担う専門的職員の必要性が増している。

○現行法においては、第7条の研修の対象は、学芸員及び学芸員補に限定されているが、必ずしも学芸員や学芸員補ではない、これらの職員についても、その資質を向上させるための研修を、文部科学大臣や都道府県の教育委員会が行うことを促すため、必要な規定を整備することとされた。

問42　地方独立行政法人が設置する博物館について、実例はあるのか。どのように評価しているか。指定管理者制度との違いはどこにあるのか。（第13条関係）

○地方独立行政法人については、2013年に公布された地方独立行政法人法施行令の一部を改正する政令³により、博物館等を設置及び管理することが可能となったところである。

○現在、地方独立行政法人が管理している博物館は、2019年に設立された地方独立行政法人 大阪市博物館機構の有する6館である。

○大阪市では、「大阪市ミュージアムビジョン」（2016年12月）に基づき、

・事業における継続性や専門人材の安定的確保ができ、戦略的投資ができること

・事業の効果的実施に必要な、機動性、柔軟性、自主性が確保・発揮できること

・経営と運営の一元化が図れ、中長期的視点を備えた事業展開ができる体制であること

という方向性を実現するため、それまでの指定管理者制度による管理から、「継続性と機動性・柔軟性・自主性を備えた地方独立行政法人による経営と

3　地方独立行政法人法（平成15年法律第118号）（抄）
　　（業務の範囲）
　　第二十一条　地方独立行政法人は、次に掲げる業務のうち定款で定めるものを行う。
　　　六　公共的な施設で政令で定めるものの設置及び管理を行うこと（第二号から前号までに掲げるものを除く。）。
　　地方独立行政法人法施行令（平成15年政令第486号）（抄）
　　（公共的な施設の範囲）
　　第六条　法第二十一条第六号に規定する政令で定める公共的な施設は、次に掲げるものとする。
　　　一及び二　（略）
　　　三　博物館、美術館、植物園、動物園又は水族館

運営の一元化」を行っている。

（参考）地方独立行政法人 大阪市博物館機構の管理する博物館
　　　・大阪市立科学館
　　　・大阪市立東洋陶磁美術館
　　　・大阪歴史博物館
　　　・大阪市立自然史博物館
　　　・大阪市立美術館
　　　・大阪中之島美術館

問43　**地方独立行政法人法の施行令を見直した時に、なぜ改正しなかったのか。**（第13条関係）

○2013年に地方独立行政法人法施行令が改正され、地方独立行政法人による博物館の設置及び管理が可能となった。

○地方独立行政法人を博物館法における登録博物館の設置者として追加することは、本法において実現される登録博物館の設置主体の範囲の拡大の一環であることから、当時から検討を進めていた博物館法改正の議論と一体的に進めることとされていたところである。

○このような経緯を踏まえ、今回の改正のタイミングで、地方独立行政法人を登録博物館の設置者として追加することとされた。

問44　**博物館を運営するために必要な経済的基礎、社会的信望とは何か。**（第13条第1項第1号関係）

○登録の対象は、博物館資料の保管や法律上の優遇措置の適用の観点から、その活動について一定の継続性を確保する必要があるため、その設置者について、一定の経済的基礎を有している必要があることとされた。

○具体的には、

・会社更生法（平成14年法律第154号）による更生手続き中又は民事再生法（平成11年法律第225号）による再生手続き中でないこと

　　等を目安とすることを想定している。

○また、社会的信望とは、当該申請に係る博物館の運営を担当する役員が、

登録申請の時点において、社会的信用の面から適切な業務運営が期待できないことが明らかでないことを想定している。

問45 **設置者の社会的信望はどのようにして確認するのか。** (第13条第1項第1号関係)

○設置者の「社会的信望」については、当該申請に係る博物館の運営を担当する役員が、登録申請の時点において、社会的信用の面から適切な業務運営が期待できないことが明らかでないことを想定しており、具体的には、

・当該都道府県等の暴力団排除条例に規定する暴力団等と関係がないこと

・税金（法人税、消費税、地方消費税、都道府県税、市町村税等）を滞納していないこと等を目安とすることを想定している。

○要件を確認するための提出書類等については、審査を行う都道府県等教育委員会が定めることとなるが、上記の事項について該当しないことを確認する誓約書を提出いただくことを想定している。

問46 **個人立の博物館は登録の対象として認められないのか。** (第13条第1項第1号関係)

○登録の対象は、博物館資料の保管や法律上の優遇措置の適用の観点から、その活動について一定の継続性を確保する必要があるため、法人格を有する必要があるものとされている。

○個人立の博物館等の振興に当たっては、指定施設の枠組みを活用していくことが可能である。

(参考) 個人立の博物館の具体例

○日本玩具博物館（兵庫県姫路市）

　　1974年開館。土蔵造の6棟に日本をはじめ、世界160の国と地域の玩具資料、約9万点を所蔵。現館長の井上重義は、会社員だった1963年から収集を開始し、1984年からは館の運営に専念。過去、財団化を目指した際は資金面で断念した。1998年指定。

　　2014年時点でスタッフ6名の人件費を含め、独立採算で運営。「ミシュラン・グリーンガイド・ジャポン」の2016年版で2つ星を獲得するなど、国内外から観光客が訪れる。

問47 博物館資料の収集・保管・展示及び調査研究を行う体制等の基準とはどのようなものか。（第13条第1項第3号〜第5号関係）

○新しい登録基準については、都道府県等教育委員会が定めることとなるが、その際に参酌すべき基準については、文化審議会において議論し、

・博物館資料の収集、保管及び展示並びに博物館資料に関する調査研究を行う体制

・学芸員その他の職員の配置

・施設及び設備

についてそれぞれ文部科学省令として参酌基準を定めることを想定している。

（参考）博物館資料の収集、保管及び展示並びに博物館資料に関する調査研究を行う体制の具体例

・博物館資料の収集、保管及び展示（インターネットの利用その他の方法により博物館資料に係る電磁的記録を公開することを含む。）並びに博物館資料に関する調査研究の実施に関する基本的運営方針を策定し当該方針を公表するとともに、当該方針に基づき、相当の公益性をもって博物館を運営する体制を整備していること

・基本的運営方針に基づく博物館資料の収集及び管理の方針を定め、当該方針に基づき、博物館資料を体系的に収集する体制を整備していること

・前号に規定する博物館資料の収集及び管理の方針に基づき、所蔵する博物館資料の目録を作成し、当該博物館資料を適切に管理し、及び活用する体制を整備していること

・一般公衆に対して、所蔵する博物館資料の展示を行い、又は特定の主題に基づき、所蔵する博物館資料若しくは借用した博物館資料による展示を行う体制を整備していること

・単独で又は他の博物館、学術・文化に関する諸施設と共同で、博物館資料に関する調査研究を行い、その成果を活用する体制を整備していること

・博物館資料を用いた学習機会の提供、利用者に対する博物館資料の説明その他の教育活動を行う体制を整備していること

・法第七条に規定する研修その他の研修に職員が参加する機会が確保されていること

（参考）学芸員その他の職員の配置に係るものの具体例
- 基本的運営方針に基づいて博物館の管理運営を行うことができる館長が置かれていること
- 学芸員が置かれていること
- 基本的運営方針に基づく博物館の運営に必要な職員が置かれていること

（参考）施設及び設備に係るものの具体例
- 博物館資料の収集、保管及び展示並びに博物館資料に関する調査研究を安定的かつ継続的に行うことができる施設及び設備が整備されていること
- 防災及び防犯のために必要な施設及び設備を有していること
- 博物館の規模及び展示内容に応じ、利用者の安全及び利便性の確保のために必要な配慮がなされていること
- 高齢者、障害者、妊娠中の者、日本語を理解できない者その他博物館の利用に困難を有する者が博物館を円滑に利用するための配慮がなされていること

問48 なぜ全国一律の基準とせず、国が定める基準を参酌して都道府県の教育委員会が定めることとしたのか。（第13条第2項関係）

○現行法において、登録の基準は、年間150日以上開館すること等以外は必要な建物・土地を有することなど（現行法第12条）、大綱的な内容のみが法に定められており、その詳細は審査を行う都道府県等教育委員会に委ねられている。

○このため、今回の改正においても、地方自治法上の自治事務である登録審査の基準については、引き続き都道府県等教育委員会の一定の裁量を確保するため、文部科学省令で定める基準を参酌して、都道府県の教育委員会が定めることとされた。

問49 学識経験者への意見聴取の規定を設けたのはなぜか。会議体や複数の人の意見を聴かなければならないのか。（第13条第3項関係）

○都道府県等教育委員会が行う登録の審査については、現在においても教育委員会によって審査のばらつきがあるとの指摘がされている。今回の改正

においては、必ずしも外形的・定量的に判断することのできない博物館の活動に関する基準を追加することに伴い、審査のばらつきや都道府県教育委員会の審査担当職員の知識や経験の不足等に起因する不公平が発生することを防ぐため、学識経験を有する者の意見を聴くこととされた。

○学識経験者からの意見を聴く態様については、地域の実情や登録の申請数等を考慮して、都道府県等教育委員会が定めることとされている。

問50 **学識経験者とはどのような人を想定しているのか。**（第13条第3項関係）

○第13条第3項に定める学識経験を有する者としてどのような者に意見を聴くかは、地域の実情等に応じて都道府県等の教育委員会が判断すべきものであるが、適切な登録を行うためには、博物館の館種に応じた個別の知識・経験のみならず、博物館の運営について広く知識又は経験を有する者であることを想定している。

○なお、地域によっては学識経験者を見つけることやその確保に困難をきたす場合もあると考えるが、その場合に備え、日本博物館協会が各教育委員会に有識者のリストを示すこととしている。

問51 **登録等についてインターネット等による公表義務を新たに設けたのはなぜか。**
（第14条、第15条、第19条、第20条関係）

○登録された博物館は、「美術品の美術館における公開の促進に関する法律」の登録美術品公開契約を契約する美術館となることができるなど、関連する法律上の効果が生じることになるが、これらを国民が利用するに当たっては、博物館が登録されているかどうかを容易に確認できるよう、登録された博物館について、公表しておく必要がある。

○このため、改正法では、登録（第14条）、変更登録（第15条）、取消し（第19条）、廃止（第20条）のそれぞれの行政行為が行われたことを、都道府県教育委員会がインターネットの利用その他の方法により公表する旨の規定を追加することとされた。

問52 **都道府県の教育委員会への定期報告に関する規定を設けた趣旨は何か。**（第16条関係）

○現行法においては、定期報告の規定がなく、例えば登録後に学芸員が配置されなくなる、開館日が少なくなるなど、博物館の運営が不適切な状況に陥ったとしても、行政庁が必ずしも把握できていないことが指摘されている。

○このため、登録後も引き続き、博物館の運営状況を確認し、活動と経営の向上を継続的に図るための仕組みとして、改正法では、博物館に定期的な報告を求めることとされた。

問53 どれくらいの頻度で、何を報告させるのか。博物館現場では負担が大きいのではないか。（第16条関係）

○定期的な報告の頻度及び内容は、登録を行う都道府県の教育委員会が、地域の実情に応じて定めることとなるが、概ね1年ごとに、登録審査の各項目に関する状況について報告させることを想定している。

○また、制度が定着していけば、登録後問題がない館の場合には、登録頻度を2〜5年にするなど柔軟に対応することも考えられる。

○これは、各登録館が自らの活動と経営を改善していくことを促し、登録時の質を維持し、向上させていくために、必要最低限の措置を定めるものである。

問54 博物館の設置者に対する都道府県教育委員会の勧告及び命令等の制度はなぜ創設するのか。（第17条、第18条関係）

○登録を行った後も、博物館の活動について一定の水準を確保していくため、都道府県等の教育委員会が、定期報告等を踏まえて必要と認めるときは、博物館業務に関し、必要な報告や資料の提出を求めることができることとし（第17条）、その上で状況が改善されない場合、勧告及び命令等の制度を創設することとされた（第18条）。

問55 第19条（登録の取消し）の規定を改正する趣旨は何か。（第19条関係）

○登録を行った後も、博物館の活動について一定の水準を確保していくため、新設する都道府県等の教育委員会による勧告及び命令等によっても状況が改善されない場合や、登録に際して不正があった場合等に登録の取消しができるように、取消しの要件を整理することとされた。

問 56　第 21 条（都道府県又は指定都市の設置する博物館に関する特例）の規定を設ける趣旨は
　　　何か。（第 21 条関係）

　　○登録後に必要となる諸手続きは、登録審査を行う都道府県等の教育委員会
　　　がその事務を行うに当たって不可欠なものであるが、都道府県・指定都市
　　　が自ら設置する博物館については、当然その現状を把握しているものであ
　　　るから、博物館の事業の現状把握に関係する規定については、適用除外と
　　　することとされた。

　　（参考）適用除外される規定
　　　　・変更の届出（第 15 条第 1 項）
　　　　・定期報告（第 16 条）
　　　　・報告又は資料の提出（第 17 条）
　　　　・勧告及び措置命令（第 18 条）
　　　　・廃止の届出（第 20 条第 1 項）

　　○また、届出により行われる一部の手続き等については、都道府県・指定都
　　　市が自ら設置する博物館については、自ら把握した情報に基づき、これら
　　　を行うこととする等の読替え規定を整備している。

　　（参考）読み替えて適用される規定
　　　　・変更登録及びその情報の公表（第 15 条第 2 項）
　　　　・登録の取消し（第 19 条）
　　　　・登録抹消及びその情報の公表（第 20 条第 2 項）

問 57　現行第 18 条（設置）はなぜ削除するのか。（現行第 18 条関係）

　　○本条においては、公立博物館の設置に関する事項について、当該博物館を
　　　設置する地方公共団体の条例で定めなければならないことを定めている。

　　○しかしながら、博物館法の制定後に定められた地方自治法第 244 条の 2（昭
　　　和 38 年の改正で追加）の規定において、公の施設の設置及びその管理に関する
　　　事項は条例で定めることとなり、本条はその役割を終えていると考えられ
　　　るため、削除することとされた。

（参考）

地方自治法（昭和二十二年法律第六十七号）

（公の施設の設置、管理及び廃止）

第二百四十四条の二　普通地方公共団体は、法律又はこれに基づく政令に特別
の定めがあるものを除くほか、公の施設の設置及びその管理に関する事項は、
条例でこれを定めなければならない。

問58 **現行第 19 条**（所管）**はなぜ削除するのか。**（現行第 19 条関係）

○現行第 19 条は、地方教育行政の組織及び運営に関する法律（地教行法）第 21
条に基づく博物館の所管関係について、確認的に規定したものである。

○地教行法における所管関係に関する認識は十分に定着しているとともに、
2019 年に成立した第 9 次分権一括法[4]により追加された地教行法第 23 条第 1
項第 1 号の規定[5]により、博物館の所管は条例に定めることにより地方公共
団体の長に移管することが可能となり、所管関係が柔軟化していることを
踏まえて、当該規定は削除することとされた。

問59 **指定施設についての博物館等との連携・協力の努力義務と、国等が設置する指
定施設の博物館等への協力に関する努力義務規定は、なぜ新設するのか。**（第
31 条第 5 項及び第 6 項関係）

○指定施設は、登録博物館と比べて、設置主体の制限もないこと等から、よ
り多様な主体が様々な事業を行う施設であることが想定される。

○一方、第 3 条第 2 項（他の博物館との連携・協力）及び第 3 条第 3 項（関係者との
連携による地域活力向上への貢献）の規定の重要性については、指定施設につい

4　地域の自主性及び自立性を高めるための改革の推進を図るための関係法律の整備に関する法律（令
　和元年法律第 26 号）

5　地方教育行政の組織及び運営に関する法律（昭和 31 年法律第 162 号）

　　（職務権限の特例）

　第二十三条　前二条の規定にかかわらず、地方公共団体は、前条各号に掲げるもののほか、条例の
　　定めるところにより、当該地方公共団体の長が、次の各号に掲げる教育に関する事務のいずれか
　　又は全てを管理し、及び執行することとすることができる。

　一　図書館、博物館、公民館その他の社会教育に関する教育機関のうち当該条例で定めるもの
　　（以下「特定社会教育機関」という。）の設置、管理及び廃止に関すること（第二十一条第七号
　　から第九号まで及び第十二号に掲げる事務のうち、特定社会教育機関のみに係るものを含む。）。

ても登録博物館と同様に当てはまるものであり、これらの規定の趣旨を踏まえた関係機関や民間団体等との相互連携・協力（第31条第5項）について、新たに定めることとされた。

○また、国又は独立行政法人が設置する指定施設（国立博物館、国立美術館など）については、ナショナル・センターとして、博物館及び指定施設の連携の中核的役割を担うことが期待されており、関係機関等との連携・協力に当たっては、第5項の規定のみならず、その所有する資料を他の施設に貸し出すことや、他の施設の職員に研修を行うことなど、博物館及び他の指定施設の事業の充実のための必要な協力を行うことについての努力義務（第6項）を定めることとされたものである。

○代表的な国立博物館・美術館（現在、博物館相当施設の指定を受けているもの）
　・独立行政法人国立科学博物館
　・独立行政法人国立美術館　　　　　東京国立近代美術館
　　　　　　　　　　　　　　　　　　国立西洋美術館
　　　　　　　　　　　　　　　　　　京都国立近代美術館
　　　　　　　　　　　　　　　　　　国立国際美術館
　・独立行政法人国立文化財機構　　　東京国立博物館
　　　　　　　　　　　　　　　　　　京都国立博物館
　　　　　　　　　　　　　　　　　　奈良国立博物館
　　　　　　　　　　　　　　　　　　奈良文化財研究所飛鳥資料館
　　　　　　　　　　　　　　　　　　九州国立博物館

問60　施行日はなぜ公布日ではなく「令和5年4月1日」となるのか。（附則第1条関係）

○文化審議会博物館部会における審議の過程において、都道府県等教育委員会へアンケート調査を行ったところ、新しい登録基準による審査に当たっては、準備に一定の期間を要することから、公布から一定の準備期間を設けることが要望されたところである。

○このような意見を考慮して、施行日について、令和5（2023）年4月1日とすることとされたところである。

○なお、経過措置として、
　（1）現に学芸員となる資格を有する者を、改正後の学芸員となる資格を有す

る者とみなす規定（第2条第1項）

（2）現に博物館において学芸員補の職にある者を、施行日以降の学芸員補と
しての職にあることに係る規定（第2条第2項）

（3）施行日前の旧法による登録の申請について、従前の登録の申請の例によ
ることとする規定（第2条第3項）

（4）現に旧法の登録を受けている博物館等について、施行日から5年間（そ
れ以前に登録申請し登録するかどうかの処分があるまでの期間を含む）は新法の登
録を受けたものとみなす規定（第2条第4項）

（5）経過措置の対象となる博物館について、新法の勧告等の規定の適用につ
いて旧法の登録要件と適用する規定（第2条第5項）

（6）現に指定を受けている指定施設について、新法の指定施設とみなす規定
（第2条第6項）

が定められている。

問61 **法施行の際、現に博物館において学芸員補の職にある者が、引き続き当該博物
館において学芸員補となることができる経過措置を設けるとのことだが、別の
博物館に移る場合や一時休職して再び学芸員補として勤務する場合などはどう
なるのか。**（附則第2条第2項関係）

○経過措置（附則第2条第2項）では、（高卒など）現行の資格要件で学芸員補とし
て勤務している者が失職することを防ぐため、法律の施行の際（2023年4月1
日）に、現に博物館において学芸員補として勤務する者は、施行日以後も引
き続き当該博物館において、（高卒で）学芸員補となる資格を有することとさ
れている。

○なお、仮に、現に学芸員補として勤務している者が、当該博物館以外の別
の博物館において学芸員補として採用される場合や一時休職して再び学芸
員補として勤務する場合などのケースが生じた場合にも、当該学芸員補の
資格等に不利益が生じないよう、丁寧に対応していくこととなると考えら
れる。

問62 **一度登録されたところにもう一度審査を受けさせることは、現場へ大きな負担
を強いることになるのではないか。**（附則第2条第4項関係）

○改正後の登録要件は、現行法の登録要件とは異なるため、現行法の規定に基づき登録を受けている博物館が、新しい登録制度において登録を受けるためには、新しい基準による審査を受ける必要がある。

○新しい基準に適合するために博物館側に準備期間が必要であるとともに、税制等の優遇措置が急に適用されなくなる場合には混乱が生ずるため、施行日から5年間の移行期間を設け、この間は現行法の登録を受けた博物館に認められていた優遇措置を継続することとされた。

V
改正博物館法参考資料

○ 改正後の博物館法（令和5年4月1日施行）

博物館法（昭和二十六年法律第二百八十五号）

目次

　　　第一章　総則

（目的）

第一条　この法律は、社会教育法（昭和二十四年法律第二百七号）及び文化芸術基本法（平成十三年法律第百四十八号）の精神に基づき、博物館の設置及び運営に関して必要な事項を定め、その健全な発達を図り、もつて国民の教育、学術及び文化の発展に寄与することを目的とする。

（定義）

第二条　この法律において「博物館」とは、歴史、芸術、民俗、産業、自然科学等に関する資料を収集し、保管（育成を含む。以下同じ。）し、展示して教育的配慮の下に一般公衆の利用に供し、その教養、調査研究、レクリエーション等に資するために必要な事業を行い、併せてこれらの資料に関する調査研究をすることを目的とする機関（社会教育法による公民館及び図書館法（昭和二十五年法律第百十八号）による図書館を除く。）のうち、次章の規定による登録を受けたものをいう。

2　この法律において「公立博物館」とは、地方公共団体又は地方独立行政法人（地方独立行政法人法（平成十五年法律第百十八号）第二条第一項に規定する地方独立行政法人をいう。以下同じ。）の設置する博物館をいう。

3　この法律において「私立博物館」とは、博物館のうち、公立博物館以外のものをいう。

4　この法律において「博物館資料」とは、博物館が収集し、保管し、又は展示する資料（電磁的記録（電子的方式、磁気的方式その他人の知覚によつ

ては認識することができない方式で作られた記録をいう。次条第一項第三号において同じ。）を含む。）をいう。

（博物館の事業）

第三条　博物館は、前条第一項に規定する目的を達成するため、おおむね次に掲げる事業を行う。

一　実物、標本、模写、模型、文献、図表、写真、フィルム、レコード等の博物館資料を豊富に収集し、保管し、及び展示すること。

二　分館を設置し、又は博物館資料を当該博物館外で展示すること。

三　博物館資料に係る電磁的記録を作成し、公開すること。

四　一般公衆に対して、博物館資料の利用に関し必要な説明、助言、指導等を行い、又は研究室、実験室、工作室、図書室等を設置してこれを利用させること。

五　博物館資料に関する専門的、技術的な調査研究を行うこと。

六　博物館資料の保管及び展示等に関する技術的研究を行うこと。

七　博物館資料に関する案内書、解説書、目録、図録、年報、調査研究の報告書等を作成し、及び頒布すること。

八　博物館資料に関する講演会、講習会、映写会、研究会等を主催し、及びその開催を援助すること。

九　当該博物館の所在地又はその周辺にある文化財保護法（昭和二十五年法律第二百十四号）の適用を受ける文化財について、解説書又は目録を作成する等一般公衆の当該文化財の利用の便を図ること。

十　社会教育における学習の機会を利用して行つた学習の成果を活用して行う教育活動その他の活動の機会を提供し、及びその提供を奨励すること。

十一　学芸員その他の博物館の事業に従事する人材の養成及び研修を行うこと。

十二　学校、図書館、研究所、公民館等の教育、学術又は文化に関する諸施設と協力し、その活動を援助すること。

2　博物館は、前項各号に掲げる事業の充実を図るため、他の博物館、第三十一条第二項に規定する指定施設その他これらに類する施設との間において、資料の相互貸借、職員の交流、刊行物及び情報の交換その他の活動を通じ、相互に連携を図りながら協力するよう努めるものとする。

3　博物館は、第一項各号に掲げる事業の成果を活用するとともに、地方公共団体、学校、社会教育施設その他の関係機関及び民間団体と相互に連携を図りながら協力し、当該博物館が所在する地域における教育、学術及び文化の振興、文化観光（有形又は無形の文化的所産その他の文化に関する資源（以下この項において「文化資源」という。）の観覧、文化資源に関する体験活動その他の活動を通じて文化についての理解を深めることを目的とする観光をいう。）その他の活動の推進を図り、もつて地域の活力の向上に寄与するよう努めるものとする。

（館長、学芸員その他の職員）

第四条　博物館に、館長を置く。

2　館長は、館務を掌理し、所属職員を監督して、博物館の任務の達成に努める。

3　博物館に、専門的職員として学芸員を置く。

4　学芸員は、博物館資料の収集、保管、展示及び調査研究その他これと関連する事業についての専門的事項をつかさどる。

5　博物館に、館長及び学芸員のほか、学芸員補その他の職員を置くことができる。

6　学芸員補は、学芸員の職務を助ける。

（学芸員の資格）

第五条　次の各号のいずれかに該当する者は、学芸員となる資格を有する。

　一　学士の学位（学校教育法（昭和二十二年法律第二十六号）第百四条第二項に規定する文部科学大臣の定める学位（専門職大学を卒業した者に対して授与されるものに限る。）を含む。）を有する者で、大学において文部科学省令で定める博物館に関する科目の単位を修得したもの

　二　次条各号のいずれかに該当する者で、三年以上学芸員補の職にあつたもの

　三　文部科学大臣が、文部科学省令で定めるところにより、前二号に掲げる者と同等以上の学力及び経験を有する者と認めた者

2　前項第二号の学芸員補の職には、官公署、学校又は社会教育施設（博物館の事業に類する事業を行う施設を含む。）における職で、社会教育主事、司書その他の学芸員補の職と同等以上の職として文部科学大臣が指定するも

のを含むものとする。

（学芸員補の資格）

第六条　次の各号のいずれかに該当する者は、学芸員補となる資格を有する。

一　短期大学士の学位（学校教育法第百四条第二項に規定する文部科学大臣の定める学位（専門職大学を卒業した者に対して授与されるものを除く。）及び同条第六項に規定する文部科学大臣の定める学位を含む。）を有する者で、前条第一項第一号の文部科学省令で定める博物館に関する科目の単位を修得したもの

二　前号に掲げる者と同等以上の学力及び経験を有する者として文部科学省令で定める者

（館長、学芸員及び学芸員補等の研修）

第七条　文部科学大臣及び都道府県の教育委員会は、館長、学芸員及び学芸員補その他の職員に対し、その資質の向上のために必要な研修を行うよう努めるものとする。

（設置及び運営上望ましい基準）

第八条　文部科学大臣は、博物館の健全な発達を図るために、博物館の設置及び運営上望ましい基準を定め、これを公表するものとする。

（運営の状況に関する評価等）

第九条　博物館は、当該博物館の運営の状況について評価を行うとともに、その結果に基づき博物館の運営の改善を図るため必要な措置を講ずるよう努めなければならない。

（運営の状況に関する情報の提供）

第十条　博物館は、当該博物館の事業に関する地域住民その他の関係者の理解を深めるとともに、これらの者との連携及び協力の推進に資するため、当該博物館の運営の状況に関する情報を積極的に提供するよう努めなければならない。

　　　第二章　登録

（登録）

第十一条　博物館を設置しようとする者は、当該博物館について、当該博物館の所在する都道府県の教育委員会（当該博物館（都道府県が設置するものを除く。）が指定都市（地方自治法（昭和二十二年法律第六十七号）第二百五

十二条の十九第一項の指定都市をいう。以下同じ。）の区域内に所在する場合にあつては、当該指定都市の教育委員会。第三十一条第一項第二号を除き、以下同じ。）の登録を受けるものとする。

（登録の申請）

第十二条　前条の登録（以下「登録」という。）を受けようとする者は、都道府県の教育委員会の定めるところにより、次に掲げる事項を記載した登録申請書を都道府県の教育委員会に提出しなければならない。

一　登録を受けようとする博物館の設置者の名称及び住所

二　登録を受けようとする博物館の名称及び所在地

三　その他都道府県の教育委員会の定める事項

2　前項の登録申請書には、次に掲げる書類を添付しなければならない。

一　館則（博物館の規則のうち、目的、開館日、運営組織その他の博物館の運営上必要な事項を定めたものをいう。）の写し

二　次条第一項各号に掲げる基準に適合していることを証する書類

三　その他都道府県の教育委員会の定める書類

（登録の審査）

第十三条　都道府県の教育委員会は、登録の申請に係る博物館が次の各号のいずれにも該当すると認めるときは、当該博物館の登録をしなければならない。

一　当該申請に係る博物館の設置者が次のイ又はロに掲げる法人のいずれかに該当すること。

イ　地方公共団体又は地方独立行政法人

ロ　次に掲げる要件のいずれにも該当する法人（イに掲げる法人並びに国及び独立行政法人（独立行政法人通則法（平成十一年法律第百三号）第二条第一項に規定する独立行政法人をいう。第三十一条第一項及び第六項において同じ。）を除く。）

（1）　博物館を運営するために必要な経済的基礎を有すること。

（2）　当該申請に係る博物館の運営を担当する役員が博物館を運営するために必要な知識又は経験を有すること。

（3）　当該申請に係る博物館の運営を担当する役員が社会的信望を有すること。

二　当該申請に係る博物館の設置者が、第十九条第一項の規定により登録
を取り消され、その取消しの日から二年を経過しない者でないこと。

三　博物館資料の収集、保管及び展示並びに博物館資料に関する調査研究
を行う体制が、第三条第一項各号に掲げる事業を行うために必要なものと
して都道府県の教育委員会の定める基準に適合するものであること。

四　学芸員その他の職員の配置が、第三条第一項各号に掲げる事業を行う
ために必要なものとして都道府県の教育委員会の定める基準に適合するも
のであること。

五　施設及び設備が、第三条第一項各号に掲げる事業を行うために必要な
ものとして都道府県の教育委員会の定める基準に適合するものであること。

六　一年を通じて百五十日以上開館すること。

2　都道府県の教育委員会が前項第三号から第五号までの基準を定めるに当
たつては、文部科学省令で定める基準を参酌するものとする。

3　都道府県の教育委員会は、登録を行うときは、あらかじめ、博物館に関
し学識経験を有する者の意見を聴かなければならない。

（登録の実施等）

第十四条　登録は、都道府県の教育委員会が、次に掲げる事項を博物館登録
原簿に記載してするものとする。

一　第十二条第一項第一号及び第二号に掲げる事項

二　登録の年月日

2　都道府県の教育委員会は、登録をしたときは、遅滞なく、その旨を当該
登録の申請をした者に通知するとともに、前項各号に掲げる事項をインタ
ーネットの利用その他の方法により公表しなければならない。

（変更の届出）

第十五条　博物館の設置者は、第十二条第一項第一号又は第二号に掲げる事
項を変更するときは、あらかじめ、その旨を都道府県の教育委員会に届け
出なければならない。

2　都道府県の教育委員会は、前項の規定による届出があつたときは、当該
届出に係る登録事項の変更登録をするとともに、その旨をインターネット
の利用その他の方法により公表しなければならない。

（都道府県の教育委員会への定期報告）

第十六条　博物館の設置者は、当該博物館の運営の状況について、都道府県の教育委員会の定めるところにより、定期的に、都道府県の教育委員会に報告しなければならない。

（報告又は資料の提出）

第十七条　都道府県の教育委員会は、その登録に係る博物館の適正な運営を確保するため必要があると認めるときは、当該博物館の設置者に対し、その運営の状況に関し報告又は資料の提出を求めることができる。

（勧告及び命令）

第十八条　都道府県の教育委員会は、その登録に係る博物館が第十三条第一項各号のいずれかに該当しなくなつたと認めるときは、当該博物館の設置者に対し、必要な措置をとるべきことを勧告することができる。

2　都道府県の教育委員会は、前項の規定による勧告を受けた博物館の設置者が、正当な理由がなくてその勧告に係る措置をとらなかつたときは、当該博物館の設置者に対し、期限を定めて、その勧告に係る措置をとるべきことを命ずることができる。

3　第十三条第三項の規定は、第一項の規定による勧告及び前項の規定による命令について準用する。

（登録の取消し）

第十九条　都道府県の教育委員会は、その登録に係る博物館の設置者が次の各号のいずれかに該当するときは、当該博物館の登録を取り消すことができる。

　一　偽りその他不正の手段により登録を受けたとき。

　二　第十五条第一項の規定による届出をせず、又は虚偽の届出をしたとき。

　三　第十六条の規定に違反したとき。

　四　第十七条の報告若しくは資料の提出をせず、又は虚偽の報告若しくは資料の提出をしたとき。

　五　前条第二項の規定による命令に違反したとき。

2　第十三条第三項の規定は、前項の規定による登録の取消しについて準用する。

3　都道府県の教育委員会は、第一項の規定により登録の取消しをしたときは、速やかにその旨を、当該登録に係る博物館の設置者に対し通知すると

ともに、インターネットの利用その他の方法により公表しなければならない。

（博物館の廃止）

第二十条　博物館の設置者は、博物館を廃止したときは、速やかにその旨を都道府県の教育委員会に届け出なければならない。

2　都道府県の教育委員会は、前項の規定による届出があつたときは、当該届出に係る博物館の登録を抹消するとともに、その旨をインターネットの利用その他の方法により公表しなければならない。

（都道府県又は指定都市の設置する博物館に関する特例）

第二十一条　第十五条第一項、第十六条から第十八条まで及び前条第一項の規定は、都道府県又は指定都市の設置する博物館については、適用しない。

2　都道府県又は指定都市の設置する博物館についての第十五条第二項、第十九条第一項及び第三項並びに前条第二項の規定の適用については、第十五条第二項中「前項の規定による届出があつたときは、当該届出に係る登録事項」とあるのは「その設置する博物館について第十二条第一項第一号又は第二号に掲げる事項に変更があるときは、当該事項」と、第十九条第一項中「登録に係る博物館の設置者が次の各号のいずれかに該当する」とあるのは「設置する博物館が第十三条第一項第三号から第六号までのいずれかに該当しなくなつたと認める」と、同条第三項中「その旨を、当該登録に係る博物館の設置者に対し通知するとともに、」とあるのは「その旨を」と、前条第二項中「前項の規定による届出があつたときは、当該届出に係る」とあるのは「その設置する博物館を廃止したときは、当該」とする。

（規則への委任）

第二十二条　この章に定めるものを除くほか、博物館の登録に関し必要な事項は、都道府県の教育委員会の規則で定める。

第三章　公立博物館

（博物館協議会）

第二十三条　公立博物館に、博物館協議会を置くことができる。

2　博物館協議会は、博物館の運営に関し館長の諮問に応ずるとともに、館長に対して意見を述べる機関とする。

第二十四条　博物館協議会の委員は、地方公共団体の設置する博物館にあつては当該博物館を設置する地方公共団体の教育委員会（地方教育行政の組織

及び運営に関する法律（昭和三十一年法律第百六十二号）第二十三条第一項の条例の定めるところにより地方公共団体の長が当該博物館の設置、管理及び廃止に関する事務を管理し、及び執行することとされている場合にあつては、当該地方公共団体の長）が、地方独立行政法人の設置する博物館にあつては当該地方独立行政法人の理事長がそれぞれ任命する。

第二十五条　博物館協議会の設置、その委員の任命の基準、定数及び任期その他博物館協議会に関し必要な事項は、地方公共団体の設置する博物館にあつては当該博物館を設置する地方公共団体の条例で、地方独立行政法人の設置する博物館にあつては当該地方独立行政法人の規程でそれぞれ定めなければならない。この場合において、委員の任命の基準については、文部科学省令で定める基準を参酌するものとする。

（入館料等）

第二十六条　公立博物館は、入館料その他博物館資料の利用に対する対価を徴収してはならない。ただし、博物館の維持運営のためにやむを得ない事情のある場合は、必要な対価を徴収することができる。

（博物館の補助）

第二十七条　国は、博物館を設置する地方公共団体又は地方独立行政法人に対し、予算の範囲内において、博物館の施設、設備に要する経費その他必要な経費の一部を補助することができる。

2　前項の補助金の交付に関し必要な事項は、政令で定める。

（補助金の交付中止及び補助金の返還）

第二十八条　国は、博物館を設置する地方公共団体又は地方独立行政法人に対し前条の規定による補助金の交付をした場合において、次の各号のいずれかに該当するときは、当該年度におけるその後の補助金の交付をやめるとともに、第一号の場合の取消しが第十九条第一項第一号に該当することによるものである場合には、既に交付した補助金を、第三号又は第四号に該当する場合には、既に交付した当該年度の補助金を返還させなければならない。

　一　当該博物館について、第十九条第一項の規定による登録の取消しがあつたとき。

　二　地方公共団体又は地方独立行政法人が当該博物館を廃止したとき。

三　地方公共団体又は地方独立行政法人が補助金の交付の条件に違反した
　　とき。

　四　地方公共団体又は地方独立行政法人が虚偽の方法で補助金の交付を受
　　けたとき。

　　　第四章　私立博物館

（都道府県の教育委員会との関係）

第二十九条　都道府県の教育委員会は、博物館に関する指導資料の作成及び
　調査研究のために、私立博物館に対し必要な報告を求めることができる。

2　都道府県の教育委員会は、私立博物館に対し、その求めに応じて、私立
　博物館の設置及び運営に関して、専門的、技術的の指導又は助言を与える
　ことができる。

（国及び地方公共団体との関係）

第三十条　国及び地方公共団体は、私立博物館に対し、その求めに応じて、
　必要な物資の確保につき援助を与えることができる。

　　　第五章　博物館に相当する施設

第三十一条　次の各号に掲げる者は、文部科学省令で定めるところにより、
　博物館の事業に類する事業を行う施設であつて当該各号に定めるものを、
　博物館に相当する施設として指定することができる。

　一　文部科学大臣　国又は独立行政法人が設置するもの

　二　都道府県の教育委員会　国及び独立行政法人以外の者が設置するもの
　　のうち、当該都道府県の区域内に所在するもの（指定都市の区域内に所在
　　するもの（都道府県が設置するものを除く。）を除く。）

　三　指定都市の教育委員会　国、独立行政法人及び都道府県以外の者が設
　　置するもののうち、当該指定都市の区域内に所在するもの

2　前項の規定による指定をした者は、当該指定をした施設（以下この条にお
　いて「指定施設」という。）が博物館の事業に類する事業を行う施設に該当
　しなくなつたと認めるときその他の文部科学省令で定める事由に該当する
　ときは、文部科学省令で定めるところにより、当該指定施設についての前
　項の規定による指定を取り消すことができる。

3　第一項の規定による指定をした者は、当該指定をしたとき又は前項の規
　定による指定の取消しをしたときは、その旨をインターネットの利用その

他の方法により公表しなければならない。

4　第一項の規定による指定をした者は、指定施設の設置者に対し、その求めに応じて、当該指定施設の運営に関して、専門的、技術的な指導又は助言を与えることができる。

5　指定施設は、その事業を行うに当たつては、第三条第二項及び第三項の規定の趣旨を踏まえ、博物館、他の指定施設、地方公共団体、学校、社会教育施設その他の関係機関及び民間団体と相互に連携を図りながら協力するよう努めるものとする。

6　国又は独立行政法人が設置する指定施設は、博物館及び他の指定施設における公開の用に供するための資料の貸出し、職員の研修の実施その他の博物館及び他の指定施設の事業の充実のために必要な協力を行うよう努めるものとする。

　　　附　則　（令和四年四月一五日法律第二四号）　抄

（施行期日）

第一条　この法律は、令和五年四月一日から施行する。ただし、附則第三条の規定は、公布の日から施行する。

（経過措置）

第二条　この法律の施行の際現に学芸員となる資格を有する者は、この法律による改正後の博物館法（以下この条において「新博物館法」という。）第五条に規定する学芸員となる資格を有する者とみなす。

2　この法律の施行の際現に博物館において学芸員補の職にある者は、新博物館法第六条の規定にかかわらず、この法律の施行の日（次項及び第四項において「施行日」という。）以後も引き続き当該博物館において、学芸員補となる資格を有する者としてその職にあることができる。

3　施行日前にされたこの法律による改正前の博物館法（次項及び第六項において「旧博物館法」という。）第十一条の登録の申請であって、この法律の施行の際、まだその登録をするかどうかの処分がされていないものについての登録の処分については、なお従前の例による。

4　この法律の施行の際現に旧博物館法第十条の登録を受けている又は施行日以後に前項の規定によりなお従前の例によることとされる同条の登録を

受ける博物館は、施行日から起算して五年を経過する日までの間は、新博物館法第十一条の登録を受けたものとみなす。当該博物館の設置者がその期間内に同条の登録の申請をした場合において、その期間を経過したときは、その申請について登録をするかどうかの処分がある日までの間も、同様とする。

5　前項の規定により新博物館法第十一条の登録を受けたものとみなされる博物館が同条の登録を受けるまでの間における当該博物館についての新博物館法第十八条第一項及び第二十一条第二項の規定の適用については、新博物館法第十八条第一項中「第十三条第一項各号」とあり、及び新博物館法第二十一条第二項中「第十三条第一項第三号から第六号まで」とあるのは、「博物館法の一部を改正する法律（令和四年法律第二十四号）による改正前の第十二条各号」とする。

6　この法律の施行の際現に旧博物館法第二十九条の指定を受けている施設は、新博物館法第三十一条第一項の指定を受けたものとみなす。

（政令への委任）

第三条　前条に定めるもののほか、この法律の施行に関し必要な経過措置は、政令で定める。

○　博物館法の一部を改正する法律案提案理由説明

末松　信介　文部科学大臣

　このたび、政府から提出いたしました博物館法の一部を改正する法律案について、その提案理由及び内容の概要を御説明申し上げます。

　この法律案は、博物館に求められる役割が多様化・高度化していることを踏まえ、博物館の設置主体の多様化を図りつつその適正な運営を確保するため、登録制度の見直し等を行うものであります。

　次に、この法律案の内容の概要について御説明申し上げます。

　第一に、法の目的について、社会教育法に加えて、文化芸術基本法の精神に基づくことを追加します。

　第二に、博物館の事業として、資料に係る電磁的記録を作成し、公開すること等を追加するとともに、他の博物館等と連携・協力すること、関係機関及び民間団体と連携・協力して、地域の教育、学術及び文化の振興、文化観光等の推進を図り、地域の活力の向上に寄与することについての努力義務を設けます。

　第三に、博物館登録制度の見直しについてです。登録の申請に係る博物館について、その設置者が、地方公共団体若しくは地方独立行政法人又は博物館を運営するために必要な経済的基礎を有すること等の要件に該当する法人のいずれかであることとするとともに、博物館資料の収集、保管及び展示並びに調査研究を行う体制、学芸員その他の職員の配置並びに施設及び設備が、文部科学省令を参酌して都道府県等教育委員会の定める基準に適合するもの等であることとします。

　第四に、登録審査等の手続きについて、都道府県等教育委員会は、登録を行うときは、あらかじめ学識経験者の意見を聴くこととするとともに、報告徴収、勧告等を行うことができる規定を創設します。また、博物館の設置者は、博物館の運営の状況について、定期的に報告しなければならないこととします。

　第五に、学芸員補の資格要件を、短期大学士等の学位を有する者で博物館に関する所定の科目の単位を修得したもの等とするとともに、国及び都道府県教育委員会による研修の対象に、学芸員・学芸員補以外の者を含めます。

　第六に、この法律の施行期日は、一部を除き、令和五年四月一日とします。また、現に登録を受けている博物館は、施行日から５年間は、改正後の法にお

け る登録を受けたものとみなす等の経過措置を設けます。

　このほか、所要の規定の整備を行うこととしております。

　以上が、この法律案の提案理由及びその内容の概要であります。

　何とぞ、十分御審議の上、速やかに御可決くださいますようお願いいたします。

○　博物館法の一部を改正する法律の公布について（令和4年4月15日付文化庁次長通知）

4文庁第256号

令和4年4月15日

各都道府県教育委員会教育長
各指定都市教育委員会教育長
各都道府県知事
各指定都市市長
各国公立大学法人の長
大学及び高等専門学校を設置する各地方公共団体の長
各文部科学大臣所轄学校法人理事長
大学を設置する各学校設置会社の代表取締役
大学及び高等専門学校を設置する公立大学法人を
設立する各地方公共団体の長
各大学共同利用機関法人機構長
日本芸術院長
各文部科学省所管独立行政法人の長
公益財団法人日本博物館協会会長
全国美術館会議会長

殿

文化庁次長

杉浦　久弘

博物館法の一部を改正する法律の公布について（通知）

　このたび、第208回国会（常会）において博物館法の一部を改正する法律（以下「改正法」という。）が成立し、令和4年4月15日に、令和4年法律第24号として公布されました。

博物館法（昭和26年法律第285号）は、博物館を社会教育施設として位置づけ、戦後我が国が復興する中で、全ての国民に貴重な実物に触れる機会を提供し、国民の教育、学術及び文化の発展に寄与してきました。その一方で、法の制定から約70年が経過し、博物館を取り巻く状況が大きく変化する中で、博物館に求められる役割や機能は多様化・高度化しています。例えば、平成29年に改正された文化芸術基本法（平成13年法律第148号）や、令和元年の国際博物館会議（ICOM：アイコム）京都大会において示された「文化をつなぐミュージアム」の理念に表されるように、博物館には、まちづくりや国際交流、観光・産業、福祉・教育等の関連機関と連携した文化施設としての役割が求められるようになってきました。また、新型コロナウイルス感染症の影響の下での経験から、博物館が有する多様なコンテンツのデジタル・アーカイブ化を加速させる必要性も高まっています。

　改正法は、これまで博物館が果たしてきた資料の収集・保管、展示・教育、調査・研究という基本的な役割・機能を今後とも引き続き果たしながら、博物館が社会教育施設と文化施設の双方の役割・機能を担うため、社会の変化に応じた博物館の実現を図るための所要の改正を行うものであり、一部を除き令和5年4月1日に施行することとされています。

　改正法の概要及び留意事項は下記のとおりですので、各関係機関におかれては、これらを十分に御了知の上、関係する規程の整備等事務処理上遺漏のないようお願いします。また、文化芸術基本法及び改正法の趣旨に鑑み、各地方公共団体におかれては、博物館に係る事務を担当する部局と、観光、まちづくり、国際交流、福祉、教育、産業担当部局その他の関係部局間の有機的な連携に格別の御配慮をいただくとともに、域内の市（指定都市を除く。）区町村等の関係機関及び関係団体に対してもこの旨を周知くださるようお願いします。

　なお、文化庁においては、博物館の登録に係る審査の基準の策定に当たり参酌すべき文部科学省令等について今後整備を行うこととしており、当該省令等によって定められる事項の詳細については、追って通知する予定です。

記

第1　法律の概要

1　法律の目的

（1）博物館法の目的に、文化芸術基本法の精神に基づくことを追加すること（第1条関係）

2　博物館の定義

（1）博物館の定義について、地方公共団体、一般社団法人若しくは一般財団法人、宗教法人又は政令で定めるその他の法人が設置したものに限ることとしていた規定を改め、これら以外の法人が設置するものであっても、8に示す登録を受けたものについては博物館とすること（第2条第2項関係）

（2）博物館のうち、地方公共団体又は地方独立行政法人が設置するものを「公立博物館」とし、それ以外のものを「私立博物館」とすること（第2条第2項～第3項関係）

3　博物館の事業

（1）博物館が行う事業に、①博物館資料に係る電磁的記録を作成（デジタル・アーカイブ化）し、公開すること、②学芸員その他の博物館の事業に従事する人材の養成・研修を行うことを追加すること（第3条第1項第3号及び第11号関係）

4　他の博物館等との協力等

（1）博物館は、他の博物館等との間において、資料の相互貸借、職員の交流、刊行物や情報の交換等の活動を通じ、相互に連携を図りながら協力するよう努めるものとすること（第3条第2項関係）

（2）博物館は、その事業の成果を活用するとともに、地方公共団体、学校、社会教育施設等の関係機関や民間団体と相互に連携を図り

ながら協力し、地域における教育、学術・文化の振興、文化観光
等の活動の推進を図り、もって地域の活力の向上に寄与するよう
努めるものとすること（第3条第3項関係）

5　学芸員補の資格要件

（1）学芸員補となる資格を有する者について、短期大学士等の学位を
有する者で博物館に関する所定の科目の単位を修得したもの等と
すること（第6条関係）

6　館長等に対する研修

（1）文部科学大臣及び都道府県の教育委員会は、館長、学芸員及び学
芸員補その他の職員に対して、その資質の向上のために必要な研
修を行うよう努めることとすること（第7条関係）

7　登録の申請

（1）博物館の登録を受けようとする者は、都道府県の教育委員会の定
めるところにより、次の事項を記載した登録申請書を都道府県の
教育委員会に提出しなければならないこと（第12条第1項関係）
　（ア）登録を受けようとする博物館の設置者の名称・住所
　（イ）登録を受けようとする博物館の名称・所在地
　（ウ）その他都道府県教育委員会の定める事項

（2）上記の登録申請書には、次の書類を添付しなければならないこと
（第12条第2項関係）
　（ア）博物館の規則のうち、目的、開館日、運営組織等の博物館の運
　　　営上必要な事項を定めたもの（館則）の写し
　（イ）8に示す登録の基準に適合していることを示す書類
　（ウ）その他都道府県教育委員会の定める書類

8　登録の基準等

（1）都道府県の教育委員会は、登録について申請されている博物館が
次の（ア）〜（カ）のいずれにも該当すると認めるときは、当該博

物館を登録しなければならないこと（第13条第1項関係）

（ア）当該申請に係る博物館の設置者が地方公共団体又は地方独立行政法人であるか、次の要件をすべて満たす法人（国及び独立行政法人を除く。）であること（第13条第1項第1号関係）

（一）博物館を運営するために必要な経済的基礎を有すること

（二）当該申請に係る博物館の運営を担当する役員が博物館を運営するために必要な知識又は経験を有すること

（三）当該申請に係る博物館の運営を担当する役員が社会的信望を有すること

（イ）当該申請に係る博物館の設置者が、１０（４）に示すところにより登録を取り消され、その取消しの日から２年を経過しない者でないこと（第13条第1項第2号関係）

（ウ）博物館資料の収集・保管・展示や、博物館資料に関する調査研究を行う体制が、博物館の事業を行うために必要なものとして都道府県の教育委員会の定める基準に適合すること（第13条第1項第3号関係）

（エ）学芸員等の職員の配置が、博物館の事業を行うために必要なものとして都道府県の教育委員会の定める基準に適合すること（第13条第1項第4号関係）

（オ）施設及び設備が、博物館の事業を行うために必要なものとして都道府県の教育委員会の定める基準に適合すること（第13条第1項第5号関係）

（カ）一年を通じて150日以上開館すること（第13条第1項第6号関係）

（２）都道府県の教育委員会が、前記8（1）の（ウ）から（オ）の基準を定めるに当たっては、文部科学省令で定める基準を参酌するものとすること（第13条第2項関係）

（３）都道府県の教育委員会は、登録を行うときは、あらかじめ、博物館に関し学識経験を有する者の意見を聴かなければならないこと（第13条第3項関係）

9 博物館の登録手続

（1）博物館の登録は、都道府県の教育委員会が、次の事項を博物館登録原簿に記載して行うものとすること（第14条第1項関係）

　（ア）登録を受けようとする博物館の設置者の名称・住所

　（イ）登録を受けようとする博物館の名称・所在地

　（ウ）登録の年月日

（2）都道府県の教育委員会は、登録をしたときは、遅滞なく、その旨を当該登録の申請をした者に通知するとともに、前記9（1）の（ア）〜（ウ）の事項をインターネットの利用等の方法により公表しなければならないこと（第14条第2項関係）

（3）博物館の設置者は、登録された博物館の設置者の名称・住所や、博物館の名称・所在地を変更するときは、あらかじめ、その旨を都道府県の教育委員会に届け出なければならないこと。
また、都道府県の教育委員会は、当該届出があったときは、登録事項の変更登録を行い、その旨をインターネットの利用等の方法により公表しなければならないこと（第15条関係）

10 登録された博物館に係る手続

（1）博物館の設置者は、当該博物館の運営の状況について、定期的に都道府県の教育委員会に報告しなければならないこと（第16条関係）

（2）都道府県の教育委員会は、その登録に係る博物館の適正な運営を確保するため必要があると認めるときは、当該博物館の設置者に対し、その運営の状況に関し報告又は資料の提出を求めることができることとすること（第17条関係）

（3）都道府県の教育委員会は、その登録に係る博物館が登録の基準に該当しなくなったと認めるときは、当該博物館の設置者に対し、必要な措置をとるべきことを勧告することができるものとすること。また、勧告を受けた博物館の設置者が、正当な理由がなくてその勧告に係る措置をとらなかったときは、当該博物館の設置者に対し、その勧告に係る措置をとるべきことを命ずることができ

るものとすること。

　それらの勧告・命令を行うに当たっては、あらかじめ、博物館に関し学識経験を有する者の意見を聴かなければならないこと（第18条関係）

（4）都道府県の教育委員会は、登録した博物館の設置者が次のいずれかに該当するときは、その登録を取り消すことができること（第19条第1項関係）

　（ア）偽りその他不正の手段により登録を受けたとき

　（イ）前記9（3）の変更の届け出をせず、又は虚偽の届出をしたとき

　（ウ）前記10（1）の報告の義務に違反したとき

　（エ）前記10（2）の都道府県の教育委員会の求めによる報告・資料の提出をせず、又は虚偽の報告・資料の提出をしたとき

　（オ）前記10（3）の命令に違反したとき

（5）都道府県の教育委員会は、博物館の登録を取り消すときは、あらかじめ、博物館に関し学識経験を有する者の意見を聴かなければならないこととし、登録の取消しをしたときは、速やかにその旨を当該博物館の設置者に通知するとともに、インターネットの利用等の方法により公表しなければならないこと（第19条第2項及び第3項関係）

11　博物館の廃止

（1）博物館の設置者は、博物館を廃止したときは、速やかにその旨を都道府県の教育委員会に届け出なければならないこととすること。また、都道府県の教育委員会は、当該届出があったときは、当該届出に係る博物館の登録を抹消するとともに、その旨をインターネットの利用等の方法により公表しなければならないこと（第20条関係）

12　博物館に相当する施設（指定施設）

（1）文部科学大臣・都道府県の教育委員会・指定都市の教育委員会は、文部科学省令で定めるところにより、博物館の事業に類する事業

を行う施設のうち、それぞれ次のものを博物館に相当する施設と
して指定することができること（第31条第1項関係）

（ア）文部科学大臣は、国又は独立行政法人が設置するもの

（イ）都道府県の教育委員会は、国・独立行政法人以外の者が設置す
るもののうち、当該都道府県の区域内に所在するもの（指定都市
の区域内に所在するものを除く。ただし、都道府県が設置する
ものは、指定都市の区域内に所在するものも含む。）

（ウ）指定都市の教育委員会は、国・独立行政法人・都道府県以外の
者が設置するもののうち、当該指定都市の区域内に所在するも
の

（2）前記12（1）の指定をした者は、当該指定をした施設（以下「指
定施設」という。）が博物館の事業に類する事業を行う施設に該当
しなくなったとき等の文部科学省令で定める事由に該当するとき
は、文部科学省令で定めるところにより、当該指定施設について
の指定を取り消すことができること（第31条第2項関係）

（3）前記12（1）の指定、前記12（2）の指定の取消しをした者は、
当該指定・取消しをしたときは、その旨をインターネットの利用
等の方法により公表しなければならないこと（第31条第3項関係）

（4）前記12（1）の指定をした者は、指定施設の設置者に対し、その
求めに応じて、当該指定施設の運営に関して、専門的・技術的な
指導・助言を与えることができること（第31条第4項関係）

（5）指定施設は、その事業を行うに当たっては、前記4の趣旨を踏まえ、
博物館や他の指定施設、地方公共団体、学校、社会教育施設等の
関係機関、民間団体と相互に連携を図りながら協力するよう努め
るものとすること（第31条第5項関係）

（6）国又は独立行政法人が設置する指定施設は、博物館や他の指定施
設における公開の用に供するための資料の貸出し、職員の研修の
実施等の博物館や他の指定施設の事業の充実のために必要な協力
を行うよう努めるものとすること（第31条第6項関係）

13　附則（施行期日及び経過措置等）

（1）この法律は、一部を除き、令和5年4月1日から施行するものとすること（附則第1条関係）

（2）この法律の施行に関し、次の必要な経過措置等を定めること

　（ア）改正法の施行の際に現に学芸員となる資格を有する者は、改正法の施行後も第5条に規定する学芸員となる資格を有する者とみなされること（附則第2条第1項関係）

　（イ）改正法の施行の際に現に博物館において学芸員補の職にある者は、改正法の施行後も当該博物館において学芸員補となる資格を有する者としてその職にあることができること（附則第2条第2項関係）

　（ウ）改正法の施行日前に行われた改正前の博物館法（以下「旧博物館法」という。）第11条に基づく登録の申請であって、改正法の施行の際に、登録をするかどうかの処分がなされていないものについての登録の処分は、旧博物館法の規定により行われるものとすること（附則第2条第3項関係）

　（エ）改正法の施行の際、現に旧博物館法第10条の規定に基づく登録を受けている博物館については、施行日から起算して5年を経過する日までの間は、8（1）による登録を受けたものとみなされること。また、前記13（2）（ウ）により旧博物館法の規定により登録を受けた博物館についても、同様とされること（附則第2条第4項関係）

　（オ）博物館の事業に類する事業を行う施設であって、改正法の施行の際に現に旧博物館法第29条に基づく指定を受けているものは、12（1）の指定を受けたものとみなされること（附則第2条第6項関係）

（3）本則における登録の取消しに係る規定や、指定施設の取扱いに係る規定の改正に合わせて、租税特別措置法（昭和32年法律第26号）、美術品の美術館における公開の促進に関する法律（平成10年法律第99号）、展覧会における美術品損害の補償に関する法律（平成23年法律第17号）の規定を改めること（附則第4条及び第5条関係）

第2　留意事項

1　改正後の博物館法第1条（以下、単に条項のみを示す場合は、改正後の博物館法の条項を指すものとする。）に定める法の目的について、文化芸術基本法の精神に基づくことを規定した趣旨は、博物館が、その事業を通じて文化の振興を図り、もって心豊かな国民生活や活力ある社会の実現に寄与する施設であることを明確にする点にあり、博物館には、社会教育施設と文化施設との双方の役割を併せ持つ施設として活動することが求められること。

2　第2条第1項において、これまで設けられていた博物館の設置主体を限定する規定を改めたことにより、地方独立行政法人や社会福祉法人、学校法人、株式会社等が博物館を設置しようとする場合であっても、その設置者から適法に申請を受けたときは、第13条に定める要件を満たす限りにおいて博物館として登録されるものとなること。

3　第3条第1項第3号に定める博物館の事業としての「博物館資料に係る電磁的記録を作成し、公開すること」については、デジタル技術を活用した博物館資料のデジタル・アーカイブ化とその管理及びインターネットを通じたデジタル・アーカイブの公開、インターネットを通じた情報提供と教育や広報、交流活動の実施や展示・鑑賞体験の提供のために資料をデジタル化する取組を含むこと。

4　第3条第1項第5号に定める博物館の事業としての「博物館資料に関する専門的、技術的な調査研究」については、博物館が現に収集、保管等する資料とそれに関連する調査研究のみならず、当該資料が関係する地域や学術分野における調査研究を幅広く含むこと。また、博物館における教育や交流、デジタル化や広報等、博物館の活動一般に関する調査研究を含むこと。

5　また、第3条第1項第6号に定める博物館の事業としての「博物館資料の保管及び展示等に関する技術的研究」については、博物館における教

育・交流活動一般に関する調査研究を含むこと。

6　第３条第２項において、博物館が他の博物館等と相互に連携を図りながら協力するよう努めることとし、また、第３条第３項において、博物館が地域の多様な主体と相互に連携を図りながら協力し、もって地域の活力の向上に寄与するよう努めるとしているのは、令和元年に行われた国際博物館会議が採択した「文化をつなぐミュージアム」の理念を踏まえた規定であり、各博物館がこれらの連携・協力を通じて、多様な地域的課題・社会的課題への対応に取り組み、もって地域の活力の向上に寄与することを期待するものであること。

7　第３条第３項において「地域における教育、学術及び文化の振興、文化観光その他の活動の推進を図り、もって地域の活力の向上に寄与するよう努めるものとする」と規定するうちの
　①　「その他の活動」には、まちづくり、福祉分野における取組、地元の産業の振興、国際交流等の多様な活動を含み、
　②　「地域の活力の向上」には、地域のまちづくりや産業の活性化に加え、コミュニティの衰退や孤立化等の社会包摂に係る課題、人口減少・過疎化・高齢化、環境問題等の地域が抱える様々な課題を解決することを含むこと。

8　第６条第２号の学芸員補となる資格を有するための要件を規定する文部科学省令については、今後、文化審議会において有識者等からの意見を聴取しつつ整備することとしており、その内容の詳細については別途お知らせすること。

9　第７条においては、文部科学大臣と都道府県の教育委員会が博物館の職員の資質向上のために行う研修の対象者として、新たに、博物館の館長と学芸員・学芸員補以外の博物館に勤務する職員を加えており、各教育委員会におかれては、とりわけ、館長が館の展示内容等に関する専門性への理解を深めるとともに、館の魅力の社会への発信、地域社会への関係構築、

館全体のマネジメント等に係る専門的能力を向上させられるよう取り組むことが期待されること。

１０　第12条第2項に規定する、都道府県の教育委員会が博物館の登録に係る審査基準を定めるに当たって参酌すべき基準については、今後、文化審議会において有識者等からの意見を聴取しつつ文部科学省令を整備することとしており、その内容の詳細については別途お知らせすること。

１１　旧博物館法第19条において規定されていた博物館の所管に係る条項を改正法において削除しているが、地方教育行政の組織及び運営に関する法律（昭和31年法律第162号）第21条の規定により、引き続き、公立博物館の所管は当該博物館を設置する地方公共団体の教育委員会に属すること。

　　ただし、同法第23条第1項の規定に基づき、各地方公共団体の条例の定めるところにより、当該地方公共団体の長がその設置、管理及び廃止に関する事務を管理し、及び執行することとされている場合は、地方公共団体の長の所管に属することとなること。

　　このため、地方公共団体の長の所管に属する施設を公立博物館として取り扱うには、当該施設について、条例により、地方公共団体の長がその設置、管理及び廃止に関する事務を管理し、及び執行することを定める必要があること。

１２　第31条第1項において、博物館に相当する施設の指定に係る事項を定めることとされている文部科学省令では、博物館の登録に関する経過措置の内容を踏まえて、附則第2条第6項に基づき経過措置として指定を受けたものとみなされる施設の取扱いについても定めることとしており、その内容の詳細については別途お知らせすること。

１３　独立行政法人国立科学博物館法（平成11年法律第172号）、独立行政法人国立美術館法（平成11年法律第177号）及び独立行政法人国立文化財機構法（平成11年法律第178号）に基づき設立される各独立行政法人が設

置する博物館に類する事業を行う施設については、改正法において、登録の対象とされていないが、そのほとんどは、第31条及び附則第2条第6項により、指定施設とみなされることが想定され、全国の博物館のネットワークの中核的な役割を果たすナショナルセンターとしての機能を発揮することが期待されること。

14　学芸員の在り方については、学芸員に求められる専門的な能力を再定義しつつ、養成課程の状況は博物館現場におけるニーズを総合的に検討するなど、文化審議会において中長期的な課題として継続的に検討を行うこととしていること。

　　なお、改正法に係る国会審議においても、学芸員をはじめとする専門的職員の育成・配置が重要であることを踏まえ、その社会的地位の向上及び雇用の安定等の処遇改善に努めること等により、我が国の博物館の活動の基盤を担う人材の育成・確保に努めるよう配慮することが繰り返し求められているところであり、このことも踏まえ、各博物館の設置者において、それぞれの館に勤務する学芸員等の職員の処遇改善等が図られるよう、適切に御対応いただきたいこと。

15　改正法は、博物館と地域の様々な主体との連携の推進を図るものであり、文化芸術基本法の精神に基づき、博物館の事業と観光、まちづくり、国際交流、福祉、教育、産業その他の各関連分野の施策との有機的な連携が図られるよう配慮される必要があること。

　　この配慮の中には、例えば、博物館の事業を通じてインクルーシブな社会づくりが推進されるよう、施設や展示手法のバリアフリー化や、障害のある方々の作品創造・展示の機会を充実すること等も含まれること。

16　改正法は、博物館において、地域や社会の多様な課題に対応する役割が果たされることを期待するものであり、その観点から、博物館における職員の多様性に配慮することが求められること。特に、我が国の博物館においては、学芸員の総数に占める女性の割合に対して、館長に占める女性の割合が相対的に低いことが改正法に係る国会審議において指摘されてお

○　博物館法の一部を改正する法律案の概要

趣旨

　近年、博物館に求められる役割が多様化・高度化していることを踏まえ、博物館の設置主体の多様化を図りつつその適正な運営を確保するため、**法律の目的や博物館の事業、博物館の登録の要件等を見直す**など、これからの博物館が、その求められる役割を果たしていくための規定を整備する。

概要

Ⅰ　法律の目的及び博物館の事業の見直し

○　博物館法の目的について、社会教育法に加えて<u>文化芸術基本法の精神に基づくこと</u>を定める【第1条】。

○　博物館の事業に<u>博物館資料のデジタル・アーカイブ化を追加する</u>とともに、<u>他の博物館等と連携すること、及び地域の多様な主体との連携・協力による文化観光その他の活動を図り地域の活力の向上に取り組むこと</u>を努力義務とする【第3条】。

Ⅱ　博物館登録制度の見直し

　博物館の設置主体の多様化を図りつつその適正な運営を確保するため、博物館の登録要件を見直すとともに、これに伴う登録審査の手続き等についての規定を整備する。

1．登録要件の見直し

○　地方公共団体、一般社団法人・財団法人等に限定していた<u>博物館の設置者要件を改め、法人類型にかかわらず登録できることとする</u>とともに【第2条】、設置者が博物館運営に必要な経済的基礎を有すること、社会的信望を有すること等を要件として定める【第13条第1項第1号】。

○　登録の審査に当たっては<u>博物館資料の収集・保管・展示及び調査研究を行う体制等の基準に適合するかを審査する</u>こととし【第13条第1項第3～5号】、基準の詳細は文部科学省令を参酌して都道府県等教育委員会が定めることとする【第13条第2項】。

2．登録審査の手続き等の見直し

○　都道府県等教育委員会は、<u>登録を行う場合には学識経験を有する者の意見を聴かなければならないこととする</u>【第13条第3項】。

○　登録博物館の設置者は、<u>博物館の運営の状況について、定期的に都道府県等教育委員会に対して報告しなければならないこととし</u>【第16条】、都道府県等教育委員会は、博物館の適正な運営を確保するため必要がある場合等において、報告徴収、勧告等を行うことができることとする【第17～19条】。

Ⅲ　その他の規定の整備

○　学芸員補の資格要件を短期大学士を有する者で博物館に関する科目の単位を修得したものとする【第6条】。

○　国・都道府県等教育委員会による研修の対象に学芸員・学芸員補以外の者を含めることとする【第7条】。

○　博物館に相当する施設として指定された施設（指定施設）について、他の博物館等との連携を努力義務とする等の規定を整備する【第31条】。

Ⅳ　施行日・経過措置

　施行期日：令和5年4月1日

　経過措置：既に登録されている博物館は施行から5年間は登録博物館とみなす。等

（出所：文化庁ホームページ）

り、こうした点等も踏まえ、各館の設置者においては、各館の課題や特色に応じた人材の登用に努めていただきたいこと。

○　博物館法の一部を改正する法律案要綱

一　博物館法の一部改正
　1　法律の目的
　　　博物館法の目的に、文化芸術基本法の精神に基づくことを追加すること。

（第一条関係）

　2　博物館の定義
　　　博物館の設置者を、国及び独立行政法人以外のものとすること。

（第二条第一項～第三項及び第十三条第一項第一号関係）

　3　博物館の事業
　　　博物館が行う事業に、博物館資料に係る電磁的記録を作成し、公開する
　　こと並びに学芸員その他の博物館の事業に従事する人材の養成及び研修を
　　行うことを追加すること。　　　（第三条第一項第三号及び第十一号関係）

　4　他の博物館等との協力等
　　（一）博物館は、他の博物館等との間において、資料の相互貸借等を通じ、
　　　　相互に連携を図りながら協力するよう努めるものとすること。

（第三条第二項関係）

　　（二）博物館は、地方公共団体等の関係機関及び民間団体と相互に連携
　　　　を図りながら協力し、地域における教育、学術及び文化の振興、
　　　　文化観光その他の活動の推進を図り、もって地域の活力の向上に
　　　　寄与するよう努めるものとすること。　　　（第三条第三項関係）

　5　学芸員補の資格要件
　　　学芸員補となる資格要件を、短期大学士等の学位を有する者で博物館に
　　関する所定の科目の単位を修得したものであることとすること。

（第六条関係）

　6　登録の基準等
　　（一）登録の申請に係る博物館の設置者が次のいずれかに該当すること

とすること。　　　　　　　　　　（第十三条第一項第一号関係）
　（1）地方公共団体又は地方独立行政法人
　（2）博物館を運営するために必要な経済的基礎を有すること及び博
　　　　物館の運営を担当する役員が必要な知識又は経験を有すること
　　　　等の要件に該当する法人
（二）登録の基準を、博物館資料の収集、保管及び展示並びに博物館資
　　　料に関する調査研究を行う体制、学芸員その他の職員の配置並び
　　　に施設及び設備が、都道府県の教育委員会の定める基準に適合す
　　　るものであるとともに、一年を通じて百五十日以上開館すること
　　　とすること。　　　　　　　　（第十三条第一項第三号～第六号）
（三）都道府県の教育委員会が（二）に掲げる都道府県の教育委員会の定
　　　める基準を定めるに当たっては、文部科学省令で定める基準を参
　　　酌するものとすること。　　　　　　　　（第十三条第二項関係）
（四）都道府県の教育委員会は、登録を行うときは、あらかじめ、博物
　　　館に関し学識経験を有する者の意見を聴かなければならないもの
　　　とすること。　　　　　　　　　　　　　（第十三条第三項関係）

7　登録された博物館に係る手続
（一）博物館の設置者は、当該博物館の運営の状況について、定期的に
　　　都道府県の教育委員会に報告しなければならないこととすること。
　　　　　　　　　　　　　　　　　　　　　　　　　（第十六条関係）
（二）都道府県の教育委員会は、その登録に係る博物館の適正な運営を
　　　確保するため必要があると認めるときは、当該博物館の設置者に
　　　対し、その運営の状況に関し報告又は資料の提出を求めることが
　　　できることとすること。　　　　　　　　　　　（第十七条関係）
（三）都道府県の教育委員会は、その登録に係る博物館が登録の基準に
　　　該当しなくなったと認めるときは、当該博物館の設置者に対し、
　　　必要な措置をとるべきことを勧告することができるものとすると
　　　ともに、勧告を受けた博物館の設置者が、正当な理由がなくてそ
　　　の勧告に係る措置をとらなかったときは、当該博物館の設置者に
　　　対し、その勧告に係る措置をとるべきことを命ずることができる

ものとすること。　　　　　　（第十八条第一項及び第二項関係）

8　博物館に相当する施設
(一) 博物館の事業に類する事業を行う施設であって博物館に相当する
　　施設として指定を受けた施設（以下「指定施設」という。）は、そ
　　の事業を行うに当たっては、博物館及び他の指定施設等と相互に
　　連携を図りながら協力するよう努めるものとすること。
　　　　　　　　　　　　　　　　　　（第三十一条第五項関係）
(二) 国又は独立行政法人が設置する指定施設は、博物館及び他の指定
　　施設における公開の用に供するための資料の貸出し等の必要な協
　　力を行うよう努めるものとすること。　　（第三十一条第六項関係）

9　その他所要の改正を行うこと。

二　施行期日等
1　この法律は、一部を除き、令和五年四月一日から施行するものとすること。
　　　　　　　　　　　　　　　　　　　　　　（附則第一条関係）

2　この法律の施行に関し必要な経過措置等を定めること。
　　　　　　　　　　　　　　　　　　（附則第二条及び第三条関係）

3　その他関係法律について所要の改正を行うこと。
　　　　　　　　　　　　　　　　　　（附則第四条及び第五条関係）

　博物館法の一部を改正する法律

　博物館法（昭和二十六年法律第二百八十五号）の一部を次のように改正する。

　目次中「第九条の二」を「第十条」に、「第十条—第十七条」を「第十一条
—第二十二条」に、「第十八条—第二十六条」を「第二十三条—第二十八条」
に、「第二十七条・第二十八条」を「第二十九条・第三十条」に、「雑則（第二
十九条）」を「博物館に相当する施設（第三十一条）」に改める。

　第一条の見出しを「（目的）」に改め、同条中「の精神に基き」を「及び文化
芸術基本法（平成十三年法律第百四十八号）の精神に基づき」に改める。

　第二条第一項中「あわせて」を「併せて」に改め、「地方公共団体、一般社
団法人若しくは一般財団法人、宗教法人又は政令で定めるその他の法人（独立
行政法人（独立行政法人通則法（平成十一年法律第百三号）第二条第一項に規
定する独立行政法人をいう。第二十九条において同じ。）を除く。）が設置する
もので」を削り、同条第二項中「において、」を「において」に、「の設置する
博物館をいい、「私立博物館」とは、一般社団法人若しくは一般財団法人、宗
教法人又は前項の政令で定める法人」を「又は地方独立行政法人（地方独立行
政法人法（平成十五年法律第百十八号）第二条第一項に規定する地方独立行政
法人をいう。以下同じ。）」に改め、同条第三項中「記録をいう」の下に「。次
条第一項第三号において同じ」を加え、同項を同条第四項とし、同条第二項の
次に次の一項を加える。

3　この法律において「私立博物館」とは、博物館のうち、公立博物館以外
　のものをいう。

　第三条第一項中第十号を削り、第九号を第十号とし、第三号から第八号まで
を一号ずつ繰り下げ、第二号の次に次の一号を加える。

　三　博物館資料に係る電磁的記録を作成し、公開すること。

　第三条第一項中第十一号を第十二号とし、同号の前に次の一号を加える。

　十一　学芸員その他の博物館の事業に従事する人材の養成及び研修を行うこ
と。

　第三条第二項を次のように改める。

2　博物館は、前項各号に掲げる事業の充実を図るため、他の博物館、第三

十一条第二項に規定する指定施設その他これらに類する施設との間において、資料の相互貸借、職員の交流、刊行物及び情報の交換その他の活動を通じ、相互に連携を図りながら協力するよう努めるものとする。

第三条に次の一項を加える。

3　博物館は、第一項各号に掲げる事業の成果を活用するとともに、地方公共団体、学校、社会教育施設その他の関係機関及び民間団体と相互に連携を図りながら協力し、当該博物館が所在する地域における教育、学術及び文化の振興、文化観光（有形又は無形の文化的所産その他の文化に関する資源（以下この項において「文化資源」という。）の観覧、文化資源に関する体験活動その他の活動を通じて文化についての理解を深めることを目的とする観光をいう。）その他の活動の推進を図り、もつて地域の活力の向上に寄与するよう努めるものとする。

第五条第一項第二号中「大学に二年以上在学し、前号の博物館に関する科目の単位を含めて六十二単位以上を修得した」を「次条各号のいずれかに該当する」に改める。

第六条中「学校教育法第九十条第一項の規定により大学に入学することのできる」を「次の各号のいずれかに該当する」に改め、同条に次の各号を加える。

一　短期大学士の学位（学校教育法第百四条第二項に規定する文部科学大臣の定める学位（専門職大学を卒業した者に対して授与されるものを除く。）及び同条第六項に規定する文部科学大臣の定める学位を含む。）を有する者で、前条第一項第一号の文部科学省令で定める博物館に関する科目の単位を修得したもの

二　前号に掲げる者と同等以上の学力及び経験を有する者として文部科学省令で定める者

第七条の見出しを「（館長、学芸員及び学芸員補等の研修）」に改め、同条中「教育委員会は」の下に「、館長」を、「学芸員補」の下に「その他の職員」を加える。

第五章を削る。

第二十八条を第三十条とし、第二十七条を第二十九条とする。

第二十六条中「に対し第二十四条」を「又は地方独立行政法人に対し前条」に、「左の各号の一に」を「次の各号のいずれかに」に、「取消が虚偽の申請に

基いて登録した事実の発見に因る」を「取消しが第十九条第一項第一号に該当することによる」に、「及び」を「又は」に改め、同条第一号中「第十四条」を「第十九条第一項」に、「取消」を「取消し」に改め、同条第二号から第四号までの規定中「地方公共団体」の下に「又は地方独立行政法人」を加え、第三章中同条を第二十八条とする。

　第二十五条を削る。

　第二十四条第一項中「地方公共団体」の下に「又は地方独立行政法人」を加え、同条を第二十七条とする。

　第二十三条ただし書中「但し」を「ただし」に改め、同条を第二十六条とする。

　第二十二条中「事項は、」の下に「地方公共団体の設置する博物館にあつては」を、「条例で」の下に「、地方独立行政法人の設置する博物館にあつては当該地方独立行政法人の規程でそれぞれ」を加え、同条を第二十五条とする。

　第二十一条中「委員は、」の下に「地方公共団体の設置する博物館にあつては」を加え、「教育委員会が」を「教育委員会（地方教育行政の組織及び運営に関する法律（昭和三十一年法律第百六十二号）第二十三条第一項の条例の定めるところにより地方公共団体の長が当該博物館の設置、管理及び廃止に関する事務を管理し、及び執行することとされている場合にあつては、当該地方公共団体の長）が、地方独立行政法人の設置する博物館にあつては当該地方独立行政法人の理事長がそれぞれ」に改め、同条を第二十四条とする。

　第二十条の前の見出しを削り、同条を第二十三条とし、同条の前に見出しとして「（博物館協議会）」を付する。

　第十八条及び第十九条を削る。

　第十七条を削り、第二章中第十六条を第二十二条とする。

　第十五条第一項中「すみやかに」を「速やかに」に改め、同条第二項中「博物館の設置者が当該博物館を廃止した」を「前項の規定による届出があつた」に、「博物館に係る登録をまつ消しなければ」を「届出に係る博物館の登録を抹消するとともに、その旨をインターネットの利用その他の方法により公表しなければ」に改め、同条を第二十条とし、同条の次に次の一条を加える。

　（都道府県又は指定都市の設置する博物館に関する特例）

第二十一条　第十五条第一項、第十六条から第十八条まで及び前条第一項の
　　規定は、都道府県又は指定都市の設置する博物館については、適用しない。

2　都道府県又は指定都市の設置する博物館についての第十五条第二項、第十九条第一項及び第三項並びに前条第二項の規定の適用については、第十五条第二項中「前項の規定による届出があつたときは、当該届出に係る登録事項」とあるのは「その設置する博物館について第十二条第一項第一号又は第二号に掲げる事項に変更があるときは、当該事項」と、第十九条第一項中「登録に係る博物館の設置者が次の各号のいずれかに該当する」とあるのは「設置する博物館が第十三条第一項第三号から第六号までのいずれかに該当しなくなつたと認める」と、同条第三項中「その旨を、当該登録に係る博物館の設置者に対し通知するとともに、」とあるのは「その旨を」と、前条第二項中「前項の規定による届出があつたときは、当該届出に係る」とあるのは「その設置する博物館を廃止したときは、当該」とする。

第十四条の見出しを「（登録の取消し）」に改め、同条第一項を次のように改める。

都道府県の教育委員会は、その登録に係る博物館の設置者が次の各号のいずれかに該当するときは、当該博物館の登録を取り消すことができる。

一　偽りその他不正の手段により登録を受けたとき。

二　第十五条第一項の規定による届出をせず、又は虚偽の届出をしたとき。

三　第十六条の規定に違反したとき。

四　第十七条の報告若しくは資料の提出をせず、又は虚偽の報告若しくは資料の提出をしたとき。

五　前条第二項の規定による命令に違反したとき。

第十四条第二項中「前項」を「第一項」に改め、「したときは」の下に「、速やかにその旨を」を加え、「博物館」を「登録に係る博物館」に、「、速やかにその旨を通知しなければ」を「通知するとともに、インターネットの利用その他の方法により公表しなければ」に改め、同項を同条第三項とし、同条第一項の次に次の一項を加える。

2　第十三条第三項の規定は、前項の規定による登録の取消しについて準用する。

第十四条を第十九条とする。

第十三条の見出しを「（変更の届出）」に改め、同条第一項中「第十一条第一項各号に掲げる事項について変更があつたとき、又は同条第二項に規定する添

付書類の記載事項について重要な変更があつたときは」を「第十二条第一項第一号又は第二号に掲げる事項を変更するときは、あらかじめ」に改め、同条第二項中「第十一条第一項各号に掲げる事項に変更があつたことを知つたときは、当該博物館」を「前項の規定による届出があつたときは、当該届出」に、「しなければ」を「するとともに、その旨をインターネットの利用その他の方法により公表しなければ」に改め、同条を第十五条とし、同条の次に次の三条を加える。

（都道府県の教育委員会への定期報告）

第十六条　博物館の設置者は、当該博物館の運営の状況について、都道府県の教育委員会の定めるところにより、定期的に、都道府県の教育委員会に報告しなければならない。

（報告又は資料の提出）

第十七条　都道府県の教育委員会は、その登録に係る博物館の適正な運営を確保するため必要があると認めるときは、当該博物館の設置者に対し、その運営の状況に関し報告又は資料の提出を求めることができる。

（勧告及び命令）

第十八条　都道府県の教育委員会は、その登録に係る博物館が第十三条第一項各号のいずれかに該当しなくなつたと認めるときは、当該博物館の設置者に対し、必要な措置をとるべきことを勧告することができる。

2　都道府県の教育委員会は、前項の規定による勧告を受けた博物館の設置者が、正当な理由がなくてその勧告に係る措置をとらなかつたときは、当該博物館の設置者に対し、期限を定めて、その勧告に係る措置をとるべきことを命ずることができる。

3　第十三条第三項の規定は、第一項の規定による勧告及び前項の規定による命令について準用する。

第十二条を削る。

第十一条第一項中「規定による登録」を「登録（以下「登録」という。）」に、「設置しようとする博物館について、左に」を「都道府県の教育委員会の定めるところにより、次に」に改め、同項各号を次のように改める。

一　登録を受けようとする博物館の設置者の名称及び住所

二　登録を受けようとする博物館の名称及び所在地

三　その他都道府県の教育委員会の定める事項

第十一条第二項各号を次のように改める。

一　館則（博物館の規則のうち、目的、開館日、運営組織その他の博物館の運営上必要な事項を定めたものをいう。）の写し

二　次条第一項各号に掲げる基準に適合していることを証する書類

三　その他都道府県の教育委員会の定める書類

第十一条を第十二条とし、同条の次に次の二条を加える。

（登録の審査）

第十三条　都道府県の教育委員会は、登録の申請に係る博物館が次の各号のいずれにも該当すると認めるときは、当該博物館の登録をしなければならない。

一　当該申請に係る博物館の設置者が次のイ又はロに掲げる法人のいずれかに該当すること。

　　イ　地方公共団体又は地方独立行政法人

　　ロ　次に掲げる要件のいずれにも該当する法人（イに掲げる法人並びに国及び独立行政法人（独立行政法人通則法（平成十一年法律第百三号）第二条第一項に規定する独立行政法人をいう。第三十一条第一項及び第六項において同じ。）を除く。）

　　　⑴　博物館を運営するために必要な経済的基礎を有すること。

　　　⑵　当該申請に係る博物館の運営を担当する役員が博物館を運営するために必要な知識又は経験を有すること。

　　　⑶　当該申請に係る博物館の運営を担当する役員が社会的信望を有すること。

二　当該申請に係る博物館の設置者が、第十九条第一項の規定により登録を取り消され、その取消しの日から二年を経過しない者でないこと。

三　博物館資料の収集、保管及び展示並びに博物館資料に関する調査研究を行う体制が、第三条第一項各号に掲げる事業を行うために必要なものとして都道府県の教育委員会の定める基準に適合するものであること。

四　学芸員その他の職員の配置が、第三条第一項各号に掲げる事業を行うために必要なものとして都道府県の教育委員会の定める基準に適合するものであること。

五　施設及び設備が、第三条第一項各号に掲げる事業を行うために必要な
　　　ものとして都道府県の教育委員会の定める基準に適合するものであること。
　　六　一年を通じて百五十日以上開館すること。
2　都道府県の教育委員会が前項第三号から第五号までの基準を定めるに当
　たつては、文部科学省令で定める基準を参酌するものとする。
3　都道府県の教育委員会は、登録を行うときは、あらかじめ、博物館に関
　し学識経験を有する者の意見を聴かなければならない。
　（登録の実施等）
第十四条　登録は、都道府県の教育委員会が、次に掲げる事項を博物館登録
　原簿に記載してするものとする。
　　一　第十二条第一項第一号及び第二号に掲げる事項
　　二　登録の年月日
2　都道府県の教育委員会は、登録をしたときは、遅滞なく、その旨を当該
　登録の申請をした者に通知するとともに、前項各号に掲げる事項をインタ
　ーネットの利用その他の方法により公表しなければならない。
　　第十条中「この条及び第二十九条において」を削り、「同条」を「第三十一
　条第一項第二号」に、「に備える博物館登録原簿に登録」を「の登録」に改め、
　同条を第十一条とする。
　　第一章中第九条の二を第十条とする。
　　本則に次の一章を加える。
　　　　第五章　博物館に相当する施設
第三十一条　次の各号に掲げる者は、文部科学省令で定めるところにより、
　博物館の事業に類する事業を行う施設であつて当該各号に定めるものを、
　博物館に相当する施設として指定することができる。
　　一　文部科学大臣　国又は独立行政法人が設置するもの
　　二　都道府県の教育委員会　国及び独立行政法人以外の者が設置するもの
　　　のうち、当該都道府県の区域内に所在するもの（指定都市の区域内に所在
　　　するもの（都道府県が設置するものを除く。）を除く。）
　　三　指定都市の教育委員会　国、独立行政法人及び都道府県以外の者が設
　　　置するもののうち、当該指定都市の区域内に所在するもの
2　前項の規定による指定をした者は、当該指定をした施設（以下この条にお

いて「指定施設」という。）が博物館の事業に類する事業を行う施設に該当しなくなつたと認めるときその他の文部科学省令で定める事由に該当するときは、文部科学省令で定めるところにより、当該指定施設についての前項の規定による指定を取り消すことができる。

3　第一項の規定による指定をした者は、当該指定をしたとき又は前項の規定による指定の取消しをしたときは、その旨をインターネットの利用その他の方法により公表しなければならない。

4　第一項の規定による指定をした者は、指定施設の設置者に対し、その求めに応じて、当該指定施設の運営に関して、専門的、技術的な指導又は助言を与えることができる。

5　指定施設は、その事業を行うに当たつては、第三条第二項及び第三項の規定の趣旨を踏まえ、博物館、他の指定施設、地方公共団体、学校、社会教育施設その他の関係機関及び民間団体と相互に連携を図りながら協力するよう努めるものとする。

6　国又は独立行政法人が設置する指定施設は、博物館及び他の指定施設における公開の用に供するための資料の貸出し、職員の研修の実施その他の博物館及び他の指定施設の事業の充実のために必要な協力を行うよう努めるものとする。

附則第二項を削り、附則第一項の見出し及び項番号を削る。

　　　附　　則

（施行期日）

第一条　この法律は、令和五年四月一日から施行する。ただし、附則第三条の規定は、公布の日から施行する。

（経過措置）

第二条　この法律の施行の際現に学芸員となる資格を有する者は、この法律による改正後の博物館法（以下この条において「新博物館法」という。）第五条に規定する学芸員となる資格を有する者とみなす。

2　この法律の施行の際現に博物館において学芸員補の職にある者は、新博物館法第六条の規定にかかわらず、この法律の施行の日（次項及び第四項において「施行日」という。）以後も引き続き当該博物館において、学芸員補となる資格を有する者としてその職にあることができる。

3 施行日前にされたこの法律による改正前の博物館法（次項及び第六項において「旧博物館法」という。）第十一条の登録の申請であって、この法律の施行の際、まだその登録をするかどうかの処分がされていないものについての登録の処分については、なお従前の例による。

4 この法律の施行の際現に旧博物館法第十条の登録を受けている又は施行日以後に前項の規定によりなお従前の例によることとされる同条の登録を受ける博物館は、施行日から起算して五年を経過する日までの間は、新博物館法第十一条の登録を受けたものとみなす。当該博物館の設置者がその期間内に同条の登録の申請をした場合において、その期間を経過したときは、その申請について登録をするかどうかの処分がある日までの間も、同様とする。

5 前項の規定により新博物館法第十一条の登録を受けたものとみなされる博物館が同条の登録を受けるまでの間における当該博物館についての新博物館法第十八条第一項及び第二十一条第二項の規定の適用については、新博物館法第十八条第一項中「第十三条第一項各号」とあり、及び新博物館法第二十一条第二項中「第十三条第一項第三号から第六号まで」とあるのは、「博物館法の一部を改正する法律（令和四年法律第　　号）による改正前の第十二条各号」とする。

6 この法律の施行の際現に旧博物館法第二十九条の指定を受けている施設は、新博物館法第三十一条第一項の指定を受けたものとみなす。

（政令への委任）

第三条　前条に定めるもののほか、この法律の施行に関し必要な経過措置は、政令で定める。

（租税特別措置法の一部改正）

第四条　租税特別措置法（昭和三十二年法律第二十六号）の一部を次のように改正する。

　　第七十条の六の七第二項第五号中「第二十九条の規定により博物館に相当する施設として指定された施設」を「第三十一条第二項に規定する指定施設」に改め、同条第三項第七号を次のように改める。

　　　七　寄託先美術館について、博物館法第十一条の登録が同法第十九条第一項の規定により取り消され、若しくは同法第二十条第二項の規定により

抹消された場合又は同法第三十一条第一項の規定による指定が同条第二
　　項の規定により取り消された場合　これらの事由が生じた日
　第七十条の六の七第五項中「定める取り消され、若しくは抹消され、又は
事由が生じた」を「定める」に改め、同項第一号中「登録の取消し若しくは
抹消はなかつたものと、又は同号の事由は」を「事由は、」に改め、同項第
二号中「当該取り消され、若しくは抹消され、又は事由が生じた」を「第三
項第七号に定める」に、「第三項第七号の取り消された場合若しくは抹消さ
れた場合又は事由が生じた」を「同号に掲げる」に改め、同項第三号中「当
該取り消され、若しくは抹消され、又は事由が生じた」を「第三項第七号に
定める」に改める。
（美術品の美術館における公開の促進に関する法律及び展覧会における美術
品損害の補償に関する法律の一部改正）
第五条　次に掲げる法律の規定中「第二十九条の規定により博物館に相当す
　る施設として指定された施設」を「第三十一条第二項に規定する指定施設」
　に改める。

　一　美術品の美術館における公開の促進に関する法律（平成十年法律第九十
　　九号）第二条第二号
　二　展覧会における美術品損害の補償に関する法律（平成二十三年法律第十
　　七号）第二条第二号ハ

　　　　理　　由

　博物館の設置主体の多様化を図りつつその適正な運営を確保するため、博物館の登録の要件等の見直し、博物館の設置者に対する都道府県教育委員会の勧告及び命令等の制度の創設、学芸員補の資格の要件の見直し等を行う必要がある。これが、この法律案を提出する理由である。

V

（傍線部分は改正部分）

改　　正　　案

目次

第一章　総則（第一条—第十条）

第二章　登録（第十一条—第二十二条）

第三章　公立博物館（第二十三条—第二十八条）

第四章　私立博物館（第二十九条・第三十条）

第五章　博物館に相当する施設（第三十一条）

附則

第一章　総則

（目的）

第一条　この法律は、社会教育法（昭和二十四年法律第二百七号）及び文化芸術基本法（平成十三年法律第百四十八号）の精神に基づき、博物館の設置及び運営に関して必要な事項を定め、その健全な発達を図り、もつて国民の教育、学術及び文化の発展に寄与することを目的とする。

（定義）

第二条　この法律において「博物館」とは、歴史、芸術、民俗、産業、自然科学等に関する資料を収集し、保管（育成を含む。以下同じ。）し、展示して教育的配慮の下に一般公衆の利用に供し、その教養、調査研究、レクリエーション等に資するために必要な事業を行い、併せてこれらの資料に関する調査研究をすることを目的とする機関（社会教育法による公民館及び図書館法（昭和二十五年法律第百十八号）による図書館を除く。）のうち、次章の規定による登録を受けたものをいう。

目次

第一章　総則

（この法律の目的）

第一条　この法律は、社会教育法（昭和二十四年法律第二百七号）の精神に基き、博物館の設置及び運営に関して必要な事項を定め、その健全な発達を図り、もつて国民の教育、学術及び文化の発展に寄与することを目的とする。

（定義）

第二条　この法律において「博物館」とは、歴史、芸術、民俗、産業、自然科学等に関する資料を収集し、保管（育成を含む。以下同じ。）し、展示して教育的配慮の下に一般公衆の利用に供し、その教養、調査研究、レクリエーション等に資するために必要な事業を行い、あわせてこれらの資料に関する調査研究をすることを目的とする機関（社会教育法による公民館及び図書館法（昭和二十五年法律第百十八号）による図書館を除く。）のうち、地方公共団体、一般社団法人若しくは一般財団法人、宗教法人又は政令で定めるその他の法人（独立行政法人（独立行政法人通則法（平成十一年法律第百三号）第二条第一項に規定する独立行政法人をいう。第二十九条において同じ。）を除く。）が設置するもので次章

2　この法律において「公立博物館」とは、地方公共団体又は地方独立行政法人（地方独立行政法人法（平成十五年法律第百十八号）第二条第一項に規定する地方独立行政法人をいう。以下同じ。）の設置する博物館をいう。

3　この法律において「私立博物館」とは、博物館のうち、公立博物館以外のものをいう。

4　この法律において「博物館資料」とは、博物館が収集し、保管し、又は展示する資料（電磁的記録（電子的方式、磁気的方式その他人の知覚によつては認識することができない方式で作られた記録をいう。次条第一項第三号において同じ。）を含む。）をいう。

（博物館の事業）

第三条　博物館は、前条第一項に規定する目的を達成するため、おおむね次に掲げる事業を行う。

一・二　（略）

三　博物館資料に係る電磁的記録を作成し、公開すること。

四〜十　（略）

（削る）

十一　学芸員その他の博物館の事業に従事する人材の養成及び研修を行うこと。

十二　（略）

2　博物館は、前項各号に掲げる事業の充実を図るため、他の博物館、第三十一条第二項に規定する指定施設その他これらに類する施設との間において、資料の相互貸借、職員の交流、刊行物及び情報の交換その他の活動を通じ、相互に連携を図りながら協力するよう努めるものとする。

3　博物館は、第一項各号に掲げる事業の成果を活用するとともに、地方公共団体、学校、社会教育施設その他の関係機関及び民間団体と相互に連携を図りながら協力し、当該博物館が所在する地域における教育、学術及び文化の振興、文化観光（有形又は無形の文化的所産その他

の規定による登録を受けたものをいう。

2　この法律において、「公立博物館」とは、地方公共団体の設置する博物館をいい、「私立博物館」とは、一般社団法人若しくは一般財団法人、宗教法人又は前項の政令で定める法人の設置する博物館をいう。

（新設）

3　この法律において「博物館資料」とは、博物館が収集し、保管し、又は展示する資料（電磁的記録（電子的方式、磁気的方式その他人の知覚によつては認識することができない方式で作られた記録をいう。）を含む。）をいう。

（博物館の事業）
第三条　博物館は、前条第一項に規定する目的を達成するため、おおむね次に掲げる事業を行う。
　一・二　（略）
　（新設）
　三～九　（略）
　十　他の博物館、博物館と同一の目的を有する国の施設等と緊密に連絡し、協力し、刊行物及び情報の交換、博物館資料の相互貸借等を行うこと。
　（新設）

　十一　（略）
2　博物館は、その事業を行うに当つては、土地の事情を考慮し、国民の実生活の向上に資し、更に学校教育を援助し得るようにも留意しなければならない。

（新設）

の文化に関する資源（以下この項において「文化資源」という。）の観覧、文化資源に関する体験活動その他の活動を通じて文化についての理解を深めることを目的とする観光をいう。）その他の活動の推進を図り、もつて地域の活力の向上に寄与するよう努めるものとする。

（学芸員の資格）

第五条　次の各号のいずれかに該当する者は、学芸員となる資格を有する。

一　（略）

二　次条各号のいずれかに該当する者で、三年以上学芸員補の職にあつたもの

三　（略）

2　（略）

（学芸員補の資格）

第六条　次の各号のいずれかに該当する者は、学芸員補となる資格を有する。

一　短期大学士の学位（学校教育法第百四条第二項に規定する文部科学大臣の定める学位（専門職大学を卒業した者に対して授与されるものを除く。）及び同条第六項に規定する文部科学大臣の定める学位を含む。）を有する者で、前条第一項第一号の文部科学省令で定める博物館に関する科目の単位を修得したもの

二　前号に掲げる者と同等以上の学力及び経験を有する者として文部科学省令で定める者

（館長、学芸員及び学芸員補等の研修）

第七条　文部科学大臣及び都道府県の教育委員会は、館長、学芸員及び学芸員補その他の職員に対し、その資質の向上のために必要な研修を行うよう努めるものとする。

第十条　（略）

（学芸員の資格）

第五条　次の各号のいずれかに該当する者は、学芸員となる資格を有する。

一　（略）

二　<u>大学に二年以上在学し、前号の博物館に関する科目の単位を含めて六十二単位以上を修得した者で、三年以上学芸員補の職にあつたもの</u>

三　（略）

2　（略）

（学芸員補の資格）

第六条　<u>学校教育法第九十条第一項の規定により大学に入学することのできる者</u>は、学芸員補となる資格を有する。

（新設）

（新設）

<u>（学芸員及び学芸員補の研修）</u>

第七条　文部科学大臣及び都道府県の教育委員会は、学芸員及び学芸員補に対し、その資質の向上のために必要な研修を行うよう努めるものとする。

<u>第九条の二</u>　（略）

第二章　登録

（登録）

第十一条　博物館を設置しようとする者は、当該博物館について、当該博物館の所在する都道府県の教育委員会（当該博物館（都道府県が設置するものを除く。）が指定都市（地方自治法（昭和二十二年法律第六十七号）第二百五十二条の十九第一項の指定都市をいう。以下同じ。）の区域内に所在する場合にあつては、当該指定都市の教育委員会。第三十一条第一項第二号を除き、以下同じ。）の登録を受けるものとする。

（登録の申請）

第十二条　前条の登録（以下「登録」という。）を受けようとする者は、都道府県の教育委員会の定めるところにより、次に掲げる事項を記載した登録申請書を都道府県の教育委員会に提出しなければならない。

　一　登録を受けようとする博物館の設置者の名称及び住所

　二　登録を受けようとする博物館の名称及び所在地

　三　その他都道府県の教育委員会の定める事項

2　前項の登録申請書には、次に掲げる書類を添付しなければならない。

　一　館則（博物館の規則のうち、目的、開館日、運営組織その他の博物館の運営上必要な事項を定めたものをいう。）の写し

　二　次条第一項各号に掲げる基準に適合していることを証する書類

　三　その他都道府県の教育委員会の定める書類

（削る）

第二章　登録

（登録）

第十条　博物館を設置しようとする者は、当該博物館について、当該博物館の所在する都道府県の教育委員会（当該博物館（都道府県が設置するものを除く。）が指定都市（地方自治法（昭和二十二年法律第六十七号）第二百五十二条の十九第一項の指定都市をいう。以下この条及び第二十九条において同じ。）の区域内に所在する場合にあつては、当該指定都市の教育委員会。同条を除き、以下同じ。）に備える博物館登録原簿に登録を受けるものとする。

（登録の申請）

第十一条　前条の規定による登録を受けようとする者は、設置しようとする博物館について、左に掲げる事項を記載した登録申請書を都道府県の教育委員会に提出しなければならない。

　二　設置者の名称及び私立博物館にあつては設置者の住所

　二　名称

　三　所在地

2　前項の登録申請書には、次に掲げる書類を添付しなければならない。

　一　公立博物館にあつては、設置条例の写し、館則の写し、直接博物館の用に供する建物及び土地の面積を記載した書面及びその図面、当該年度における事業計画書及び予算の歳出の見積りに関する書類、博物館資料の目録並びに館長及び学芸員の氏名を記載した書面

　二　私立博物館にあつては、当該法人の定款の写し又は当該宗教法人の規則の写し、館則の写し、直接博物館の用に供する建物及び土地の面積を記載した書面及びその図面、当該年度における事業計画書及び収支の見積りに関する書類、博物館資料の目録並びに館長及び学芸員の氏名を記載した書面

（登録要件の審査）

第十二条　都道府県の教育委員会は、前条の規定による登録の申請があつた場合においては、当該申請に係る博物館が左に掲げる要件を備えている

（登録の審査）

第十三条　都道府県の教育委員会は、登録の申請に係る博物館が次の各号のいずれにも該当すると認めるときは、当該博物館の登録をしなければならない。

　一　当該申請に係る博物館の設置者が次のイ又はロに掲げる法人のいずれかに該当すること。

　　イ　地方公共団体又は地方独立行政法人

　　ロ　次に掲げる要件のいずれにも該当する法人（イに掲げる法人並びに国及び独立行政法人（独立行政法人通則法（平成十一年法律第百三号）第二条第一項に規定する独立行政法人をいう。第三十一条第一項及び第六項において同じ。）を除く。）

　　　⑴　博物館を運営するために必要な経済的基礎を有すること。

　　　⑵　当該申請に係る博物館の運営を担当する役員が博物館を運営するために必要な知識又は経験を有すること。

　　　⑶　当該申請に係る博物館の運営を担当する役員が社会的信望を有すること。

　二　当該申請に係る博物館の設置者が、第十九条第一項の規定により登録を取り消され、その取消しの日から二年を経過しない者でないこと。

　三　博物館資料の収集、保管及び展示並びに博物館資料に関する調査

かどうかを審査し、備えていると認めたときは、同条第一項各号に掲げる事項及び登録の年月日を博物館登録原簿に登録するとともに登録した旨を当該登録申請者に通知し、備えていないと認めたときは、登録しない旨をその理由を附記した書面で当該登録申請者に通知しなければならない。

一　第二条第一項に規定する目的を達成するために必要な博物館資料があること。

二　第二条第一項に規定する目的を達成するために必要な学芸員その他の職員を有すること。

三　第二条第一項に規定する目的を達成するために必要な建物及び土地があること。

四　一年を通じて百五十日以上開館すること。

（新設）

研究を行う体制が、第三条第一項各号に掲げる事業を行うために必要なものとして都道府県の教育委員会の定める基準に適合するものであること。

四　学芸員その他の職員の配置が、第三条第一項各号に掲げる事業を行うために必要なものとして都道府県の教育委員会の定める基準に適合するものであること。

五　施設及び設備が、第三条第一項各号に掲げる事業を行うために必要なものとして都道府県の教育委員会の定める基準に適合するものであること。

六　一年を通じて百五十日以上開館すること。

2　都道府県の教育委員会が前項第三号から第五号までの基準を定めるに当たつては、文部科学省令で定める基準を参酌するものとする。

3　都道府県の教育委員会は、登録を行うときは、あらかじめ、博物館に関し学識経験を有する者の意見を聴かなければならない。

（登録の実施等）

第十四条　登録は、都道府県の教育委員会が、次に掲げる事項を博物館登録原簿に記載してするものとする。

一　第十二条第一項第一号及び第二号に掲げる事項

二　登録の年月日

2　都道府県の教育委員会は、登録をしたときは、遅滞なく、その旨を当該登録の申請をした者に通知するとともに、前項各号に掲げる事項をインターネットの利用その他の方法により公表しなければならない。

（変更の届出）

第十五条　博物館の設置者は、第十二条第一項第一号又は第二号に掲げる事項を変更するときは、あらかじめ、その旨を都道府県の教育委員会に届け出なければならない。

2　都道府県の教育委員会は、前項の規定による届出があつたときは、当該届出に係る登録事項の変更登録をするとともに、その旨をインタ

（新設）

（登録事項等の変更）

第十三条　博物館の設置者は、第十一条第一項各号に掲げる事項につい
　て変更があつたとき、又は同条第二項に規定する添付書類の記載事項
　について重要な変更があつたときは、その旨を都道府県の教育委員会
　に届け出なければならない。

2　都道府県の教育委員会は、第十一条第一項各号に掲げる事項に変更
　があつたことを知つたときは、当該博物館に係る登録事項の変更登録

ーネットの利用その他の方法により公表しなければならない。

（都道府県の教育委員会への定期報告）
第十六条　博物館の設置者は、当該博物館の運営の状況について、都道府県の教育委員会の定めるところにより、定期的に、都道府県の教育委員会に報告しなければならない。

（報告又は資料の提出）
第十七条　都道府県の教育委員会は、その登録に係る博物館の適正な運営を確保するため必要があると認めるときは、当該博物館の設置者に対し、その運営の状況に関し報告又は資料の提出を求めることができる。

（勧告及び命令）
第十八条　都道府県の教育委員会は、その登録に係る博物館が第十三条第一項各号のいずれかに該当しなくなつたと認めるときは、当該博物館の設置者に対し、必要な措置をとるべきことを勧告することができる。
2　都道府県の教育委員会は、前項の規定による勧告を受けた博物館の設置者が、正当な理由がなくてその勧告に係る措置をとらなかつたときは、当該博物館の設置者に対し、期限を定めて、その勧告に係る措置をとるべきことを命ずることができる。
3　第十三条第三項の規定は、第一項の規定による勧告及び前項の規定による命令について準用する。

（登録の取消し）
第十九条　都道府県の教育委員会は、その登録に係る博物館の設置者が次の各号のいずれかに該当するときは、当該博物館の登録を取り消すことができる。
一　偽りその他不正の手段により登録を受けたとき。
二　第十五条第一項の規定による届出をせず、又は虚偽の届出をしたとき。
三　第十六条の規定に違反したとき。

をしなければならない。

（新設）

（新設）

（新設）

（登録の取消）

第十四条　都道府県の教育委員会は、博物館が第十二条各号に掲げる要件を欠くに至つたものと認めたとき、又は虚偽の申請に基いて登録した事実を発見したときは、当該博物館に係る登録を取り消さなければならない。但し、博物館が天災その他やむを得ない事由により要件を欠くに至つた場合においては、その要件を欠くに至つた日から二年間はこの限りでない。

四　第十七条の報告若しくは資料の提出をせず、又は虚偽の報告若し
　　　くは資料の提出をしたとき。
　　五　前条第二項の規定による命令に違反したとき。
2　第十三条第三項の規定は、前項の規定による登録の取消しについて
　準用する。
3　都道府県の教育委員会は、第一項の規定により登録の取消しをした
　ときは、速やかにその旨を、当該登録に係る博物館の設置者に対し通
　知するとともに、インターネットの利用その他の方法により公表しな
　ければならない。

（博物館の廃止）
第二十条　博物館の設置者は、博物館を廃止したときは、速やかにその
　旨を都道府県の教育委員会に届け出なければならない。
2　都道府県の教育委員会は、前項の規定による届出があつたときは、
　当該届出に係る博物館の登録を抹消するとともに、その旨をインター
　ネットの利用その他の方法により公表しなければならない。

（都道府県又は指定都市の設置する博物館に関する特例）
第二十一条　第十五条第一項、第十六条から第十八条まで及び前条第一
　項の規定は、都道府県又は指定都市の設置する博物館については、適
　用しない。
2　都道府県又は指定都市の設置する博物館についての第十五条第二項、
　第十九条第一項及び第三項並びに前条第二項の規定の適用については、
　第十五条第二項中「前項の規定による届出があつたときは、当該届出
　に係る登録事項」とあるのは「その設置する博物館について第十二条
　第一項第一号又は第二号に掲げる事項に変更があるときは、当該事項」
　と、第十九条第一項中「登録に係る博物館の設置者が次の各号のいず
　れかに該当する」とあるのは「設置する博物館が第十三条第一項第三
　号から第六号までのいずれかに該当しなくなつたと認める」と、同条
　第三項中「その旨を、当該登録に係る博物館の設置者に対し通知する
　とともに、」とあるのは「その旨を」と、前条第二項中「前項の規定に

（新設）

2　都道府県の教育委員会は、前項の規定により登録の取消しをしたときは、当該博物館の設置者に対し、速やかにその旨を通知しなければならない。

（博物館の廃止）

第十五条　博物館の設置者は、博物館を廃止したときは、すみやかにその旨を都道府県の教育委員会に届け出なければならない。

2　都道府県の教育委員会は、博物館の設置者が当該博物館を廃止したときは、当該博物館に係る登録をまつ消しなければならない。

（新設）

よる届出があつたときは、当該届出に係る」とあるのは「その設置する博物館を廃止したときは、当該」とする。

第二十二条　（略）

（削る）

　　　第三章　公立博物館

（削る）

（削る）

（博物館協議会）
第二十三条　（略）

第二十四条　博物館協議会の委員は、地方公共団体の設置する博物館にあつては当該博物館を設置する地方公共団体の教育委員会（地方教育行政の組織及び運営に関する法律（昭和三十一年法律第百六十二号）第二十三条第一項の条例の定めるところにより地方公共団体の長が当該博物館の設置、管理及び廃止に関する事務を管理し、及び執行することとされている場合にあつては、当該地方公共団体の長）が、地方独立行政法人の設置する博物館にあつては当該地方独立行政法人の理事長がそれぞれ任命する。

第十六条　（略）

第十七条　削除

　　第三章　公立博物館
（設置）
第十八条　公立博物館の設置に関する事項は、当該博物館を設置する地方公共団体の条例で定めなければならない。

（所管）
第十九条　公立博物館は、当該博物館を設置する地方公共団体の教育委員会（地方教育行政の組織及び運営に関する法律（昭和三十一年法律第百六十二号）第二十三条第一項の条例の定めるところにより地方公共団体の長がその設置、管理及び廃止に関する事務を管理し、及び執行することとされた博物館にあつては、当該地方公共団体の長。第二十一条において同じ。）の所管に属する。

（博物館協議会）
第二十条　（略）

第二十一条　博物館協議会の委員は、当該博物館を設置する地方公共団体の教育委員会が任命する。

第二十五条　博物館協議会の設置、その委員の任命の基準、定数及び任期その他博物館協議会に関し必要な事項は、地方公共団体の設置する博物館にあつては当該博物館を設置する地方公共団体の条例で、地方独立行政法人の設置する博物館にあつては当該地方独立行政法人の規程でそれぞれ定めなければならない。この場合において、委員の任命の基準については、文部科学省令で定める基準を参酌するものとする。

（入館料等）

第二十六条　公立博物館は、入館料その他博物館資料の利用に対する対価を徴収してはならない。ただし、博物館の維持運営のためにやむを得ない事情のある場合は、必要な対価を徴収することができる。

（博物館の補助）

第二十七条　国は、博物館を設置する地方公共団体又は地方独立行政法人に対し、予算の範囲内において、博物館の施設、設備に要する経費その他必要な経費の一部を補助することができる。

2　（略）

（削る）

（補助金の交付中止及び補助金の返還）

第二十八条　国は、博物館を設置する地方公共団体又は地方独立行政法人に対し前条の規定による補助金の交付をした場合において、次の各号のいずれかに該当するときは、当該年度におけるその後の補助金の交付をやめるとともに、第一号の場合の取消しが第十九条第一項第一号に該当することによるものである場合には、既に交付した補助金を、第三号又は第四号に該当する場合には、既に交付した当該年度の補助金を返還させなければならない。

一　当該博物館について、第十九条第一項の規定による登録の取消しがあつたとき。

第二十二条　博物館協議会の設置、その委員の任命の基準、定数及び任期その他博物館協議会に関し必要な事項は、当該博物館を設置する地方公共団体の条例で定めなければならない。この場合において、委員の任命の基準については、文部科学省令で定める基準を参酌するものとする。

（入館料等）

第二十三条　公立博物館は、入館料その他博物館資料の利用に対する対価を徴収してはならない。但し、博物館の維持運営のためにやむを得ない事情のある場合は、必要な対価を徴収することができる。

（博物館の補助）

第二十四条　国は、博物館を設置する地方公共団体に対し、予算の範囲内において、博物館の施設、設備に要する経費その他必要な経費の一部を補助することができる。

2　（略）

第二十五条　削除

（補助金の交付中止及び補助金の返還）

第二十六条　国は、博物館を設置する地方公共団体に対し第二十四条の規定による補助金の交付をした場合において、左の各号の一に該当するときは、当該年度におけるその後の補助金の交付をやめるとともに、第一号の場合の取消が虚偽の申請に基いて登録した事実の発見に因るものである場合には、既に交付した補助金を、第三号及び第四号に該当する場合には、既に交付した当該年度の補助金を返還させなければならない。

一　当該博物館について、第十四条の規定による登録の取消があつたとき。

二　地方公共団体又は地方独立行政法人が当該博物館を廃止したとき。

三　地方公共団体又は地方独立行政法人が補助金の交付の条件に違反したとき。

四　地方公共団体又は地方独立行政法人が虚偽の方法で補助金の交付を受けたとき。

　　　第四章　私立博物館

第二十九条　（略）

第三十条　（略）

（削る）

　　　第五章　博物館に相当する施設

第三十一条　次の各号に掲げる者は、文部科学省令で定めるところにより、博物館の事業に類する事業を行う施設であつて当該各号に定めるものを、博物館に相当する施設として指定することができる。

一　文部科学大臣　国又は独立行政法人が設置するもの

二　都道府県の教育委員会　国及び独立行政法人以外の者が設置するもののうち、当該都道府県の区域内に所在するもの（指定都市の区域内に所在するもの（都道府県が設置するものを除く。）を除く。）

三　指定都市の教育委員会　国、独立行政法人及び都道府県以外の者が設置するもののうち、当該指定都市の区域内に所在するもの

二　地方公共団体が当該博物館を廃止したとき。

三　地方公共団体が補助金の交付の条件に違反したとき。

四　地方公共団体が虚偽の方法で補助金の交付を受けたとき。

　　第四章　私立博物館

<u>第二十七条</u>　（略）

<u>第二十八条</u>　（略）

　　<u>第五章　雑則</u>

<u>（博物館に相当する施設）</u>

<u>第二十九条　博物館の事業に類する事業を行う施設で、国又は独立行政法人が設置する施設にあつては文部科学大臣が、その他の施設にあつては当該施設の所在する都道府県の教育委員会（当該施設（都道府県が設置するものを除く。）が指定都市の区域内に所在する場合にあつては、当該指定都市の教育委員会）が、文部科学省令で定めるところにより、博物館に相当する施設として指定したものについては、第二十七条第二項の規定を準用する。</u>

　（新設）

2　前項の規定による指定をした者は、当該指定をした施設（以下この条において「指定施設」という。）が博物館の事業に類する事業を行う施設に該当しなくなつたと認めるときその他の文部科学省令で定める事由に該当するときは、文部科学省令で定めるところにより、当該指定施設についての前項の規定による指定を取り消すことができる。

3　第一項の規定による指定をした者は、当該指定をしたとき又は前項の規定による指定の取消しをしたときは、その旨をインターネットの利用その他の方法により公表しなければならない。

4　第一項の規定による指定をした者は、指定施設の設置者に対し、その求めに応じて、当該指定施設の運営に関して、専門的、技術的な指導又は助言を与えることができる。

5　指定施設は、その事業を行うに当たつては、第三条第二項及び第三項の規定の趣旨を踏まえ、博物館、他の指定施設、地方公共団体、学校、社会教育施設その他の関係機関及び民間団体と相互に連携を図りながら協力するよう努めるものとする。

6　国又は独立行政法人が設置する指定施設は、博物館及び他の指定施設における公開の用に供するための資料の貸出し、職員の研修の実施その他の博物館及び他の指定施設の事業の充実のために必要な協力を行うよう努めるものとする。

附　　則

この法律は、公布の日から起算して三箇月を経過した日から施行する。

（削る）

　　　附　則

（施行期日）

<u>1</u>　この法律は、公布の日から起算して三箇月を経過した日から施行する。

（経過規定）

<u>2</u>　<u>第六条に規定する者には、旧中等学校令（昭和十八年勅令第三十六</u>
　　<u>号）、旧高等学校令又は旧青年学校令（昭和十四年勅令第二百五十四号）</u>
　　<u>の規定による中等学校、高等学校尋常科又は青年学校本科を卒業し、</u>
　　<u>又は修了した者及び文部省令でこれらの者と同等以上の資格を有する</u>
　　<u>ものと定めた者を含むものとする。</u>

○　租税特別措置法（昭和三十二年法律第二十六号）

（傍線部分は改正部分）

改　正　案

（特定の美術品についての相続税の納税猶予及び免除）

第七十条の六の七　（略）

2　この条において、次の各号に掲げる用語の意義は、当該各号に定めるところによる。

　一～四　（略）

　五　寄託先美術館　博物館法（昭和二十六年法律第二百八十五号）第二条第一項に規定する博物館又は同法<u>第三十一条第二項</u>に規定する<u>指定施設</u>のうち、特定美術品の公開（公衆の観覧に供することをいう。）及び保管を行うものをいう。

　六　（略）

3　第一項の規定の適用を受ける寄託相続人若しくは特定美術品又は同項の寄託先美術館について、次の各号のいずれかに掲げる場合に該当することとなつた場合には、同項の規定にかかわらず、当該各号に定める日から二月を経過する日（当該各号に定める日から当該二月を経過する日までの間に当該寄託相続人が死亡した場合には、当該寄託相続人の相続人（包括受遺者を含む。第十一項において同じ。）が当該寄託相続人の死亡による相続の開始があつたことを知つた日の翌日から六月を経過する日）をもつて第一項の規定による納税の猶予に係る期限とする。

　一～六　（略）

　<u>七　寄託先美術館について、博物館法第十一条の登録が同法第十九条第一項の規定により取り消され、若しくは同法第二十条第二項の規定により抹消された場合又は同法第三十一条第一項の規定による指定が同条第二項の規定により取り消された場合　これらの事由が生じた日</u>

（特定の美術品についての相続税の納税猶予及び免除）

第七十条の六の七　（略）

2　この条において、次の各号に掲げる用語の意義は、当該各号に定めるところによる。

　一～四　（略）

　五　寄託先美術館　博物館法（昭和二十六年法律第二百八十五号）第二条第一項に規定する博物館又は同法第二十九条の規定により博物館に相当する施設として指定された施設のうち、特定美術品の公開（公衆の観覧に供することをいう。）及び保管を行うものをいう。

　六　（略）

3　第一項の規定の適用を受ける寄託相続人若しくは特定美術品又は同項の寄託先美術館について、次の各号のいずれかに掲げる場合に該当することとなつた場合には、同項の規定にかかわらず、当該各号に定める日から二月を経過する日（当該各号に定める日から当該二月を経過する日までの間に当該寄託相続人が死亡した場合には、当該寄託相続人の相続人（包括受遺者を含む。第十一項において同じ。）が当該寄託相続人の死亡による相続の開始があつたことを知つた日の翌日から六月を経過する日）をもつて第一項の規定による納税の猶予に係る期限とする。

　一～六　（略）

　七　寄託先美術館について、博物館法第十四条第一項の規定により登録を取り消された場合又は同法第十五条第二項の規定により登録を抹消された場合（当該寄託先美術館が同法第二十九条の規定により博物館に相当する施設として指定された施設である場合には、これらに類するものとして財務省令で定める事由が生じた場合）　当該取り消され、若しくは抹消され、又は事由が生じた日

4　（略）

_____

5　第三項第七号に掲げる場合において、第一項の規定の適用を受ける
　寄託相続人が同号に<u>定める</u>日から一年以内に同号の寄託先美術館の設
　置者に寄託していた特定美術品を新たな寄託先美術館（以下この項にお
　いて「新寄託先美術館」という。）の設置者に寄託する見込みであるこ
　とにつき、政令で定めるところにより、納税地の所轄税務署長の承認
　を受けたときにおける第三項の規定の適用については、次に定めると
　ころによる。
　一　第三項第七号の<u>事由は、</u>生じなかつたものとみなす。

　二　<u>第三項第七号に定める</u>日から一年を経過する日において、当該承
　　　認に係る特定美術品を当該新寄託先美術館の設置者に寄託していない
　　　場合には、同日において<u>同号に掲げる</u>場合に該当するものとみなす。

　三　<u>第三項第七号に定める</u>日から一年を経過する日までに当該承認に係る
　　　特定美術品が当該新寄託先美術館の設置者に寄託された場合には、当
　　　該新寄託先美術館の設置者と当該寄託相続人との間の寄託契約は第一
　　　項の寄託契約と、当該新寄託先美術館は同項の寄託先美術館とみなす。

6〜19　（略）

4　（略）

5　第三項第七号に掲げる場合において、第一項の規定の適用を受ける寄託相続人が同号に定める取り消され、若しくは抹消され、又は事由が生じた日から一年以内に同号の寄託先美術館の設置者に寄託していた特定美術品を新たな寄託先美術館（以下この項において「新寄託先美術館」という。）の設置者に寄託する見込みであることにつき、政令で定めるところにより、納税地の所轄税務署長の承認を受けたときにおける第三項の規定の適用については、次に定めるところによる。

一　第三項第七号の登録の取消し若しくは抹消はなかつたものと、又は同号の事由は生じなかつたものとみなす。

二　当該取り消され、若しくは抹消され、又は事由が生じた日から一年を経過する日において、当該承認に係る特定美術品を当該新寄託先美術館の設置者に寄託していない場合には、同日において第三項第七号の取り消された場合若しくは抹消された場合又は事由が生じた場合に該当するものとみなす。

三　当該取り消され、若しくは抹消され、又は事由が生じた日から一年を経過する日までに当該承認に係る特定美術品が当該新寄託先美術館の設置者に寄託された場合には、当該新寄託先美術館の設置者と当該寄託相続人との間の寄託契約は第一項の寄託契約と、当該新寄託先美術館は同項の寄託先美術館とみなす。

6～19　（略）

V

○　美術品の美術館における公開の促進に関する法律(平成十年法律第九十九号)

（傍線部分は改正部分）

改　正　案

（定義）

第二条　この法律において、次の各号に掲げる用語の意義は、当該各号に定めるところによる。

一　（略）

二　美術館　博物館法（昭和二十六年法律第二百八十五号）第二条第一項に規定する博物館又は同法第三十一条第二項に規定する指定施設のうち、美術品の公開及び保管を行うものをいう。

三〜五　（略）

○　展覧会における美術品損害の補償に関する法律(平成二十三年法律第十七号)

（傍線部分は改正部分）

改　正　案

（定義）

第二条　この法律において、次の各号に掲げる用語の意義は、当該各号に定めるところによる。

一　（略）

二　展覧会　美術品を公衆の観覧に供するための催しで、次に掲げる施設において行われるものをいう。

　イ　独立行政法人国立美術館が設置する美術館

　ロ　独立行政法人国立文化財機構が設置する博物館

　ハ　イ及びロに掲げるもののほか、博物館法（昭和二十六年法律第二百八十五号）第二条第一項に規定する博物館又は同法第三十一条第二項に規定する指定施設

現　行

（定義）

第二条　この法律において、次の各号に掲げる用語の意義は、当該各号に定めるところによる。

一　（略）

二　美術館　博物館法（昭和二十六年法律第二百八十五号）第二条第一項に規定する博物館又は同法<u>第二十九条の規定により博物館に相当する施設として指定された施設</u>のうち、美術品の公開及び保管を行うものをいう。

三〜五　（略）

現　行

（定義）

第二条　この法律において、次の各号に掲げる用語の意義は、当該各号に定めるところによる。

一　（略）

二　展覧会　美術品を公衆の観覧に供するための催しで、次に掲げる施設において行われるものをいう。

　　イ　独立行政法人国立美術館が設置する美術館

　　ロ　独立行政法人国立文化財機構が設置する博物館

　　ハ　イ及びロに掲げるもののほか、博物館法（昭和二十六年法律第二百八十五号）第二条第一項に規定する博物館又は同法<u>第二十九条の規定により博物館に相当する施設として指定された施設</u>

○　博物館法の一部を改正する法律案　参照条文

○　博物館法（昭和二十六年法律第二百八十五号）（抄）
　　　第一章　総則
（この法律の目的）
第一条　この法律は、社会教育法（昭和二十四年法律第二百七号）の精神に基き、博物館の設置及び運営に関して必要な事項を定め、その健全な発達を図り、もつて国民の教育、学術及び文化の発展に寄与することを目的とする。
（定義）
第二条　この法律において「博物館」とは、歴史、芸術、民俗、産業、自然科学等に関する資料を収集し、保管（育成を含む。以下同じ。）し、展示して教育的配慮の下に一般公衆の利用に供し、その教養、調査研究、レクリエーション等に資するために必要な事業を行い、あわせてこれらの資料に関する調査研究をすることを目的とする機関（社会教育法による公民館及び図書館法（昭和二十五年法律第百十八号）による図書館を除く。）のうち、地方公共団体、一般社団法人若しくは一般財団法人、宗教法人又は政令で定めるその他の法人（独立行政法人（独立行政法人通則法（平成十一年法律第百三号）第二条第一項に規定する独立行政法人をいう。第二十九条において同じ。）を除く。）が設置するもので次章の規定による登録を受けたものをいう。
2　この法律において、「公立博物館」とは、地方公共団体の設置する博物館をいい、「私立博物館」とは、一般社団法人若しくは一般財団法人、宗教法人又は前項の政令で定める法人の設置する博物館をいう。
3　この法律において「博物館資料」とは、博物館が収集し、保管し、又は展示する資料（電磁的記録（電子的方式、磁気的方式その他人の知覚によつては認識することができない方式で作られた記録をいう。）を含む。）をいう。
（博物館の事業）
第三条　博物館は、前条第一項に規定する目的を達成するため、おおむね次に掲げる事業を行う。
　一　実物、標本、模写、模型、文献、図表、写真、フィルム、レコード等の博物館資料を豊富に収集し、保管し、及び展示すること。

二　分館を設置し、又は博物館資料を当該博物館外で展示すること。

三　一般公衆に対して、博物館資料の利用に関し必要な説明、助言、指導等を行い、又は研究室、実験室、工作室、図書室等を設置してこれを利用させること。

四　博物館資料に関する専門的、技術的な調査研究を行うこと。

五　博物館資料の保管及び展示等に関する技術的研究を行うこと。

六　博物館資料に関する案内書、解説書、目録、図録、年報、調査研究の報告書等を作成し、及び頒布すること。

七　博物館資料に関する講演会、講習会、映写会、研究会等を主催し、及びその開催を援助すること。

八　当該博物館の所在地又はその周辺にある文化財保護法（昭和二十五年法律第二百十四号）の適用を受ける文化財について、解説書又は目録を作成する等一般公衆の当該文化財の利用の便を図ること。

九　社会教育における学習の機会を利用して行つた学習の成果を活用して行う教育活動その他の活動の機会を提供し、及びその提供を奨励すること。

十　他の博物館、博物館と同一の目的を有する国の施設等と緊密に連絡し、協力し、刊行物及び情報の交換、博物館資料の相互貸借等を行うこと。

十一　学校、図書館、研究所、公民館等の教育、学術又は文化に関する諸施設と協力し、その活動を援助すること。

2　博物館は、その事業を行うに当つては、土地の事情を考慮し、国民の実生活の向上に資し、更に学校教育を援助し得るようにも留意しなければならない。

（学芸員の資格）

第五条　次の各号のいずれかに該当する者は、学芸員となる資格を有する。

一　学士の学位（学校教育法（昭和二十二年法律第二十六号）第百四条第二項に規定する文部科学大臣の定める学位（専門職大学を卒業した者に対して授与されるものに限る。）を含む。）を有する者で、大学において文部科学省令で定める博物館に関する科目の単位を修得したもの

二　大学に二年以上在学し、前号の博物館に関する科目の単位を含めて六十二単位以上を修得した者で、三年以上学芸員補の職にあつたもの

三　文部科学大臣が、文部科学省令で定めるところにより、前二号に掲げ

る者と同等以上の学力及び経験を有する者と認めた者

2　前項第二号の学芸員補の職には、官公署、学校又は社会教育施設（博物館の事業に類する事業を行う施設を含む。）における職で、社会教育主事、司書その他の学芸員補の職と同等以上の職として文部科学大臣が指定するものを含むものとする。

（学芸員補の資格）

第六条　学校教育法第九十条第一項の規定により大学に入学することのできる者は、学芸員補となる資格を有する。

（学芸員及び学芸員補の研修）

第七条　文部科学大臣及び都道府県の教育委員会は、学芸員及び学芸員補に対し、その資質の向上のために必要な研修を行うよう努めるものとする。

（運営の状況に関する情報の提供）

第九条の二　博物館は、当該博物館の事業に関する地域住民その他の関係者の理解を深めるとともに、これらの者との連携及び協力の推進に資するため、当該博物館の運営の状況に関する情報を積極的に提供するよう努めなければならない。

　　　第二章　登録

（登録）

第十条　博物館を設置しようとする者は、当該博物館について、当該博物館の所在する都道府県の教育委員会（当該博物館（都道府県が設置するものを除く。）が指定都市（地方自治法（昭和二十二年法律第六十七号）第二百五十二条の十九第一項の指定都市をいう。以下この条及び第二十九条において同じ。）の区域内に所在する場合にあつては、当該指定都市の教育委員会。同条を除き、以下同じ。）に備える博物館登録原簿に登録を受けるものとする。

（登録の申請）

第十一条　前条の規定による登録を受けようとする者は、設置しようとする博物館について、左に掲げる事項を記載した登録申請書を都道府県の教育委員会に提出しなければならない。

一　設置者の名称及び私立博物館にあつては設置者の住所

二　名称

三　所在地

2　前項の登録申請書には、次に掲げる書類を添付しなければならない。

一　公立博物館にあつては、設置条例の写し、館則の写し、直接博物館の用に供する建物及び土地の面積を記載した書面及びその図面、当該年度における事業計画書及び予算の歳出の見積りに関する書類、博物館資料の目録並びに館長及び学芸員の氏名を記載した書面

二　私立博物館にあつては、当該法人の定款の写し又は当該宗教法人の規則の写し、館則の写し、直接博物館の用に供する建物及び土地の面積を記載した書面及びその図面、当該年度における事業計画書及び収支の見積りに関する書類、博物館資料の目録並びに館長及び学芸員の氏名を記載した書面

（登録要件の審査）

第十二条　都道府県の教育委員会は、前条の規定による登録の申請があつた場合においては、当該申請に係る博物館が左に掲げる要件を備えているかどうかを審査し、備えていると認めたときは、同条第一項各号に掲げる事項及び登録の年月日を博物館登録原簿に登録するとともに登録した旨を当該登録申請者に通知し、備えていないと認めたときは、登録しない旨をその理由を附記した書面で当該登録申請者に通知しなければならない。

一　第二条第一項に規定する目的を達成するために必要な博物館資料があること。

二　第二条第一項に規定する目的を達成するために必要な学芸員その他の職員を有すること。

三　第二条第一項に規定する目的を達成するために必要な建物及び土地があること。

四　一年を通じて百五十日以上開館すること。

（登録事項等の変更）

第十三条　博物館の設置者は、第十一条第一項各号に掲げる事項について変更があつたとき、又は同条第二項に規定する添付書類の記載事項について重要な変更があつたときは、その旨を都道府県の教育委員会に届け出なければならない。

2　都道府県の教育委員会は、第十一条第一項各号に掲げる事項に変更があつたことを知つたときは、当該博物館に係る登録事項の変更登録をしなけ

ればならない。

（登録の取消）

第十四条　都道府県の教育委員会は、博物館が第十二条各号に掲げる要件を欠くに至つたものと認めたとき、又は虚偽の申請に基いて登録した事実を発見したときは、当該博物館に係る登録を取り消さなければならない。但し、博物館が天災その他やむを得ない事由により要件を欠くに至つた場合においては、その要件を欠くに至つた日から二年間はこの限りでない。

2　都道府県の教育委員会は、前項の規定により登録の取消しをしたときは、当該博物館の設置者に対し、速やかにその旨を通知しなければならない。

（博物館の廃止）

第十五条　博物館の設置者は、博物館を廃止したときは、すみやかにその旨を都道府県の教育委員会に届け出なければならない。

2　都道府県の教育委員会は、博物館の設置者が当該博物館を廃止したときは、当該博物館に係る登録をまつ消しなければならない。

（規則への委任）

第十六条　この章に定めるものを除くほか、博物館の登録に関し必要な事項は、都道府県の教育委員会の規則で定める。

第十七条　削除

　　　第三章　公立博物館

（設置）

第十八条　公立博物館の設置に関する事項は、当該博物館を設置する地方公共団体の条例で定めなければならない。

（所管）

第十九条　公立博物館は、当該博物館を設置する地方公共団体の教育委員会（地方教育行政の組織及び運営に関する法律（昭和三十一年法律第百六十二号）第二十三条第一項の条例の定めるところにより地方公共団体の長がその設置、管理及び廃止に関する事務を管理し、及び執行することとされた博物館にあつては、当該地方公共団体の長。第二十一条において同じ。）の所管に属する。

（博物館協議会）

第二十条　公立博物館に、博物館協議会を置くことができる。

2　博物館協議会は、博物館の運営に関し館長の諮問に応ずるとともに、館長に対して意見を述べる機関とする。

第二十一条　博物館協議会の委員は、当該博物館を設置する地方公共団体の教育委員会が任命する。

第二十二条　博物館協議会の設置、その委員の任命の基準、定数及び任期その他博物館協議会に関し必要な事項は、当該博物館を設置する地方公共団体の条例で定めなければならない。この場合において、委員の任命の基準については、文部科学省令で定める基準を参酌するものとする。

（入館料等）

第二十三条　公立博物館は、入館料その他博物館資料の利用に対する対価を徴収してはならない。但し、博物館の維持運営のためにやむを得ない事情のある場合は、必要な対価を徴収することができる。

（博物館の補助）

第二十四条　国は、博物館を設置する地方公共団体に対し、予算の範囲内において、博物館の施設、設備に要する経費その他必要な経費の一部を補助することができる。

2　前項の補助金の交付に関し必要な事項は、政令で定める。

第二十五条　削除

（補助金の交付中止及び補助金の返還）

第二十六条　国は、博物館を設置する地方公共団体に対し第二十四条の規定による補助金の交付をした場合において、左の各号の一に該当するときは、当該年度におけるその後の補助金の交付をやめるとともに、第一号の場合の取消が虚偽の申請に基いて登録した事実の発見に因るものである場合には、既に交付した補助金を、第三号及び第四号に該当する場合には、既に交付した当該年度の補助金を返還させなければならない。

一　当該博物館について、第十四条の規定による登録の取消があつたとき。

二　地方公共団体が当該博物館を廃止したとき。

三　地方公共団体が補助金の交付の条件に違反したとき。

四　地方公共団体が虚偽の方法で補助金の交付を受けたとき。

　　　第四章　私立博物館

（都道府県の教育委員会との関係）

第二十七条　都道府県の教育委員会は、博物館に関する指導資料の作成及び調査研究のために、私立博物館に対し必要な報告を求めることができる。

2　都道府県の教育委員会は、私立博物館に対し、その求めに応じて、私立博物館の設置及び運営に関して、専門的、技術的の指導又は助言を与えることができる。

（国及び地方公共団体との関係）

第二十八条　国及び地方公共団体は、私立博物館に対し、その求めに応じて、必要な物資の確保につき援助を与えることができる。

　　　　第五章　雑則

（博物館に相当する施設）

第二十九条　博物館の事業に類する事業を行う施設で、国又は独立行政法人が設置する施設にあつては文部科学大臣が、その他の施設にあつては当該施設の所在する都道府県の教育委員会（当該施設（都道府県が設置するものを除く。）が指定都市の区域内に所在する場合にあつては、当該指定都市の教育委員会）が、文部科学省令で定めるところにより、博物館に相当する施設として指定したものについては、第二十七条第二項の規定を準用する。

　　　　附　則

（施行期日）

1　この法律は、公布の日から起算して三箇月を経過した日から施行する。

（経過規定）

2　第六条に規定する者には、旧中等学校令（昭和十八年勅令第三十六号）、旧高等学校令又は旧青年学校令（昭和十四年勅令第二百五十四号）の規定による中等学校、高等学校尋常科又は青年学校本科を卒業し、又は修了した者及び文部省令でこれらの者と同等以上の資格を有するものと定めた者を含むものとする。

○　社会教育法（昭和二十四年法律第二百七号）（抄）

（この法律の目的）

第一条　この法律は、教育基本法（平成十八年法律第百二十号）の精神に則り、社会教育に関する国及び地方公共団体の任務を明らかにすることを目的とする。

（社会教育の定義）

第二条　この法律において「社会教育」とは、学校教育法（昭和二十二年法律第二十六号）又は就学前の子どもに関する教育、保育等の総合的な提供の推進に関する法律（平成十八年法律第七十七号）に基づき、学校の教育課程として行われる教育活動を除き、主として青少年及び成人に対して行われる組織的な教育活動（体育及びレクリエーションの活動を含む。）をいう。

（図書館及び博物館）

第九条　図書館及び博物館は、社会教育のための機関とする。

2　図書館及び博物館に関し必要な事項は、別に法律をもつて定める。

○　文化芸術基本法（平成十三年法律第百四十八号）（抄）

　文化芸術を創造し、享受し、文化的な環境の中で生きる喜びを見出すことは、人々の変わらない願いである。また、文化芸術は、人々の創造性をはぐくみ、その表現力を高めるとともに、人々の心のつながりや相互に理解し尊重し合う土壌を提供し、多様性を受け入れることができる心豊かな社会を形成するものであり、世界の平和に寄与するものである。更に、文化芸術は、それ自体が固有の意義と価値を有するとともに、それぞれの国やそれぞれの時代における国民共通のよりどころとして重要な意味を持ち、国際化が進展する中にあって、自己認識の基点となり、文化的な伝統を尊重する心を育てるものである。

　我々は、このような文化芸術の役割が今後においても変わることなく、心豊かな活力ある社会の形成にとって極めて重要な意義を持ち続けると確信する。

　しかるに、現状をみるに、経済的な豊かさの中にありながら、文化芸術がその役割を果たすことができるような基盤の整備及び環境の形成は十分な状態にあるとはいえない。二十一世紀を迎えた今、文化芸術により生み出される様々な価値を生かして、これまで培われてきた伝統的な文化芸術を継承し、発展させるとともに、独創性のある新たな文化芸術の創造を促進することは、我々に課された緊要な課題となっている。

　このような事態に対処して、我が国の文化芸術の振興を図るためには、文化芸術の礎たる表現の自由の重要性を深く認識し、文化芸術活動を行う者の自主性を尊重することを旨としつつ、文化芸術を国民の身近なものとし、それを尊重し大切にするよう包括的に施策を推進していくことが不可欠である。

ここに、文化芸術に関する施策についての基本理念を明らかにしてその方向を示し、文化芸術に関する施策を総合的かつ計画的に推進するため、この法律を制定する。

（目的）

第一条　この法律は、文化芸術が人間に多くの恵沢をもたらすものであることに鑑み、文化芸術に関する施策に関し、基本理念を定め、並びに国及び地方公共団体の責務等を明らかにするとともに、文化芸術に関する施策の基本となる事項を定めることにより、文化芸術に関する活動（以下「文化芸術活動」という。）を行う者（文化芸術活動を行う団体を含む。以下同じ。）の自主的な活動の促進を旨として、文化芸術に関する施策の総合的かつ計画的な推進を図り、もって心豊かな国民生活及び活力ある社会の実現に寄与することを目的とする。

（基本理念）

第二条　文化芸術に関する施策の推進に当たっては、文化芸術活動を行う者の自主性が十分に尊重されなければならない。

2　文化芸術に関する施策の推進に当たっては、文化芸術活動を行う者の創造性が十分に尊重されるとともに、その地位の向上が図られ、その能力が十分に発揮されるよう考慮されなければならない。

3　文化芸術に関する施策の推進に当たっては、文化芸術を創造し、享受することが人々の生まれながらの権利であることに鑑み、国民がその年齢、障害の有無、経済的な状況又は居住する地域にかかわらず等しく、文化芸術を鑑賞し、これに参加し、又はこれを創造することができるような環境の整備が図られなければならない。

4　文化芸術に関する施策の推進に当たっては、我が国及び世界において文化芸術活動が活発に行われるような環境を醸成することを旨として文化芸術の発展が図られるよう考慮されなければならない。

5　文化芸術に関する施策の推進に当たっては、多様な文化芸術の保護及び発展が図られなければならない。

6　文化芸術に関する施策の推進に当たっては、地域の人々により主体的に文化芸術活動が行われるよう配慮するとともに、各地域の歴史、風土等を反映した特色ある文化芸術の発展が図られなければならない。

7　文化芸術に関する施策の推進に当たっては、我が国の文化芸術が広く世界へ発信されるよう、文化芸術に係る国際的な交流及び貢献の推進が図られなければならない。

8　文化芸術に関する施策の推進に当たっては、乳幼児、児童、生徒等に対する文化芸術に関する教育の重要性に鑑み、学校等、文化芸術活動を行う団体（以下「文化芸術団体」という。）、家庭及び地域における活動の相互の連携が図られるよう配慮されなければならない。

9　文化芸術に関する施策の推進に当たっては、文化芸術活動を行う者その他広く国民の意見が反映されるよう十分配慮されなければならない。

10　文化芸術に関する施策の推進に当たっては、文化芸術により生み出される様々な価値を文化芸術の継承、発展及び創造に活用することが重要であることに鑑み、文化芸術の固有の意義と価値を尊重しつつ、観光、まちづくり、国際交流、福祉、教育、産業その他の各関連分野における施策との有機的な連携が図られるよう配慮されなければならない。

○　地方独立行政法人法（平成十五年法律第百十八号）（抄）

（定義）

第二条　この法律において「地方独立行政法人」とは、住民の生活、地域社会及び地域経済の安定等の公共上の見地からその地域において確実に実施されることが必要な事務及び事業であって、地方公共団体が自ら主体となって直接に実施する必要のないもののうち、民間の主体にゆだねた場合には必ずしも実施されないおそれがあるものと地方公共団体が認めるものを効率的かつ効果的に行わせることを目的として、この法律の定めるところにより地方公共団体が設立する法人をいう。

○　学校教育法（昭和二十二年法律第二十六号）（抄）

第百四条

②　専門職大学は、文部科学大臣の定めるところにより、専門職大学を卒業した者（第八十七条の二第一項の規定によりその課程を前期課程及び後期課程に区分している専門職大学にあつては、前期課程を修了した者を含む。）に対し、文部科学大臣の定める学位を授与するものとする。

⑥　専門職短期大学は、文部科学大臣の定めるところにより、専門職短期大学を卒業した者に対し、文部科学大臣の定める学位を授与するものとする。

○　独立行政法人通則法（平成十一年法律第百三号）（抄）
（定義）
第二条　この法律において「独立行政法人」とは、国民生活及び社会経済の安定等の公共上の見地から確実に実施されることが必要な事務及び事業であって、国が自ら主体となって直接に実施する必要のないもののうち、民間の主体に委ねた場合には必ずしも実施されないおそれがあるもの又は一の主体に独占して行わせることが必要であるもの（以下この条において「公共上の事務等」という。）を効果的かつ効率的に行わせるため、中期目標管理法人、国立研究開発法人又は行政執行法人として、この法律及び個別法の定めるところにより設立される法人をいう。

○　地方教育行政の組織及び運営に関する法律（昭和三十一年法律第百六十二号）（抄）
（職務権限の特例）
第二十三条　前二条の規定にかかわらず、地方公共団体は、前条各号に掲げるもののほか、条例の定めるところにより、当該地方公共団体の長が、次の各号に掲げる教育に関する事務のいずれか又は全てを管理し、及び執行することとすることができる。
　一　図書館、博物館、公民館その他の社会教育に関する教育機関のうち当該条例で定めるもの（以下「特定社会教育機関」という。）の設置、管理及び廃止に関すること（第二十一条第七号から第九号まで及び第十二号に掲げる事務のうち、特定社会教育機関のみに係るものを含む。）。

○　租税特別措置法（昭和三十二年法律第二十六号）（抄）
（特定の美術品についての相続税の納税猶予及び免除）
第七十条の六の七　寄託先美術館の設置者と特定美術品の寄託契約を締結し、認定保存活用計画に基づき当該特定美術品を当該寄託先美術館の設置者に寄託していた者から相続又は遺贈により当該特定美術品を取得した寄託相

続人が、当該特定美術品の当該寄託先美術館の設置者への寄託を継続する場合には、当該寄託相続人が当該相続に係る相続税法第二十七条第一項の規定による期限内申告書（以下この条において「相続税の申告書」という。）の提出により納付すべき相続税の額のうち、当該特定美術品で当該相続税の申告書にこの項の規定の適用を受けようとする旨の記載があるものに係る納税猶予分の相続税額に相当する相続税については、当該相続税の申告書の提出期限までに当該納税猶予分の相続税額に相当する担保を提供した場合に限り、同法第三十三条の規定にかかわらず、当該寄託相続人の死亡の日まで、その納税を猶予する。

2　この条において、次の各号に掲げる用語の意義は、当該各号に定めるところによる。

　五　寄託先美術館　博物館法（昭和二十六年法律第二百八十五号）第二条第一項に規定する博物館又は同法第二十九条の規定により博物館に相当する施設として指定された施設のうち、特定美術品の公開（公衆の観覧に供することをいう。）及び保管を行うものをいう。

3　第一項の規定の適用を受ける寄託相続人若しくは特定美術品又は同項の寄託先美術館について、次の各号のいずれかに掲げる場合に該当することとなつた場合には、同項の規定にかかわらず、当該各号に定める日から二月を経過する日（当該各号に定める日から当該二月を経過する日までの間に当該寄託相続人が死亡した場合には、当該寄託相続人の相続人（包括受遺者を含む。第十一項において同じ。）が当該寄託相続人の死亡による相続の開始があつたことを知つた日の翌日から六月を経過する日）をもつて第一項の規定による納税の猶予に係る期限とする。

　七　寄託先美術館について、博物館法第十四条第一項の規定により登録を取り消された場合又は同法第十五条第二項の規定により登録を抹消された場合（当該寄託先美術館が同法第二十九条の規定により博物館に相当する施設として指定された施設である場合には、これらに類するものとして財務省令で定める事由が生じた場合）　当該取り消され、若しくは抹消され、又は事由が生じた日

5　第三項第七号に掲げる場合において、第一項の規定の適用を受ける寄託相続人が同号に定める取り消され、若しくは抹消され、又は事由が生じた

日から一年以内に同号の寄託先美術館の設置者に寄託していた特定美術品を新たな寄託先美術館（以下この項において「新寄託先美術館」という。）の設置者に寄託する見込みであることにつき、政令で定めるところにより、納税地の所轄税務署長の承認を受けたときにおける第三項の規定の適用については、次に定めるところによる。

一　第三項第七号の登録の取消し若しくは抹消はなかつたものと、又は同号の事由は生じなかつたものとみなす。

二　当該取り消され、若しくは抹消され、又は事由が生じた日から一年を経過する日において、当該承認に係る特定美術品を当該新寄託先美術館の設置者に寄託していない場合には、同日において第三項第七号の取り消された場合若しくは抹消された場合又は事由が生じた場合に該当するものとみなす。

三　当該取り消され、若しくは抹消され、又は事由が生じた日から一年を経過する日までに当該承認に係る特定美術品が当該新寄託先美術館の設置者に寄託された場合には、当該新寄託先美術館の設置者と当該寄託相続人との間の寄託契約は第一項の寄託契約と、当該新寄託先美術館は同項の寄託先美術館とみなす。

○　美術品の美術館における公開の促進に関する法律（平成十年法律第九十九号）（抄）

（定義）

第二条　この法律において、次の各号に掲げる用語の意義は、当該各号に定めるところによる。

二　美術館　博物館法（昭和二十六年法律第二百八十五号）第二条第一項に規定する博物館又は同法第二十九条の規定により博物館に相当する施設として指定された施設のうち、美術品の公開及び保管を行うものをいう。

○　展覧会における美術品損害の補償に関する法律（平成二十三年法律第十七号）（抄）

（定義）

第二条　この法律において、次の各号に掲げる用語の意義は、当該各号に定

めるところによる。

二　展覧会　美術品を公衆の観覧に供するための催しで、次に掲げる施設において行われるものをいう。

　イ　独立行政法人国立美術館が設置する美術館

　ロ　独立行政法人国立文化財機構が設置する博物館

　ハ　イ及びロに掲げるもののほか、博物館法（昭和二十六年法律第二百八十五号）第二条第一項に規定する博物館又は同法第二十九条の規定により博物館に相当する施設として指定された施設

○ **改正博物館法の実施に関する基本的な留意事項**
（文化審議会博物館部会（第4期）令和4年7月29日提出資料）

（1）博物館の登録基準について

・ 博物館部会（第1回）における議論を踏まえ、各教育委員会が博物館の登録基準を定めるに当たり参酌すべき基準の主な要素として、以下のとおり整理している。

・ 必ずしも定量的な基準ではなく、各館の規模や扱う資料の性質等に応じて審査を行うことを前提とした上で、各館が備えるべき要素を示している。各教育委員会において、これを参酌して教育委員会規則等に基本的な基準を定めていただくことを想定。

・ なお、各都道府県の教育委員会が定める審査基準は、必ずしも教育委員会規則の形式によって全て定めることまでを求めるものではない。

（博物館資料の収集・保管・展示・調査研究に係る体制）

○以下を実現するための体制が確保されていること

・ 博物館の運営に関する基本的な方針を定めていること

・ 博物館の運営に関する基本的な方針に則り、公益に資するよう運営を行うこと

・ 資料の収集・管理の方針を定めていること

・ 自ら定めた資料の収集・管理の方針に従った体系的な資料収集等を行うこと

・ 資料の目録を作成し、資料の情報を適切に管理・活用すること

・ 資料の展示を公衆に対して行うこと

・ 資料に関する調査研究を行い、その成果を博物館の利用者に還元すること

・ 資料を用いた学習機会の提供などの教育活動を行うこと

（学芸員その他の職員の配置）

○以下を実現するための職員配置を行うこと

・ 館長が博物館運営の基本的な方針に基づき、適切なマネジメントを行うこと

・ 館の性質や扱う資料等に応じた専門性を有する学芸員を配置すること

- 博物館運営の基本的な方針に基づく業務遂行に必要な職員を配置すること
- 職員に対する研修の実施や、職員の研修への参加機会を確保すること

（施設及び設備）

○以下を実現するための施設及び設備を有すること
- 博物館資料の収集や保管等を、安定的・継続的に行うこと
- 防災・防犯の観点から必要な配慮がなされること
- 高齢者や障害者、傷病者など多様な来館者に対する配慮がなされること

◆ 上記の省令において示す基準のほか、実際の審査に当たっての留意事項として、主に以下に掲げる事項を各都道府県に周知する。

（その他の留意事項）
- 公立博物館の登録に当たっては、指定管理者による運営が行われているとしても、設置者たる地方公共団体又は地方独立行政法人において申請が行われる必要があること。また、私立博物館の登録に当たっては、当該博物館を設置する法人の経済的基礎、担当役員の知識・経験や社会的信望を審査するため、下記（2）に示す書面等による確認を行うこと。
- 開館日数（年間150日以上）の要件については、必ずしも、利用者が物理的に来館できる日数のみをもって考えるのではなく、本部会（第2回）資料2に示す考え方に基づき、博物館が外部に対して活動している日数を含めて判断すること。
- 博物館資料をデジタル化して展示する博物館については、展示以外の博物館活動（資料の収集・保管、教育普及、調査研究等）の観点から、物理的な展示を行う博物館と同等以上の活動の充実が見られることを前提に、登録対象として差し支えないこと。

（2）登録の申請の際に提出を求める書類について
- 上記の参酌すべき基準への適合性と、設置者である法人の適格性を判断するためには、少なくとも以下の書類の提出を求めることが適当と考えられることから、法第12条第2項第2号に定める「基準に適合していることを証する書類」の考え方として、下記の事項を都道府県の教育委員会の事務の参考とするべく周知する。

- ・　これら以外に、各都道府県の教育委員会の判断により、追加して書類の提出を求めることは妨げられないが、博物館の登録申請に当たって、申請者の過重な負担となることのないよう配慮することが求められる。
- ・　なお、法第12条第1項及び第2項第1号に定められるとおり、登録申請書（登録を受けようとする博物館の設置者の名称及び住所、登録を受けようとする博物館の名称及び所在地等を記載したもの）の提出及び館則（博物館の規則のうち、目的、開館日、運営組織その他の博物館の運営上必要な事項を定めたもの）の添付は前提となる。

（設置法人の適格性）

①公立博物館の場合
- ・　地方公共団体が設置する博物館の場合は、当該博物館の設置条例
- ・　地方独立行政法人が設置する博物館の場合は、当該法人の登記事項証明書

②私立博物館の場合
- ・　法人登記事項証明書（設置者が法人であることを証明するための書類）
- ・　博物館の運営を安定的かつ継続的に実施するための経済的基礎を有することを証明する収支計画書等
- ・　博物館を設置する法人において、民事再生法による民事再生手続又は会社更生法による会社更生手続を受けていないことを宣誓する書類
- ・　博物館の運営を担当する役員の経歴を示す書類
- ・　博物館を設置する法人において、自ら反社会的勢力に該当せず、及び反社会的勢力との関係がないこと等を宣誓する書類

（博物館資料の収集・保管・展示・調査研究に係る体制）
- ・　博物館運営の基本的な方針を示した書類及び当該方針の公表方法を示した書類
- ・　博物館資料の収集及び管理の方針を示した書類
- ・　博物館資料の目録（当該博物館が保有している資料を示す書類であれば足り、必ずしも詳細な情報や画像等を付すことを求めるものではない。）
- ・　展示、学習機会の提供、調査研究等の事業の計画又は実績を示す書類
- ・　博物館の事業に関する収支計画を示す書類

（学芸員その他の職員の配置）

- 館長の氏名、職務内容及び経歴を示す書類
- 学芸員の氏名、職務内容及び経歴を示す書類
- その他の職員の名簿及び職務分担を示す書類
- 組織図等の博物館運営を行う組織の態様を示す書類
- 職員への研修の実施計画又は実績（国や都道府県等が実施する研修に職員を参加させる計画又は実績を含む。）

（施設及び設備）
- 博物館の事業に用いる建物及び土地の図面
- 博物館の事業に用いる建物及び土地の保有形態（当該博物館の設置者が自ら所有しているか又は他の主体から借用しているか）を示す書類
- 博物館の事業に用いる建物及び土地を借用している場合は、契約書等の当該借用の条件等を証明する書類
- 防災及び防犯の観点から対応している事項を示す書類
- 多様な利用者に対する配慮の観点から対応している事項を示す書類

※　なお、法第13条第1項第2号に示す要件である、「博物館の設置者が、……登録を取り消され、その取消しの日から2年を経過しない者でないこと」については、各都道府県の教育委員会が取消しを行った情報を文化庁において集約し、各都道府県教育委員会の担当部局に情報提供することを検討する。

（３）学識経験者への意見聴取等の手続について

・　改正法では、博物館の登録に当たって学識経験者の意見聴取を行うこととされているところ、この意見聴取の具体的な方法について、本部会（第１回）資料２に示した点を踏まえて、以下のとおり整理している。これらの点について、都道府県の教育委員会の事務の参考とするべく周知する。

（意見聴取の方法）

・　学識経験者による合議体（委員会等）の形式をとることや、複数回にわたって意見聴取をすることが必ずしも求められるものではなく、博物館の特性（取り扱う博物館資料の種類等）を踏まえて、適切な学識経験者を選定することを前提として、効率的に実施して差し支えないこと

・　意見聴取を行う学識経験者として想定される者は、例えば、都道府県が設置する博物館やすでに登録等を受けた域内の博物館の職員や、域内の大学教員等の専門家が挙げられること

・　学識経験者を伴って実地において審査を行うなど、各都道府県のこれまでの審査の在り方を踏まえた対応を講じることは差し支えないこと

（聴取に際しての留意事項）

・　学識経験者の意見聴取は、あくまでも、都道府県教育委員会による登録の審査に当たっての一手順であって、学識経験者の意見を踏まえて登録を行うか否かは、各教育委員会において判断されるべきものであること（学識経験者が登録の可否を判断することを想定しているものではない。）

・　登録の可否にかかわらず、学識経験者の意見を申請者に伝達することにより、申請中の博物館の更なる質の向上に資することが期待できること

・　文化庁においても、学識経験者として考えられる者のリストを作成する事業を実施しており、作成したリストを各都道府県教育委員会に情報提供する予定であること

○　**学芸員等の資格の改正に伴う関係規程の整備**

　（文化審議会博物館部会（第4期）令和4年7月29日提出資料）

■改正博物館法における学芸員・学芸員補に関する規定

（学芸員の資格）

第五条　次の各号のいずれかに該当する者は、学芸員となる資格を有する。

　　一　学士の学位（学校教育法（昭和二十二年法律第二十六号）第百四条第二項に規定する文部科学大臣の定める学位（専門職大学を卒業した者に対して授与されるものに限る。）を含む。）を有する者で、大学において文部科学省令で定める博物館に関する科目の単位を修得したもの

　　二　次条各号のいずれかに該当する者で、三年以上学芸員補の職にあつたもの

　　三　文部科学大臣が、*文部科学省令で定めるところにより、前二号に掲げる者と同等以上の学力及び経験を有する者と認めた者（1）*

　2　前項第二号の学芸員補の職には、官公署、学校又は社会教育施設（博物館の事業に類する事業を行う施設を含む。）における職で、社会教育主事、司書その他の*学芸員補の職と同等以上の職として文部科学大臣が指定するもの（2）*を含むものとする。

（学芸員補の資格）

第六条　次の各号のいずれかに該当する者は、学芸員補となる資格を有する。

　　一　短期大学士の学位（学校教育法第百四条第二項に規定する文部科学大臣の定める学位（専門職大学を卒業した者に対して授与されるものを除く。）及び同条第六項に規定する文部科学大臣の定める学位を含む。）を有する者で、前条第一項第一号の文部科学省令で定める博物館に関する科目の単位を修得したもの

　　二　*前号に掲げる者と同等以上の学力及び経験を有する者として文部科学省令で定める者（3）*

（1）学芸員となる資格を有する者と同等以上の学力及び経験を有する者について

（受験資格の整理）

・　博物館法施行規則第３条において、「学芸員となる資格を有する者と同等以上の学力及び経験を有する者と認められる者は、この章に定める試験認定及び審査認定（以下「資格認定」という。）の合格者とする」との規定が置かれている。

　　今後も、大学における博物館に関する科目の単位の修得以外の手段で学芸員となる資格を得るための手段として、資格認定の制度は存置する必要がある。

・　ただし、試験認定・審査認定の各受験資格について、現行省令上は学芸員補としての勤務経験年数を求める規定がある。これまでの博物館法では、学芸員補となる資格は、「学校教育法第九十条第一項の規定により大学に入学できる者」に与えられており、多数の者が学芸員補として博物館での実務に従事することができたが、今回の博物館法の改正により、学芸員補となる資格の要件として、博物館に関する科目の単位の修得等が求められることとなった。

・　学芸員補となる資格の取得自体が、専門科目の修得を前提とするものとして改められたことを踏まえれば、引き続き資格認定の各受験資格に学芸員補としての勤務の経験を求めることは、資格認定制度の実施に支障をもたらす結果となり得る。

・　現行省令における資格認定の各受験資格として、学芸員補としての勤務経験を求めていたのは、博物館における実務経験を求めていたものと解されることから、今後はその趣旨を正確に反映するため、博物館において学芸員の資格認定を受験するにふさわしい経験を積んだ者が資格認定の受験資格を得られる形に改めることとしたい。

・　なお、このように改めたとしても、学芸員としての学問的専門性は試験又は審査によって担保されることから、学芸員補の要件に博物館に関する科目の単位の修得を求めることとした法改正の趣旨に反するものではないと考えられる。

（参考）現行の博物館法施行規則における受験資格の規定の例
第五条　次の各号のいずれかに該当する者は、試験認定を受けることができる。

二　大学に二年以上在学して六十二単位以上を修得した者で二年以上学芸員補の職（法第五条第二項に規定する職を含む。以下同じ。）にあつた者

四　四年以上学芸員補の職にあつた者

第九条　次の各号のいずれかに該当する者は、審査認定を受けることができる。

三　次のいずれかに該当する者であつて、都道府県の教育委員会の推薦する者

　イ　学士の学位を有する者であつて、四年以上学芸員補の職にあつた者

　ロ　大学に二年以上在学し、六十二単位以上を修得した者であつて、六年以上学芸員補の職にあつた者

　ハ　学校教育法（昭和二十二年法律第二十六号）第九十条第一項の規定により大学に入学することのできる者であつて、八年以上学芸員補の職にあつた者

　ニ　その他十一年以上学芸員補の職にあつた者

（試験認定合格者の実務について）

・　現行省令では、試験認定の筆記試験合格者について、「一年以上学芸員補の職にあった後に文部科学大臣が認定」することを求めているが、今回の法改正により、筆記試験合格者が学芸員補となる資格を得ているわけではない場合が生じ得ることとなった。

・　当該規定の趣旨は、専門的な知識の習得が認められた者に、博物館における実務経験を積むことを求めるものであることから、学芸員補となる資格の要件に関する法改正を踏まえ、今後は、博物館において学芸員となるための必要な経験を積むことを求める形に改めることとしたい。

（資格認定によらずに学芸員となる資格を有することを認める者について）

・　これまでの制度では、博物館法第5条第1項に定めるように、学士の学位を有して博物館に関する科目の単位を修得していなければ、資格認定に合格するか、（2）に示すように博物館に関する科目の単位を修得した上で学芸員補としての勤務経験等を積むことでしか、学芸員となる資格を有する者とは認められなかった。

・　一方で、学士と同等以上の学力を有しており、かつ、博物館に関する科目の単位を修得した者であれば、資格認定を経ずとも、学芸員となる資

格を有する者とすべきと考えられる。例えば、学士の学位取得を経ずに修士や博士の学位を有している者や、外国大学において学士の学位に相当する学位を授与された者などが、博物館に関する科目の単位を修得した場合には、学芸員となる資格があることを認めることが適当と考えられる。

（２）学芸員補の職と同等以上の職の指定について
（学芸員補の職と同等以上の職の意義）
- 　短期大学士の学位を有し、博物館に関する科目の単位を修得した者（これと同等以上の学力及び経験を有する者として省令で定める者を含む。）が、学芸員補として３年間勤務した場合、学芸員となる資格を得ることとされている（法第５条第１項第２号）。
- 　この規定の趣旨は、学芸員となる資格の取得に学士の学位が求められる一方、学芸員補となる資格の取得には短期大学士の学位で足りることとされているところ、両者の差を博物館における学芸員補としての職の経験でカバーさせようとする点にある。
- 　法第５条第２項の規定は、博物館における学芸員補としての勤務の経験以外に、これと同等以上の経験として認められるものを文部科学大臣が指定することで、学芸員となる資格の取得方法を多様化させることを意図したものである。

（学芸員補の職と同等以上の職）
- 　平成８年以後、文部科学大臣告示として、以下の職について学芸員補の職と同等以上の職を指定してきたところである。同告示については、規定する職の内容は基本的に維持しつつ、必要な技術的修正を加えることとする。

■現行の文部科学大臣告示において学芸員補の職と同等以上の職に指定されている職
- 　博物館相当施設において博物館資料に相当する資料の収集・保管・展示・調査研究に従事する職員の職
- 　独立行政法人国立文化財機構において文化財の収集・保管・展示・調査研究に従事する職員の職

- 　文部科学省、大学共同利用機関法人、独立行政法人国立科学博物館及び独立行政法人国立美術館において博物館資料に相当する資料の収集・保管・展示・調査研究に従事する職員の職
- 　地方公共団体の教育委員会、学校、社会教育施設において博物館資料に相当する資料の収集・保管・展示・調査研究に従事する職員の職
- 　社会教育主事及び司書

（3）学芸員補となる資格を有する者に関する規定の整備について
（学芸員補となる資格に関する法改正の趣旨）
- 　従前の博物館法では、大学に入学することのできる者は学芸員補となる資格を得ることと規定されていたが、大学進学率の増加等の社会背景を踏まえ、今回の改正により、学芸員を助ける専門的な職である学芸員補となる資格についても、博物館に関する科目の単位を修得することを求め、短期大学士の学位を要件とすることとしている。
- 　法第5条第2号では、この新たな要件と同等以上の学力及び経験を有する者について文部科学省令で規定することとしているが、この範囲づけに当たっても、改正法の趣旨を踏まえて、①博物館に関する専門性、②短期大学士の学位に相当する学力の2つの点に留意する必要がある。

（学芸員補となる資格を有する者と同等以上の学力及び経験を有する者について）
- 　改正法では、学芸員補となる資格の取得に際しても、博物館に関する専門性を求めることとしていることから、これと同等以上の学力及び経験を有する者の範囲を定めるに当たっても、大学における博物館に関する科目の単位の修得を要件とすることは不可欠であると考えられる。
- 　その上で、短期大学士の学位を有する者と同等以上の学力がある者として、4年制の大学に2年以上在学して必要単位を修得した者や、学校教育法施行規則に規定（短期大学を卒業したものと同等以上の学力がある者として、例えば、高等学校の専攻科を修了した者や専門職大学の前期課程を修了した者の一部、高等専門学校を卒業した者などを認めている）される者等を定めることが適当と考えられる。

○ 学習指導要領等における博物館に関する記載の例

（注）
・資料中、「※注」として斜体にした箇所及び下線は、いずれも本資料作成に
当たって付したもの。
・解説に記載されている指導内容は、あくまで一例を示したものであり、博
物館の活用場面を限定するものではなく、学習指導要領本文に記載されて
いる博物館の活用に関する内容は、解説の内容と一対一で対応する関係に
あるものではない。

■ 小学校学習指導要領（平成 29 年告示）及び解説　抜粋
（※ 破線内 は、学習指導要領解説の抜粋）

■ 総則
1　主体的・対話的で深い学びの実現に向けた授業改善
各教科等の指導に当たっては，次の事項に配慮するものとする。
第3　教育課程の実施と学習評価
(7)　学校図書館を計画的に利用しその機能の活用を図り，児童の主体的・
対話的で深い学びの実現に向けた授業改善に生かすとともに，児童の
自主的，自発的な学習活動や読書活動を充実すること。また，地域の
図書館や博物館，美術館，劇場，音楽堂等の施設の活用を積極的に図
り，資料を活用した情報 の収集や鑑賞等の学習活動を充実すること。

> 主体的・対話的で深い学びの実現に向けた授業改善を進めるに当たって
> は，学校図書館の活用に加えて，資料調査や本物の芸術に触れる鑑賞の活
> 動等を充実させるため，地域の図書館，博物館，美術館，劇場，音楽堂等
> の施設を積極的に活用することも重要である。

■ 社会
第3　指導計画の作成と内容の取扱い
2　第2の内容の取扱いについては，次の事項に配慮するものとする。
(3)　博物館や資料館などの施設の活用を図るとともに，身近な地域及び

国土の遺跡や文化財などについての調査活動を取り入れるようにすること。また，内容に関わる専門家や関係者，関係の諸機関との連携を図るようにすること。

第3章　各学年の目標及び内容
第1節　2　第3学年の内容
　聞き取り調査をしたり地図などの資料で調べたりして，年表などにまとめることとは，市の様子の移り変わりについて，博物館や資料館などの関係者や地域の人などへの聞き取り調査をしたり，関係機関が作成した資料などで調べたりして，年表などにまとめることである。

第2節　2　第4学年の内容
　見学・調査したり地図などの資料で調べたりして，年表などにまとめることとは，県内の伝統や文化，先人の働きについて，博物館や資料館などを見学したり，昔と現在の市の地図や写真などの資料で調べたりして，年表などにまとめることである。ここでは，博物館や資料館などを見学して必要な情報を集める技能，地図や写真などの資料を結び付けながら情報を読み取る技能，調べたことを時間の経過に沿って年表などに整理する技能などを身に付けるようにすることが大切である。

第4節　2　第6学年の内容
　遺跡や文化財，地図や年表などの資料で調べ，まとめることとは，歴史学習を通して身に付ける調べ方や，調べたことを表現する学習の仕方を示している。遺跡や文化財については，地域の博物館や資料館等を活用したり，学芸員から話を聞いたりして調べること，地図や年表などの資料については，歴史上の事象について，分布や経路などを表した地図や，出来事の経緯を示した年表，事象や出来事の様子を書き記した資料などで調べることを示している。
　（※注：第二次世界大戦及び戦後の歴史の指導について）実際の指導に当たっては，例えば，学校図書館や公共図書館，博物館や資料館などを利用したり，地域の高齢者に当時の話を聞いたりする活動を取り入れ，児童が自ら資料を活用したり調査したりする学習が考えられる。

Ｖ

第4章　指導計画の作成と内容の取扱い
　2　内容の取扱いについての配慮事項

　　近年，国や地方公共団体，企業などによって，博物館やその他の施設の整備が進められている。これらの諸施設を積極的に活用して，社会科の見学や調査活動を行うことは，児童の意欲や学習効果を高める上で極めて重要なことである。社会科の学習に活用できる博物館には，歴史博物館や郷土資料館のほかに，例えば，魚や自動車などに関する博物館，水道，電気，ガス，原子力など資源・エネルギーに関する博物館，農業や漁業，林業，伝統的な工業などの地場産業に関する地域産業振興センターなど，多様なものがある。

　　地域にあるこれらの施設を積極的に活用することによって，児童の知的好奇心を高め，学習への動機付けや学習の深化を図ることができる。また，諸感覚を通して実物や本物に触れる感動を味わうことができる。学校での積極的な活用を通して，これらの施設を自ら進んで利用できるようになる。そのことは生涯に渡って活用する態度や能力の基礎となるものである。

　　また，身近な地域や国土には，様々な遺跡や文化財が保存，管理されており，それらを観察したり調査したりする活動の場を，学習のねらいを考慮して，指導計画に位置付けることも考えられる。（略）

　　指導計画の作成に当たっては，事前に施設，遺跡や文化財などの実情を把握するとともに，関係の機関や施設などとの連携を綿密にとることが大切である。その際，施設の学芸員や指導員などから話を聞いたり協力して教材研究を行ったりして，指導計画を作成する手掛かりを得ることも一つの工夫である。また，特別活動の遠足・集団宿泊的行事や総合的な学習の時間における伝統や文化に関する学習活動などとの関連を指導計画に示すことも考えられる。

　　このような学習を通して，博物館や資料館，地域や国土に残されている遺跡や文化財などの役割や活用の仕方について正しく理解させ，それらに関わっている人々の働きやそれらが大切に保存，管理されていることの意味についても気付くようにすることが大切である。

第3　指導計画の作成と内容の取扱い

2　第2の内容の取扱いについては，次の事項に配慮するものとする。

(6)　<u>博物館や科学学習センターなどと連携，協力を図りながら，それら</u>
<u>を積極的に活用すること。</u>

第4章　指導計画の作成と内容の取扱い

2　内容の取扱いについての配慮事項

　理科の学習を効果的に行い，学習内容の深い理解を図るために，それぞれの地域にある博物館や科学学習センター，植物園，動物園，水族館，プラネタリウムなどの施設や設備を活用することが考えられる。これらの施設や設備は，学校では体験することが困難な自然や科学に関する豊富な情報を提供してくれる貴重な存在である。これらの施設や設備の活用に際しては，適切に指導計画に位置付けるとともに，実地踏査や学芸員などとの事前の打合せなどを行い，育成を目指す資質・能力を共有し，指導の充実を図ることが大切である。また，最近では学校教育に対して積極的に支援を行っている大学や研究機関，企業などもあり，これらと連携，協力することにより，学習活動を更に充実させていくことが考えられる。

第3章　各学年の目標及び内容

第4節　第6学年の目標及び内容

（4）土地のつくりと変化

　　ここでの指導に当たっては，児童が土地のつくりや変化について実際に地層を観察する機会をもつようにするとともに，映像，模型，標本などの資料を活用し，土地を構成物といった部分で見たり，地層のつくりや広がりといった全体で見たりすることで，理解を深めるようにする。また，遠足や移動教室などあらゆる機会を生かすとともに，博物館や資料館などの社会教育施設を活用することが考えられる。

第2　各学年の目標及び内容

（第3学年及び第4学年）

2　内容　B　鑑賞

⑴　鑑賞の活動を通して、次の事項を身に付けることができるよう指導する。

　　ア　身近にある作品などを鑑賞する活動を通して、自分たちの作品や身近な美術作品、製作の過程などの造形的なよさや面白さ、表したいこと、いろいろな表し方などについて、感じ取ったり考えたりし、自分の見方や感じ方を広げること。

（第5学年及び第6学年）

2　内容　B　鑑賞

⑴　鑑賞の活動を通して、次の事項を身に付けることができるよう指導する。

　　ア　親しみのある作品などを鑑賞する活動を通して、自分たちの作品、我が国や諸外国の親しみのある美術作品、生活の中の造形などの造形的なよさや美しさ、表現の意図や特徴、表し方の変化などについて、感じ取ったり考えたりし、自分の見方や感じ方を深めること。

第3　指導計画の作成と内容の取扱い

2　第2の内容の取扱いについては，次の事項に配慮するものとする。

⑻　各学年の「B鑑賞」の指導に当たっては，児童や学校の実態に応じて，地域の美術館などを利用したり，連携を図ったりすること。

第3章 各学年の目標及び内容

　第3学年及び第4学年の目標と内容

　　ア　身近にある作品などを鑑賞する活動を通して，自分たちの作品や身近な美術作品，製作の過程などの造形的なよさや面白さ，表したいこと，いろいろな表し方などについて，感じ取ったり考えたりし，自分の見方や感じ方を広げること。

　　　身近な美術作品とは，表現に関連がある作品や日用品，伝統的な工芸品や玩具，地域の美術館の作品など，生活の中で児童が身

近に感じられるもののことである。

第5学年及び第6学年の目標と内容

　さらに，美術館を利用したり連携を図ったりする際や，親しみのある作家や中学生以上の作品などを活用したりする際は，作品や美術館などの活用だけを目的とするのではなく，鑑賞を通して児童の見方や感じ方，考え方などが深まるようにすることが重要である。

第4章　指導計画の作成と内容の取扱い

　2　内容の取扱いと指導上の配慮事項

　地域の美術館などとは，美術館や博物館など，親しみのある美術作品や生活の中の造形などを展示している地域の施設や場所のことを示している。利用においては，鑑賞を通して「思考力，判断力，表現力等」を育成する目的で行うようにするとともに，児童一人一人が能動的な鑑賞ができるように配慮する必要がある。しかしながら，美術館などは，作品の保存や収集，展示，研究，教育普及など，様々な目的をもっている。それぞれの施設に応じて特性が異なるので，これらに配慮した上で，施設が提供する教材や教育プログラムを活用する，学芸員などの専門的な経験や知識を生かして授業をするなど，多様な取組が考えられる。

V

―総合的な学習の時間

　第3　指導計画の作成と内容の取扱い

　2　第2の内容の取扱いについては，次の事項に配慮するものとする。

（7）　学校図書館の活用，他の学校との連携，公民館，図書館，<u>博物館等の社会教育施設</u>や社会教育関係団体等の各種団体<u>との連携</u>，地域の教材や学習環境の積極的な活用などの工夫を行うこと。

第4章　指導計画の作成と内容の取扱い

　2　内容の取扱いについての配慮事項（※注：上記指導要領の抜粋箇所について）

　地域には，豊かな体験活動や知識を提供する公民館，図書館や博物

館などの社会教育施設等や，その地域の自然や社会に関する詳細な情報を有している企業や事業所，社会教育関係団体や非営利団体等の各種団体がある。また，遺跡や神社・仏閣などの文化財，伝統的な行事や産業なども地域の特色をつくっている。この時間が豊かな学習活動として展開されるためには，学習の必然性に配慮しつつ，こういった施設等の利用を促進し，地域に特有な知識や情報と適切に出会わせる工夫が求められる。

　その際，見学などで施設を訪れることだけでなく，施設の担当者に学校に来てもらうことも方法の一つである。実際に来られないときには，手紙や電話，メールやテレビ会議システムなどを使って，情報を提供してもらったり，児童の質問に答えてもらったりすることも有効である。

　その一方で，社会教育施設等を無計画に訪れるなどして，先方の業務に支障を来すことなどのないように配慮しなければならない。積極的に活用することと，無計画に利用することは異なる。また，外部人材の活用の際に，講話内容を任せきりにしてしまうことによって，自分で学び取る余地が残らないほど詳細に教えてもらったり，内容が高度で児童に理解できなかったりする場合もある。また，特定のものの見方や個人の考え方だけが強調されることも考えられる。学習のねらいについて，事前に十分な打合せをしておくことが必要であり，外部人材に依存し過ぎることのないようにすべきである。

（※ 破線内 は、対応する教科の学習指導要領解説の抜粋）

―総則

1　主体的・対話的で深い学びの実現に向けた授業改善

各教科等の指導に当たっては，次の事項に配慮するものとする。

　第3　教育課程の実施と学習評価

　(7)　学校図書館を計画的に利用しその機能の活用を図り，生徒の主体的・
　　対話的で深い学びの実現に向けた授業改善に生かすとともに，生徒の自
　　主的，自発的な学習活動や読書活動を充実すること。また，地域の図書
　　館や博物館，美術館，劇場，音楽堂等の施設の活用を積極的に図り，資
　　料を活用した情報の収集や鑑賞等の学習活動を充実すること。

> 　主体的・対話的で深い学びの実現に向けた授業改善を進めるに当たっ
> ては，学校図書館の活用に加えて，資料調査や本物の芸術に触れる鑑賞
> の活動等を充実させるため，地域の図書館，博物館，美術館，劇場，音
> 楽堂等の施設を積極的に活用することも重要である。

―社会

　第2　各分野の目標及び内容

　（歴史的分野）

　3　内容の取扱い

　イ　(2)（※注：身近な地域の歴史）については，内容のB（※注：近世
　　までの日本とアジア）以下の学習と関わらせて計画的に実施し，地域
　　の特性に応じた時代を取り上げるようにするとともに，人々の生活や
　　生活に根ざした伝統や文化に着目した取扱いを工夫すること。その際，
　　博物館，郷土資料館などの地域の施設の活用や地域の人々の協力も考
　　慮すること。

　ク　日本人の生活や生活に根ざした文化については，政治の動き，社会
　　の動き，各地域の地理的条件，身近な地域の歴史とも関連付けて指導
　　したり，民俗学や考古学などの成果の活用や博物館，郷土資料館など

の施設を見学・調査したりするなど具体的に学ぶことを通して理解させるように工夫すること。

第2章　社会科の目標及び内容
　第2節　各分野の目標及び内容
　2　歴史的分野の目標，内容及び内容の取扱い
　（2）内容　A　歴史との対話
　　ア(ア)の自らが生活する地域や受け継がれてきた伝統や文化への関心をもって，具体的な事柄との関わりの中で，地域の歴史について調べたり，収集した情報を年表などにまとめたりするなどの技能を身に付けるは，それぞれの地域に受け継がれてきた伝統や文化への関心を高めながら，地域の歴史を調べるための技能を身に付けることを意味している。
　　例えば，地域に残る文化財や，地域の発展に尽くした人物の業績とそれに関わる出来事を取り上げ，地図を用いて空間的な認識を養いながら，「博物館，郷土資料館などの地域の施設の活用や地域の人々の協力も考慮」（内容の取扱い）して，身近な地域における具体的な歴史に関わる事象からその時代の様子を考察できるようにする学習などが考えられる。（略）
　B　近世までの日本とアジア
　　日本列島における農耕の広まりと生活の変化や当時の人々の信仰については，（略）また，「考古学などの成果」（内容の取扱い）については，それらを報じた新聞記事や地域の遺跡，博物館の活用を図るような学習も考えられる。
　（3）内容の取扱い
　　学習に当たっては，各時代の政治，社会などの動向とどのように関連しているのかを明らかにしながら，日本人の生活や生活に根ざした文化について，内容のAの(2)の「身近な地域の歴史」などにおいて，より具体的に学ぶことが大切である。その際，民俗学や考古学，文化人類学その他の学問や地域史の研究などの成果を生かし，博物館や郷土資料館などに収蔵されている文化財を見学・調査することなどを通

して，衣食住，年中行事，労働，信仰などに関わる学習を充実させることが望まれる。

―理科

第3　指導計画の作成と内容の取扱い

2　第2の内容の取扱いについては，次の事項に配慮するものとする。

(9) 博物館や科学学習センターなどと積極的に連携，協力を図るようにすること。

第3章　指導計画の作成と内容の取扱い

2　内容の取扱いについての配慮事項

(9) 博物館や科学学習センターなどとの連携

　生徒の実感を伴った理解を図るために，それぞれの地域にある博物館や科学学習センター，プラネタリウム，植物園，動物園，水族館などの施設を活用することが考えられる。これらの施設は，科学技術の発展や地域の自然に関する豊富な情報源であり，実物に触れたり，専門的な説明を受けたりすることも可能である。これらの活用を指導計画に位置付けることは生徒が学習活動を進める上で効果的である。

　これらの施設の利用の仕方には，生徒を引率して見学や体験をさせることの他に，標本や資料を借り受けたり，専門家や指導者を学校に招いたりすることなどが考えられる。学校と施設とが十分に連絡を取り合い，無理のない計画を立てることが大切である。その際，ねらいを明確にして実施計画を立て，事前，事後の指導を十分に行い，安全に留意する。なお，理科の学習と関連する内容が，総合的な学習の時間や校外学習などで扱われている際には，その関連を踏まえて指導することが重要である。

　また，受講者を募って公開講座や実習などを実施している大学や研究機関，高等学校，企業などもあり，これらと連携，協力しながら学習活動を更に充実していくことも考えられる。

第2章　理科の目標及び内容

［第1分野］

　（7）科学技術と人間

㋐　自然環境の保全と科学技術の利用について

　第1分野及び第2分野の学習を踏まえ，科学技術の利用と自然環境の保全に関わる事柄を取り上げ，例えば，次のようなテーマを生徒に選択させることが考えられる。

　　・　再生可能エネルギーの利用と環境への影響
　　・　エネルギー資源や様々な物質の利用とその課題
　　・　水資源の利用と環境への影響
　　・　生物資源の利用と自然環境の保全

　このようなテーマで課題を設定させ，調査等に基づいて，自らの考えをレポートなどにまとめさせたり，発表や討論をさせたりする。調査の際には，課題を解決するための情報を収集するために，図書館，博物館などの社会教育施設や，情報通信ネットワークなどを活用することが考えられる。

［第2分野］

　（2）大地の成り立ちと変化

㋐　身近な地形や地層，岩石の観察について

　……各学校の実態に応じて身近な地形や地層，岩石などを観察する。例えば，地域の地形や露頭の観察を行ったり，ボーリングコアや博物館の標本などを活用したりするなどして，地層の構成物の違いなどに気付かせ，地層の広がりなどについての問題を見いだし，学校内外の土地の成り立ちや広がり，構成物などについて理解させる。

㋒　自然の恵みと火山災害・地震災害について

　自然の恵み及び火山災害と地震災害を調べる場合は，例えば，大学などの防災研究機関，気象庁や地方の気象台などから情報を入手することが考えられる。さらに，図書館，博物館，科学館，ジオパークなどを利用したり，空中写真や衛星画像，情報通信ネットワークを通して得られる多様な情報を活用したりすることが考えられる。

(7) 自然と人間

㋑　自然環境の調査と環境保全について

　なお，調査は，野外での活動が望ましいが，時期や季節が限られる事例や，直接観察しにくい事例もある。そのため，年間指導計画の中に位置付けて，計画的に標本を集めたり写真を撮ったりするなど工夫をすることや，飛行機や人工衛星からのデータ，博物館の資料や標本などを活用することも考えられる。

㋒　地域の自然災害について

　地域の自然災害を調べる際には，図書館，博物館，科学館，ジオパークなどを利用したり，空中写真や衛星画像，情報通信ネットワークを通して得られる多様な情報を活用したりして，時間的・空間的な見方から捉えさせ，自然災害と人間との関わり方についての認識を深めさせることが考えられる。

V

■美術

第1　目標

　表現及び鑑賞の幅広い活動を通して，造形的な見方・考え方を働かせ，生活や社会の中の美術や美術文化と豊かに関わる資質・能力を次のとおり育成することを目指す。

第2　各学年の目標及び内容

（第2学年及び第3学年）

2　内容　B　鑑賞

(1) 鑑賞の活動を通して、次のとおり鑑賞に関する資質・能力を育成する。

イ　生活や社会の中の美術の働きや美術文化についての見方や感じ方を深める活動を通して、鑑賞に関する次の事項を身に付けることができるよう指導する。

　(イ) 日本の美術作品や受け継がれてきた表現の特質などから、伝統や文化のよさや美しさを感じ取り愛情を深めるとともに、諸外国の美術や文化との相違点や共通点に気付き、美術を通した国際理解や美術文

化の継承と創造について考えるなどして、見方や感じ方を深めること。

3　内容の取扱い

⑶　「B鑑賞」のイの（イ）の指導に当たっては、日本の美術の概括的な変遷などを捉えることを通して、各時代における作品の特質、人々の感じ方や考え方、願いなどを感じ取ることができるよう配慮すること。

第3　指導計画の作成と内容の取扱い

2　第2の内容の取扱いについては，次の事項に配慮するものとする。

⑹各学年の「B鑑賞」の題材については，国内外の児童生徒の作品，我が国を含むアジアの文化遺産についても取り上げるとともに，美術館や博物館等と連携を図ったり，それらの施設や文化財などを積極的に活用したりするようにすること。

第2章　美術科の目標及び内容

○「生活や社会の中の美術や美術文化と豊かに関わる資質・能力」について

　　生活や社会の中での美術や美術文化への関わり方には様々なことが考えられる。例えば，美術に専門的に関わる人もいれば，余暇に絵や陶芸を制作したり美術館で鑑賞に親しんだり，美術の文化遺産を見るために寺社や博物館などを訪れたりする人もいる。また，生活の中で美しく分かりやすいウェブページやチラシのデザインを考えたり，ものを選んだり飾ったりするときに形や色彩に思い入れをもったりする人もいる。日常の中にある建物や街並みなどの人工的な造形に心を動かしたり，紅葉や夕日などの自然の造形を見て美しさを感じ取り味わったり，写真に残したりする人もいる。

第3章　各学年の目標及び内容

日本の美術作品などに関する鑑賞の指導

　　日本の美術の概括的な変遷などを捉えることとは，日本の美術の時代的な大まかな流れについて捉えることを示している。ここでは，日本の美術の伝統や文化のよさや美しさを感じ取ることができるよう，各時代の作品などを鑑賞し，相違点や共通点を把握しながら日本の美術

の時代的な流れを大まかに捉えていき，各時代における作品の特質，人々の感じ方や考え方，願いなどを感じ取ることができるよう配慮することが大切である。その際，単に美術の通史や知識として暗記させる学習になることのないよう，作品の鑑賞を基にして，時代の変遷や時代背景，美術作品等の特質という視点から鑑賞の学習を進めていく必要がある。また，調べる活動を行うに当たっては，美術館や図書館などを効果的に活用するとともに発表の機会を設け，計画的に実施する必要がある。

第4章　指導計画の作成と内容の取扱い

　2　内容の取扱いと指導上の配慮事項

　生徒が我が国を含む諸外国の児童生徒の作品，アジアの文化遺産などを鑑賞し，人間の成長発達と表現の変容，国などの違いによる表現の相違などについて理解を広げることは重要である。授業では，我が国及び諸外国の多様な年齢層の人の作品を比較して鑑賞したり，我が国の文化遺産などとの関連の深いアジアの文化遺産についても取り上げたりすることなどが考えられる。また，美術作品等の保存や修復の重要性，国際協力の側面なども併せて学ばせるようにする。

　地域によって美術館や博物館等の施設や美術的な文化財の状況は異なるが，学校や地域の実態に応じて，実物の美術作品を直接鑑賞する機会が得られるようにしたり，作家や学芸員と連携したりして，可能な限り多様な鑑賞体験の場を設定するようにする。連携については，生徒の鑑賞の活動をより豊かに展開していく観点から学校と美術館等が活動のねらいをお互いに共有しながら推進することが大切である。その上で，それぞれの美術館や関係機関等において行われている研修会などとの連携や，美術館等と教育委員会，教師が共同で鑑賞プログラムや鑑賞教材を開発するなど，学校や地域の実態に応じた連携などが考えられる。

　また，この学習の計画に当たっては，総合的な学習の時間や学校行事，地域に関係する行事などとの関連を図るなどの工夫も考えられる。

V

第3　指導計画の作成と内容の取扱い

2　第2の内容の取扱いについては，次の事項に配慮するものとする。

(7)　学校図書館の活用，他の学校との連携，公民館，図書館，博物館等の社会教育施設や社会教育関係団体等の各種団体との連携，地域の教材や学習環境の積極的な活用などの工夫を行うこと。

第4章　指導計画の作成と内容の取扱い

2　内容の取扱いについての配慮事項（※注：上記指導要領の抜粋箇所について）

　地域には，豊かな体験活動や知識を提供する公民館，図書館や博物館などの社会教育施設等や，その地域の自然や社会に関する詳細な情報を有している企業や事業所，社会教育関係団体や非営利団体等の各種団体がある。また，遺跡や神社・仏閣などの文化財，伝統的な行事や産業なども地域の特色をつくっている。この時間が豊かな学習活動として展開されるためには，学習の必然性に配慮しつつ，こういった施設等の利用を促進し，地域に特有な知識や情報と適切に出会わせる工夫が求められる。

　その際，見学などで施設を訪れることだけでなく，施設の担当者に学校に来てもらうことも方法の一つである。実際に来られないときには，手紙や電話，メールやテレビ会議システムなどを使って，情報を提供してもらったり，児童の質問に答えてもらったりすることも有効である。

　その一方で，社会教育施設等を無計画に訪れるなどして，先方の業務に支障を来すことなどのないように配慮しなければならない。積極的に活用することと，無計画に利用することは異なる。また，外部人材の活用の際に，講話内容を任せきりにしてしまうことによって，自分で学び取る余地が残らないほど詳細に教えてもらったり，内容が高度で児童に理解できなかったりする場合もある。また，特定のものの見方や個人の考え方だけが強調されることも考えられる。学習のねらいについて，事前に十分な打合せをしておくことが必要であり，外部

人材に依存し過ぎることのないようにすべきである。

経済財政運営と改革の基本方針 2022（抄）
令和 4 年 6 月 7 日 閣議決定

<u>第 2 章 新しい資本主義に向けた改革</u>
２．社会課題の解決に向けた取組
（１）民間による社会的価値の創造
（PPP ／ PFI の活用等による官民連携の推進）

　スタジアム・アリーナ、<u>文化施設</u>、交通ターミナル等<u>へのコンセッション導入</u>、指標連動方式も活用した道路等のインフラの維持管理・更新での案件形成等活用対象の拡大を図るとともに、水道、下水道、教育施設等の先行事例の横展開を強化する。

（３）多極化・地域活性化の推進
（文化芸術・スポーツの振興）

　ソフトパワーを含む我が国が誇る文化芸術資源の持続可能な活用を通じた経済・地域活性化を促進するため、統括団体等を通じた文化芸術団体・関係者の活動支援、文化芸術教育や子供の文化芸術鑑賞・体験機会の確保、クリエーターの創作活動の支援、<u>国立文化施設や博物館の機能強化</u>や日本博 2.0 等の「ＷＡＢＩ」の取組[1]を推進しつつ、インセンティブを付与した寄附を始めとする民間資金や文化ＤＸ[2]の一層の活用等により、文化財等の保存と活用の好循環や日本の文化芸術・コンテンツの魅力の国内外への発信、グローバル展開及び地方展開の着実な支援・収益基盤の強化を推進する。これらを通じ、アート市場活性化を含め文化芸術の成長産業化[3]を図る。これらも含めた次期文化芸術

1　「『咲き誇れ！日本文化』戦略 WABI - Worldwide Art Blossom Initiative -」（令和 4 年 5 月 12 日日本博総合推進会議）、国際的なアートフェアの誘致、文化財の匠プロジェクトや文化観光拠点等の整備及び日本遺産の推進、地域の伝統行事等の伝承等。三の丸尚蔵館収蔵品の地方展開も引き続き実施。
2　デジタル技術を活用した文化芸術活動等の効果的・効率的な推進を指し、著作権制度改革を含む。
3　映画作品のロケ誘致活動やｅスポーツ（コンピューターゲーム、ビデオゲームを使った対戦をスポーツ競技として捉える際の名称）等、文化関連産業の振興を含む。

推進基本計画を本年度内に策定し、政府一体となって推進する。メディア芸術
ナショナルセンターに関する構想に基づき、必要な検討を行う。

新しい資本主義のグランドデザイン及び実行計画
～人・技術・スタートアップへの投資の実現～
フォローアップ（抄）
令和4年6月7日 閣議決定

Ⅳ．個別分野の取組

<u>6．文化芸術・スポーツの振興</u>

　新しい資本主義実行計画に基づき、同計画に記載する施策のほか、以下の具体的施策を講ずる。

（文化芸術）

・<u>国立美術館におけるアートのグローバル発信や国立科学博物館、東京国立博物館におけるデジタル技術を活用した展示手法の開発を行う。国立アイヌ民族博物館における遠隔授業や教員研修といった教育普及事業、デジタルコンテンツの展示・情報発信の充実</u>を図るなど、アイヌ文化等の理解促進の取組を着実に進める。また、伝統芸能の伝承・創造の中核となる国立劇場の再整備等を進める。

・<u>改正博物館法に基づき、他の博物館など地域の多様な主体との連携・協力による博物館、美術館等の地域の活力向上の取組を支援するとともに、デジタル・アーカイブ化や人材育成・研修等を支援する。</u>

・文化資源を中核とする観光拠点・地域を引き続き全国で整備するため、文化観光推進法に基づく文化観光拠点・地域の整備の促進や、日本遺産等の文化資源の魅力向上や発信強化を行うとともに、文化財保存活用地域計画の認定・作成支援等を行う。また、<u>博物館、美術館等の文化施設においてポストコロナを見据えた国内外の観光需要への対応等の受入環境整備を支援</u>する。さらに、文化資源の高付加価値化を図るため、地域の文化施設や文化資源等への還元を念頭に適正な収益を生む文化観光コンテンツの充実を図る取組を支援する。あわせて、海に眠る歴史的遺産である水中遺跡の調査・活用や三の丸尚蔵館収蔵品の地方展開を行う。

デジタル田園都市国家構想基本方針（抄）

令和4年6月7日 閣議決定

第2章 デジタル田園都市国家構想の実現に向けた方向性

1．取組方針

（1）デジタルの力を活用した地方の社会課題解決

　<u>地方活性化を図るため、地方の経済・社会に密接に関係する様々な政策分野においてデジタルの力を活用した社会課題解決や魅力向上を図ることが必要である。</u>これらを実現する上で重要な要素として、①地方に仕事をつくる、②人の流れをつくる、③結婚・出産・子育ての希望をかなえる、<u>④魅力的な地域をつくる</u>、という4つの類型に分類して、それぞれの取組を推進する。これらを通じ、2024年度末までにデジタルの実装に取り組む地方公共団体1,000団体の達成を目指す。

第3章 各分野の政策の推進

1．デジタル実装による地方の課題解決

（5）豊かで魅力あふれる地域づくり

　③質の高い暮らしのためのまちの機能の充実

　　iv 民間の創意工夫を活用した公共施設等の質の向上

　　【具体的取組】

　　（a）PPP/PFI の一層の活用促進

　　・<u>関係省庁と連携の下</u>、スポーツ、<u>文化・教育施設におけるコンセッション等官民連携の取組を推進する。</u>

　④魅力的な地域をつくる

　（中長期的な取組の方向性）

　【地域資源を活かした個性あふれる地域づくり】

　　地方の大きな魅力として、各地域が育んできた文化や芸術、スポーツに関する活動が挙げられる。このため、<u>地方の特色ある歴史や文化・スポーツ、食といった無形資産の価値を高める取組を進める。さらに、美術館・博物館のDXを推進し、アカウンタビリティの確保や運営の効率化等を図</u>

る。また、日本に所在する文化遺産をオンラインで公開し、地方の魅力を広く世界に発信する。加えて、デジタル技術の活用等による地域のにぎわいづくりを目指すスタジアム・アリーナ改革を官民一体となって推進する。

④地域資源を活かした個性あふれる地域の形成
　ⅲ多様な地域の資源を活用したコンテンツづくり等
　【具体的取組】
　（a）多様な地域の資源を活用したコンテンツづくり等
　　・地域の実情に応じた観光地域づくりを推進する観点から、以下に掲げる取組を実施し、多様な地域の資源を活用したコンテンツづくり等を図るとともに、着地整備の取組を行った地域の魅力発信やプロモーションについては、JNTOと地域の適切な役割分担に基づく連携により、効果的・効率的に行うことを目指す。

〈新たなコンテンツの創出・高付加価値化〉
・全国400か所程度の文化観光拠点・地域の整備に向け、文化観光拠点施設を中核とした地域における文化観光の推進に関する法律（令和2年法律第18号。以下「文化観光推進法」という。）に基づく取組や日本遺産全体の底上げ等の支援の実施のほか、「日本博2.0」の全国展開、デジタルコンテンツ等を活用した国内外への発信、水中遺跡の調査・活用、博物館の常設コンテンツの充実等に取り組む。

（c）産業遺産の活用・国が設置・運営するインタープリテーション（展示）のための施設であり、産業遺産に関する調査研究・人材育成・情報提供のための総合的な拠点となる産業遺産情報センターにおいて、デジタル技術の活用の観点も積極的に取り入れつつ、「明治日本の産業革命遺産」をはじめとする地域の産業遺産に関する情報を国内外に発信し、我が国の産業遺産の理解の増進を図るとともに、観光資源として活用する。（内閣官房産業遺産の世界遺産登録推進室、内閣府地方創生推進事務局）

ⅳ文化によるまちづくり

【具体的取組】

(a)文化によるまちづくり

・以下に掲げる取組を実施し、<u>デジタル技術も活用しつつ、地域の文化資源の活用や文化芸術の魅力発信等による地域活性化を進める。</u>

〈文化施設による地域活性化〉

・<u>博物館法（昭和26年法律第285号）の改正を踏まえ、地域の博物館・美術館等の国内外における交流・ネットワーク形成や各館におけるデジタルアーカイブ等の取組への支援を行い、博物館・美術館等による地域活性化を推進する。</u>

・<u>国立博物館・美術館におけるバーチャル展示手法の開発・グローバル発信や国立劇場の再整備の推進等、国立文化施設の機能強化を推進する。</u>

・<u>文化施設における感染症対策・配信環境の整備や、地域における文化創造活動の中核となる劇場・音楽堂等の取組への支援等を実施する。</u>

・<u>美術館等の美術品管理等の業務効率化及び美術品のトレイサビリティ確保を進めるため、美術品DXを推進する。</u>

〈地域の魅力ある文化芸術の国内外への発信〉

・文化の力で日本社会全体の成長と底上げを図るため、<u>デジタルコンテンツを活用した発信やバーチャル体験等も含め</u>2025年大阪・関西万博に向けて日本の美と心を発信する大型プロジェクト「日本博2.0」や芸術祭などの国際文化芸術発信拠点の形成による国家ブランディングの強化、地方への誘客を行う。

・<u>地域の文化財等のデジタルアーカイブ化の促進や、国内外への発信強化に向けた文化遺産オンライン構想を推進する。</u>

3．デジタル人材の育成・確保

（3）高等教育機関等におけるデジタル人材の育成・確保

①育成プログラムの充実

(c)<u>大学・専門学校等におけるリカレント教育の推進・大学・専門学校等において、地方公共団体や企業等と連携し、DXなど成長分野に関するリ</u>

テラシー／リスキルレベルのプログラムを開発・実施するとともに、横
展開を図り、多くの教育機関や企業等における活用を促進する。

○　改正後の博物館法（英訳）　※仮訳

博物館法
Museum Act

（昭和二十六年十二月一日）
(December 1, 1951)

（法律第二百八十五号）
(Act No. 285)

博物館法をここに公布する。
The Museum Act is hereby promulgated.

目次
Table of Contents

附則
Supplementary Provisions

第一章　総則
Chapter I General Provisions

（目的）
(Purpose)

第一条　この法律は、社会教育法（昭和二十四年法律第二百七号）及び文化芸術基本法（平成十三年法律第百四十八号）の精神に基づき、博物館の設置及び運営に関して必要な事項を定め、その健全な発達を図り、もつて国民の教育、学術及び文化の発展に寄与することを目的とする。
Article 1 The purpose of this Act is to determine the necessary matters concerning the establishment and operation of museums, to promote their sound development, and thereby to contribute to the educational, academic and cultural development of the nation, based on the spirit

of the Social Education Act (Act No. 207 of 1949) and the Basic Act on Culture and the Arts (Act No. 148 of 2001).

（定義）
(Definitions)

第二条　この法律において「博物館」とは、歴史、芸術、民俗、産業、自然科学等に関する資料を収集し、保管（育成を含む。以下同じ。）し、展示して教育的配慮の下に一般公衆の利用に供し、その教養、調査研究、レクリエーション等に資するために必要な事業を行い、併せてこれらの資料に関する調査研究をすることを目的とする機関（社会教育法による公民館及び図書館法（昭和二十五年法律第百十八号）による図書館を除く。）のうち、次章の規定による登録を受けたものをいう。
Article 2(1) The term "museum" as used in this Act means an institution that, in addition to being accredited pursuant to the provisions of the following Chapter, collects, stores (including the rearing of specimens; the same applies hereinafter), exhibits, and makes available to the general public, for the purpose of education, materials related to history, art, folklore, industry, natural science, etc., carries out projects necessary to facilitate public education, research, and recreation, etc., and also conducts its own research and studies related to these materials (excluding community centers under the Social Education Act and libraries under the Library Act (Act No. 118 of 1950)).

2　この法律において「公立博物館」とは、地方公共団体又は地方独立行政法人（地方独立行政法人法（平成十五年法律第百十八号）第二条第一項に規定する地方独立行政法人をいう。以下同じ。）の設置する博物館をいう。
(2) The term "public museum" as used in this Act means a museum established by a local public entity or a local incorporated administrative agency (meaning a local incorporated administrative agency provided in Article 2, paragraph (1) of the Local Incorporated Administrative Agency Act (Act No. 118 of 2003); the same applies hereinafter).

3　この法律において「私立博物館」とは、博物館のうち、公立博物館以外のものをいう。
(3) In this Act, "private museum" means a museum, other than a public museum.

4　この法律において「博物館資料」とは、博物館が収集し、保管し、又は展示する資料（電磁的記録（電子的方式、磁気的方式その他人の知覚によつては認識することができない方式で作られた記録をいう。次条第一項第三号において同じ。）を含む。）をいう。
(4) The term "museum materials" as used in this Act means materials (including electromagnetic records (meaning records made by electronic, magnetic, or other means unrecognizable to human perception; the same applies to item (iii) of paragraph (1) of the following Article) collected, stored, or exhibited by a museum.

（博物館の事業）
(Museum Operations)

第三条　博物館は、前条第一項に規定する目的を達成するため、おおむね次に掲げる事業を行う。
Article 3(1) In order to achieve the purpose provided in paragraph (1) of the preceding Article, a museum generally engages in the following activities:

一　実物、標本、模写、模型、文献、図表、写真、フィルム、レコード等の博物館資料を豊富に収集

し、保管し、及び展示すること。
(i) collects, stores, and exhibits museum materials in abundance, including originals, specimens, reproductions, models, documents, charts, photographs, films, and records;

二　分館を設置し、又は博物館資料を当該博物館外で展示すること。
(ii) establishes branch museums or exhibits museum materials outside the museum;

三　博物館資料に係る電磁的記録を作成し、公開すること。
(iii) creates and makes public electromagnetic records pertaining to museum materials;

四　一般公衆に対して、博物館資料の利用に関し必要な説明、助言、指導等を行い、又は研究室、実験室、工作室、図書室等を設置してこれを利用させること。
(iv) provides the general public with explanations, advice or guidance, etc. necessary for the use of museum materials, or establishes and allows the general public to use research rooms, laboratories, craft rooms or libraries, etc.;

五　博物館資料に関する専門的、技術的な調査研究を行うこと。
(v) conducts specialized and technical research and studies on museum materials;

六　博物館資料の保管及び展示等に関する技術的研究を行うこと。
(vi) conducts technical research on the storage and exhibition of museum materials, etc.;

七　博物館資料に関する案内書、解説書、目録、図録、年報、調査研究の報告書等を作成し、及び頒布すること。
(vii) prepares and distributes guides, commentaries, catalogs, illustrated catalogs, annual reports, and reports on research and studies, etc., on museum materials;

八　博物館資料に関する講演会、講習会、映写会、研究会等を主催し、及びその開催を援助すること。
(viii) organizes, and assists in organizing, lectures, courses, viewings, study groups, etc. related to museum materials;

九　当該博物館の所在地又はその周辺にある文化財保護法（昭和二十五年法律第二百十四号）の適用を受ける文化財について、解説書又は目録を作成する等一般公衆の当該文化財の利用の便を図ること。
(ix) facilitates the general public's use of cultural properties to which the Act for the Protection of Cultural Properties (Act No. 214 of 1950) applies, and which are located in or near the museum, by preparing explanatory manuals or catalogs of such properties or otherwise;

十　社会教育における学習の機会を利用して行つた学習の成果を活用して行う教育活動その他の活動の機会を提供し、及びその提供を奨励すること。
(x) provides, and encourages the provision of, opportunities for educational activities and other activities that make use of the results of learning achieved through the use of social education learning opportunities;

十一　学芸員その他の博物館の事業に従事する人材の養成及び研修を行うこと。
(xi) develops and trains curators and other personnel engaged in museum services; and

十二　学校、図書館、研究所、公民館等の教育、学術又は文化に関する諸施設と協力し、その活動を

援助すること。

(xii) cooperates with, and assists the activities of, educational, academic, or cultural facilities such as schools, libraries, research institutes, and community centers.

2　博物館は、前項各号に掲げる事業の充実を図るため、他の博物館、第三十一条第二項に規定する指定施設その他これらに類する施設との間において、資料の相互貸借、職員の交流、刊行物及び情報の交換その他の活動を通じ、相互に連携を図りながら協力するよう努めるものとする。

(2) In order to enhance the services listed in each item of the preceding paragraph, a museum shall endeavor to cooperate with other museums, designated museums provided in Article 31, paragraph (2), and other similar facilities through the mutual lending of materials, exchange of staff, exchange of publications and information, and other activities, while maintaining mutual coordination.

3　博物館は、第一項各号に掲げる事業の成果を活用するとともに、地方公共団体、学校、社会教育施設その他の関係機関及び民間団体と相互に連携を図りながら協力し、当該博物館が所在する地域における教育、学術及び文化の振興、文化観光（有形又は無形の文化的所産その他の文化に関する資源（以下この項において「文化資源」という。）の観覧、文化資源に関する体験活動その他の活動を通じて文化についての理解を深めることを目的とする観光をいう。）その他の活動の推進を図り、もって地域の活力の向上に寄与するよう努めるものとする。

(3) A museum shall, while utilizing the results of the services listed in each item of paragraph (1), endeavor to cooperate with local governments, schools, social education facilities and other related organizations, and private organizations in order to promote educational, academic and cultural development, cultural tourism (meaning tourism aimed at deepening understanding of culture through viewing of tangible or intangible cultural products and other culture-related resources (hereinafter referred to as "cultural resources" in this paragraph), hands-on activities related to cultural resources, and other activities), and other activities in the community where the museum is located, and thereby contribute to improving the vitality of the community.

（館長、学芸員その他の職員）

(Directors, Curators, and Other Staff Members)

第四条　博物館に、館長を置く。

Article 4(1) A museum is headed by a director.

2　館長は、館務を掌理し、所属職員を監督して、博物館の任務の達成に努める。

(2) A director takes charge of the affairs of the museum, supervises staff members, and endeavors to accomplish the mission of the museum.

3　博物館に、専門的職員として学芸員を置く。

(3) A museum has curators as professional staff.

4　学芸員は、博物館資料の収集、保管、展示及び調査研究その他これと関連する事業についての専門的事項をつかさどる。

(4) Curators are in charge of specialized matters related to the collection, storage, exhibition, and investigative research of museum materials, and other related operations.

5　博物館に、館長及び学芸員のほか、学芸員補その他の職員を置くことができる。

(5) In addition to a director and curators, a museum may have assistant curators and other staff members.

6　学芸員補は、学芸員の職務を助ける。
(6) An assistant curator assists a curator with his or her duties.

（学芸員の資格）
(Qualifications of a Curator)

第五条　次の各号のいずれかに該当する者は、学芸員となる資格を有する。
Article 5(1) A person who falls under any of the following items is qualified to become a curator:

一　学士の学位（学校教育法（昭和二十二年法律第二十六号）第百四条第二項に規定する文部科学大臣の定める学位（専門職大学を卒業した者に対して授与されるものに限る。）を含む。）を有する者で、大学において文部科学省令で定める博物館に関する科目の単位を修得したもの
(i) a person who holds a bachelor's degree (including degrees specified by the Minister of Education, Culture, Sports, Science and Technology provided for in Article 104, paragraph (2) of the School Education Act (Act No. 26 of 1947) (limited to those awarded to graduates of professional universities)) and has earned credits at a university for museum-related subjects specified by Order of the Ministry of Education, Culture, Sports, Science and Technology;

二　次条各号のいずれかに該当する者で、三年以上学芸員補の職にあつたもの
(ii) a person who falls under any of the items of the following Article and has held the position of assistant curator for three years or more;

三　文部科学大臣が、文部科学省令で定めるところにより、前二号に掲げる者と同等以上の学力及び経験を有する者と認めた者
(iii) a person recognized by the Minister of Education, Culture, Sports, Science and Technology as having academic ability and experience equivalent or superior to those listed in the preceding two items, pursuant to the provisions of Order of the Ministry of Education, Culture, Sports, Science and Technology.

2　前項第二号の学芸員補の職には、官公署、学校又は社会教育施設（博物館の事業に類する事業を行う施設を含む。）における職で、社会教育主事、司書その他の学芸員補の職と同等以上の職として文部科学大臣が指定するものを含むものとする。
(2) The position of assistant curator referred to in item (ii) of the preceding paragraph includes positions in public agencies, schools or social education facilities (including facilities that conduct operations similar to those of a museum), which are specified by the Minister of Education, Culture, Sports, Science and Technology as positions equivalent or superior to those of social education director, librarian, or other assistant curator.

（学芸員補の資格）
(Qualifications of an Assistant Curator)

第六条　次の各号のいずれかに該当する者は、学芸員補となる資格を有する。
Article 6 A person who falls under any of the following items is qualified to become an assistant curator:

一　短期大学士の学位（学校教育法第百四条第二項に規定する文部科学大臣の定める学位（専門職大学を卒業した者に対して授与されるものを除く。）及び同条第六項に規定する文部科学大臣の定める学位を含む。）を有する者で、前条第一項第一号の文部科学省令で定める博物館に関する科目の単位を修得したもの

(i) a person who holds a junior college bachelor's degree (including degrees specified by the Minister of Education, Culture, Sports, Science and Technology provided for in Article 104, paragraph (2) of the School Education Act (excluding those awarded to graduates of professional universities) and degrees specified by the Minister of Education, Culture, Sports, Science and Technology as prescribed in paragraph (6) of the same Article) and has earned credits for museum-related subjects specified by Order of the Ministry of Education, Culture, Sports, Science and Technology as referred to in item (i) of paragraph (1) of the preceding Article;

二　前号に掲げる者と同等以上の学力及び経験を有する者として文部科学省令で定める者

(ii) a person specified by Order of the Ministry of Education, Culture, Sports, Science and Technology as having academic ability and experience equivalent or superior to those listed in the preceding item.

（館長、学芸員及び学芸員補等の研修）
(Training for Directors, Curators, and Assistant Curators)

第七条　文部科学大臣及び都道府県の教育委員会は、館長、学芸員及び学芸員補その他の職員に対し、その資質の向上のために必要な研修を行うよう努めるものとする。
Article 7 The Minister of Education, Culture, Sports, Science and Technology and prefectural boards of education shall endeavor to provide directors, curators, assistant curators, and other staff members with the training necessary to improve their qualifications.

（設置及び運営上望ましい基準）
(Desirable Standards for Establishment and Operation)

第八条　文部科学大臣は、博物館の健全な発達を図るために、博物館の設置及び運営上望ましい基準を定め、これを公表するものとする。
Article 8 In order to promote the sound development of museums, the Minister of Education, Culture, Sports, Science and Technology specifies and publicizes desirable standards for the establishment and operation of museums.

（運営の状況に関する評価等）
(Evaluation of the Status of Operations)

第九条　博物館は、当該博物館の運営の状況について評価を行うとともに、その結果に基づき博物館の運営の改善を図るため必要な措置を講ずるよう努めなければならない。
Article 9 A museum must endeavor to evaluate the status of its operations, and take necessary measures to improve the operation of the museum based on the results of the evaluation.

（運営の状況に関する情報の提供）
(Provision of Information on the Status of Operations)

第十条　博物館は、当該博物館の事業に関する地域住民その他の関係者の理解を深めるとともに、これらの者との連携及び協力の推進に資するため、当該博物館の運営の状況に関する情報を積極的に提供するよう努めなければならない。

Article 10 In order to deepen the understanding of local residents and other persons concerned about the activities of the museum and to contribute to the promotion of coordination and cooperation with those persons, a museum must endeavor to actively provide information on the status of its operations.

第二章　登録

Chapter II Accreditation

（登録）

(Accreditation)

第十一条　博物館を設置しようとする者は、当該博物館について、当該博物館の所在する都道府県の教育委員会（当該博物館（都道府県が設置するものを除く。）が指定都市（地方自治法（昭和二十二年法律第六十七号）第二百五十二条の十九第一項の指定都市をいう。以下同じ。）の区域内に所在する場合にあつては、当該指定都市の教育委員会。第三十一条第一項第二号を除き、以下同じ。）の登録を受けるものとする。

Article 11 A person who intends to establish a museum shall obtain accreditation for the museum from the board of education of the prefecture where the museum is located (or in cases where the museum (excluding those established by the prefecture) is located within the area of a designated city (meaning a designated city defined in Article 252-19, paragraph (1) of the Local Autonomy Act (Act No. 67 of 1947); the same applies hereinafter), the board of education of the designated city; the same applies hereinafter excluding Article 31, paragraph (1), item (ii)).

（登録の申請）

(Application for Accreditation)

第十二条　前条の登録（以下「登録」という。）を受けようとする者は、都道府県の教育委員会の定めるところにより、次に掲げる事項を記載した登録申請書を都道府県の教育委員会に提出しなければならない。

Article 12(1) A person who wishes to be accredited under the preceding Article (hereinafter referred to as "accreditation") must submit a written application for accreditation stating the following matters to the prefectural board of education, as specified by the prefectural board of education:

一　登録を受けようとする博物館の設置者の名称及び住所

(i) name and address of the establisher of the museum who applies for accreditation;

二　登録を受けようとする博物館の名称及び所在地

(ii) name and address of the museum seeking accreditation;

三　その他都道府県の教育委員会の定める事項

(iii) other matters specified by the prefectural board of education.

2　前項の登録申請書には、次に掲げる書類を添付しなければならない。

(2) The following documents and drawings must be attached to an application form:

一　館則（博物館の規則のうち、目的、開館日、運営組織その他の博物館の運営上必要な事項を定めたものをいう。）の写し
(i) a copy of the museum regulations (meaning the rules of the museum which define the purpose, opening days, operational organization, and other matters necessary for the operation of the museum);

二　次条第一項各号に掲げる基準に適合していることを証する書類
(ii) documents certifying compliance with the standards listed in each item of paragraph (1) of the following Article;

三　その他都道府県の教育委員会の定める書類
(iii) other documents specified by the prefectural board of education.

（登録の審査）
(Accreditation Review)

第十三条　都道府県の教育委員会は、登録の申請に係る博物館が次の各号のいずれにも該当すると認めるときは、当該博物館の登録をしなければならない。
Article 13(1) A prefectural board of education must, when it finds that a museum to which an application for accreditation pertains falls under all of the following items, accredit said museum:

一　当該申請に係る博物館の設置者が次のイ又はロに掲げる法人のいずれかに該当すること。
(i) the establisher of the museum to which the application pertains falls under any of the juridical persons listed in (a) or (b) below:

イ　地方公共団体又は地方独立行政法人
(a) local public entities or local incorporated administrative agencies;

ロ　次に掲げる要件のいずれにも該当する法人（イに掲げる法人並びに国及び独立行政法人（独立行政法人通則法（平成十一年法律第百三号）第二条第一項に規定する独立行政法人をいう。第三十一条第一項及び第六項において同じ。）を除く。）
(b) juridical persons that meet all of the following requirements (excluding juridical persons listed in (a) above and state and incorporated administrative agencies (meaning incorporated administrative agencies provided for in Article 2, paragraph (1) of the Act on General Rules for Incorporated Administrative Agencies (Act No. 103 of 1999); the same applies in Article 31, paragraphs (1) and (6)):

(1)　博物館を運営するために必要な経済的基礎を有すること。
1. possesses the financial means necessary to operate the museum;

(2)　当該申請に係る博物館の運営を担当する役員が博物館を運営するために必要な知識又は経験を有すること。
2. the officer in charge of the operation of the museum to which the application pertains has the knowledge or experience necessary to operate the museum;

(3) 当該申請に係る博物館の運営を担当する役員が社会的信望を有すること。
3. the officer in charge of the operation of the museum to which the application pertains has social credibility;

二　当該申請に係る博物館の設置者が、第十九条第一項の規定により登録を取り消され、その取消しの日から二年を経過しない者でないこと。
(ii) the establisher of the museum to which the application pertains is not a person whose accreditation was rescinded pursuant to Article 19, paragraph (1), and two years have not passed since the date of rescission;

三　博物館資料の収集、保管及び展示並びに博物館資料に関する調査研究を行う体制が、第三条第一項各号に掲げる事業を行うために必要なものとして都道府県の教育委員会の定める基準に適合するものであること。
(iii) the system for collecting, storing, and exhibiting museum materials as well as conducting research and studies on museum materials conforms to the standards specified by the prefectural board of education as necessary for conducting the operations listed in each item of Article 3, paragraph (1);

四　学芸員その他の職員の配置が、第三条第一項各号に掲げる事業を行うために必要なものとして都道府県の教育委員会の定める基準に適合するものであること。
(iv) the arrangement of curators and other staff members conforms to the standards specified by the prefectural board of education as necessary for conducting the operations listed in each item of Article 3, paragraph (1);

五　施設及び設備が、第三条第一項各号に掲げる事業を行うために必要なものとして都道府県の教育委員会の定める基準に適合するものであること。
(v) facilities and equipment conform to the standards specified by the prefectural board of education as necessary for conducting the operations listed in each item of Article 3, paragraph (1);

六　一年を通じて百五十日以上開館すること。
(vi) the museum is open at least 150 days throughout the year.

2　都道府県の教育委員会が前項第三号から第五号までの基準を定めるに当たつては、文部科学省令で定める基準を参酌するものとする。
(2) In establishing the standards referred to in items (iii) through (v) of the preceding paragraph, prefectural boards of education take into consideration the standards specified by Order of the Ministry of Education, Culture, Sports, Science and Technology.

3　都道府県の教育委員会は、登録を行うときは、あらかじめ、博物館に関し学識経験を有する者の意見を聴かなければならない。
(3) When granting accreditation, a prefectural board of education must obtain in advance the opinions of persons with relevant expertise concerning museums.

（登録の実施等）
(Grant of Accreditation)

第十四条　登録は、都道府県の教育委員会が、次に掲げる事項を博物館登録原簿に記載してするもの

とする。

Article 14(1) The prefectural board of education grants accreditation by entering the following items in the museum accreditation registry:

一 第十二条第一項第一号及び第二号に掲げる事項
(i) matters listed in Article 12, paragraph (1), items (i) and (ii);

二 登録の年月日
(ii) date of accreditation.

2 都道府県の教育委員会は、登録をしたときは、遅滞なく、その旨を当該登録の申請をした者に通知するとともに、前項各号に掲げる事項をインターネットの利用その他の方法により公表しなければならない。
(2) A prefectural board of education must, when it has granted accreditation, notify the person who has applied for the accreditation to that effect without delay, and also publicize the matters listed in each item of the preceding paragraph via the Internet or by any other means.

（変更の届出）
(Notification of Changes)

第十五条 博物館の設置者は、第十二条第一項第一号又は第二号に掲げる事項を変更するときは、あらかじめ、その旨を都道府県の教育委員会に届け出なければならない。
Article 15(1) An establisher of a museum must, when changing the matters listed in Article 12, paragraph (1), item (i) or item (ii), notify in advance the prefectural board of education to that effect.

2 都道府県の教育委員会は、前項の規定による届出があつたときは、当該届出に係る登録事項の変更登録をするとともに、その旨をインターネットの利用その他の方法により公表しなければならない。
(2) The prefectural board of education must, upon receiving a notification under the provisions of the preceding paragraph, make a registration of the change in the registered matters pertaining to the notification and publicize the changes via the internet or by any other means.

（都道府県の教育委員会への定期報告）
(Periodic Reports to Prefectural Board of Education)

第十六条 博物館の設置者は、当該博物館の運営の状況について、都道府県の教育委員会の定めるところにより、定期的に、都道府県の教育委員会に報告しなければならない。
Article 16 An establisher of a museum must report periodically to the prefectural board of education on the status of the operation of the museum in question, as specified by the prefectural board of education.

（報告又は資料の提出）
(Submission of Reports or Materials)

第十七条 都道府県の教育委員会は、その登録に係る博物館の適正な運営を確保するため必要があると認めるときは、当該博物館の設置者に対し、その運営の状況に関し報告又は資料の提出を求めることができる。

Article 17 A prefectural board of education may, when it finds it necessary to ensure the proper operation of a museum that has been granted accreditation, request the establisher of the museum to submit reports or materials on the status of its operations.

（勧告及び命令）
(Recommendations and Orders)

第十八条　都道府県の教育委員会は、その登録に係る博物館が第十三条第一項各号のいずれかに該当しなくなつたと認めるときは、当該博物館の設置者に対し、必要な措置をとるべきことを勧告することができる。
Article 18(1) A prefectural board of education may, when it finds that a museum that has been granted accreditation no longer falls under any of the items of Article 13, paragraph (1), advise the establisher of the museum to take necessary measures.

２　都道府県の教育委員会は、前項の規定による勧告を受けた博物館の設置者が、正当な理由がなくてその勧告に係る措置をとらなかつたときは、当該博物館の設置者に対し、期限を定めて、その勧告に係る措置をとるべきことを命ずることができる。
(2) A prefectural board of education may, when an establisher of a museum that has received a recommendation under the preceding paragraph fails to take measures pertaining to the recommendation without justifiable grounds, specify a time limit and order the establisher of the museum to take measures pertaining to the recommendation.

３　第十三条第三項の規定は、第一項の規定による勧告及び前項の規定による命令について準用する。
(3) The provisions of Article 13, paragraph (3) apply mutatis mutandis to a recommendation pursuant to the provisions of paragraph (1) and an order pursuant to the provisions of the preceding paragraph.

（登録の取消し）
(Revocation of Accreditation)

第十九条　都道府県の教育委員会は、その登録に係る博物館の設置者が次の各号のいずれかに該当するときは、当該博物館の登録を取り消すことができる。
Article 19(1) A prefectural board of education may revoke the accreditation of a museum if the establisher of a museum that has been granted accreditation falls under any of the following items:

一　偽りその他不正の手段により登録を受けたとき。
(i) when the establisher has obtained accreditation through deception or other wrongful means;

二　第十五条第一項の規定による届出をせず、又は虚偽の届出をしたとき。
(ii) when the establisher has failed to provide notification under the provisions of Article 15, paragraph (1), or has given a false notification;

三　第十六条の規定に違反したとき。
(iii) when the establisher has violated the provisions of Article 16;

四　第十七条の報告若しくは資料の提出をせず、又は虚偽の報告若しくは資料の提出をしたとき。
(iv) when the establisher has failed to submit the reports or materials referred to in Article 17, or

has submitted false reports or materials; or

五　前条第二項の規定による命令に違反したとき。
(v) when the establisher has violated an order issued under the provisions of paragraph (2) of the preceding Article.

2　第十三条第三項の規定は、前項の規定による登録の取消しについて準用する。
(2) The provisions of Article 13, paragraph (3) apply mutatis mutandis to the revocation of accreditation under the preceding paragraph.

3　都道府県の教育委員会は、第一項の規定により登録の取消しをしたときは、速やかにその旨を、当該登録に係る博物館の設置者に対し通知するとともに、インターネットの利用その他の方法により公表しなければならない。
(3) A prefectural board of education must, when it has revoked accreditation pursuant to the provisions of paragraph (1), promptly notify the establisher of the museum that has been granted the accreditation to that effect and make a public announcement to that effect via the internet or by any other means.

（博物館の廃止）
(Closure of Museum)

第二十条　博物館の設置者は、博物館を廃止したときは、速やかにその旨を都道府県の教育委員会に届け出なければならない。
Article 20(1) When a museum has been closed, the establisher of the museum must promptly notify the prefectural board of education to that effect.

2　都道府県の教育委員会は、前項の規定による届出があつたときは、当該届出に係る博物館の登録を抹消するとともに、その旨をインターネットの利用その他の方法により公表しなければならない。
(2) A prefectural board of education must, upon receiving notification under the provisions of the preceding paragraph, cancel the accreditation of the museum to which the notification pertains and publicize this fact via the internet or by any other means.

（都道府県または指定都市の設置する博物館に関する特例）
(Special Provisions for Museums Established by Prefectures or Designated Cities)

第二十一条　第十五条第一項、第十六条から第十八条まで及び前条第一項の規定は、都道府県又は指定都市の設置する博物館については、適用しない。
Article 21(1) The provisions of Article 15 paragraph (1), Articles 16 through 18 and paragraph (1) of the preceding Article do not apply to museums established by prefectures or designated cities.

2　都道府県又は指定都市の設置する博物館についての第十五条第二項、第十九条第一項及び第三項並びに前条第二項の規定の適用については、第十五条第二項中「前項の規定による届出があつたときは、当該届出に係る登録事項」とあるのは「その設置する博物館について第十二条第一項第一号又は第二号に掲げる事項に変更があるときは、当該事項」と、第十九条第一項中「登録に係る博物館の設置者が次の各号のいずれかに該当する」とあるのは「設置する博物館が第十三条第一項第三号から第六号までのいずれかに該当しなくなつたと認める」と、同条第三項中「その旨を、当該登録に係る博物館の設置者に対し通知するとともに、」とあるのは「その旨を」と、前条第二項中「前項の規定に

よる届出があつたときは、当該届出に係る」とあるのは「その設置する博物館を廃止したときは、当該」とする。

(2) With regard to the application of the provisions of Article 15, paragraph (2), Article 19, paragraphs (1) and (3), and paragraph (2) of the preceding Article, to a museum established by a prefecture or a designated city: the phrase "upon receiving a notification under the provisions of the preceding paragraph, make a registration of the change in the registered matters pertaining to the notification" in Article 15, paragraph (2) is deemed to be replaced with "when there is a change in the matters listed in Article 12, paragraph (1), item (i) or item (ii) with regard to the museum to be established, register such changes"; the phrase "if the establisher of a museum that has been granted accreditation falls under any of the following items" in Article 19, paragraph (1) is deemed to be replaced with "if it is found that the museum to be established no longer falls under items (iii) through (vi) of Article 13, paragraph (1)"; the phrase "notify the establisher of the museum that has been granted the accreditation to that effect and make a public announcement to that effect" in Article 19, paragraph (3) is deemed to be replaced with "make a public announcement to that effect"; and the phrase "upon receiving notification under the provisions of the preceding paragraph, delete the accreditation of the museum that is the subject of the notification" in paragraph (2) of the preceding Article is deemed to be replaced with "upon closing a museum it has established, revoke the accreditation of the museum."

（規則への委任）
(Delegation to Rules)

第二十二条　この章に定めるものを除くほか、博物館の登録に関し必要な事項は、都道府県の教育委員会の規則で定める。
Article 22 Besides what is provided for in this chapter, matters necessary for accreditation of museums are governed by the rules of the prefectural board of education.

第三章　公立博物館
Chapter III Public Museum

（博物館協議会）
(Museum Council)

第二十三条　公立博物館に、博物館協議会を置くことができる。
Article 23(1) A public museum may establish a museum council.

2　博物館協議会は、博物館の運営に関し館長の諮問に応ずるとともに、館長に対して意見を述べる機関とする。
(2) A museum council is an organization that responds to consultations from the director of a museum regarding the operation of the museum, and expresses its opinions thereon to the director.

第二十四条　博物館協議会の委員は、地方公共団体の設置する博物館にあつては当該博物館を設置する地方公共団体の教育委員会（地方教育行政の組織及び運営に関する法律（昭和三十一年法律第百六十二号）第二十三条第一項の条例の定めるところにより地方公共団体の長が当該博物館の設置、管理及び廃止に関する事務を管理し、及び執行することとされている場合にあつては、当該地方公共団体の長）が、地方独立行政法人の設置する博物館にあつては当該地方独立行政法人の理事長がそれぞれ

任命する。

Article 24 In the case of a museum established by a local public entity, members of a museum council are appointed by the board of education of the local public entity that establishes the museum in question (or the head of the local public entity in the case where the head of the local public entity is supposed to manage and execute the affairs concerning the establishment, management and closure of the museum pursuant to the provisions of the ordinance under Article 23, paragraph (1) of the Act on Organization and Management of Local Education Administration (Act No. 162 of 1956)), and by the president of the local incorporated administrative agency in the case of a museum established by a local incorporated administrative agency.

第二十五条　博物館協議会の設置、その委員の任命の基準、定数及び任期その他博物館協議会に関し必要な事項は、地方公共団体の設置する博物館にあつては当該博物館を設置する地方公共団体の条例で、地方独立行政法人の設置する博物館にあつては当該地方独立行政法人の規程でそれぞれ定めなければならない。この場合において、委員の任命の基準については、文部科学省令で定める基準を参酌するものとする。

Article 25 The establishment of a museum council, the criteria for appointing its members, the fixed number of members and their terms of office, and other necessary matters concerning the museum council must be governed by the ordinances of the local government where the museum is established in the case of a museum established by a local public entity, and by the regulations of the local incorporated administrative agency in the case of a museum established by a local incorporated administrative agency, respectively. In this case, the criteria specified by Order of the Ministry of Education, Culture, Sports, Science and Technology should be taken into consideration when establishing the criteria for appointment of council members.

（入館料等）
(Admission Fees)

第二十六条　公立博物館は、入館料その他博物館資料の利用に対する対価を徴収してはならない。ただし、博物館の維持運営のためにやむを得ない事情のある場合は、必要な対価を徴収することができる。

Article 26 A public museum may not collect admission fees or any other compensation for the use of museum materials; provided, however, that in the case of unavoidable circumstances arising from maintenance and operation of the museum, necessary compensation may be collected.

（博物館の補助）
(Museum Subsidies)

第二十七条　国は、博物館を設置する地方公共団体又は地方独立行政法人に対し、予算の範囲内において、博物館の施設、設備に要する経費その他必要な経費の一部を補助することができる。

Article 27(1) The national government may, within the scope of its budget, assist local governments or local incorporated administrative agencies that establish museums by subsidizing a part of the expenses required for museum facilities and equipment and other necessary expenses.

2　前項の補助金の交付に関し必要な事項は、政令で定める。

(2) Matters necessary for the grant of subsidies under the preceding paragraph are specified by Cabinet Order.

（補助金の交付中止及び補助金の返還）
(Suspension of Subsidies and Return of Subsidies)

第二十八条　国は、博物館を設置する地方公共団体又は地方独立行政法人に対し前条の規定による補助金の交付をした場合において、次の各号のいずれかに該当するときは、当該年度におけるその後の補助金の交付をやめるとともに、第一号の場合の取消しが第十九条第一項第一号に該当することによるものである場合には、既に交付した補助金を、第三号又は第四号に該当する場合には、既に交付した当該年度の補助金を返還させなければならない。
Article 28 In cases where the national government has granted subsidies to a local government or local incorporated administrative agency establishing a museum pursuant to the provisions of the preceding Article, if any of the following items apply, the national government must not grant subsequent subsidies for the relevant fiscal year, and must have the local government or the local incorporated administrative agency, as the case may be, return the subsidies already granted to them if item (i), under which cancellation occurs due to application of Article 19, paragraph (1), item (i), applies, or return the subsidies already granted for the relevant fiscal year if item (iii) or item (iv) applies:

一　当該博物館について、第十九条第一項の規定による登録の取消しがあつたとき。
(i) when the accreditation of the museum has been revoked pursuant to the provisions of Article 19, paragraph (1);

二　地方公共団体又は地方独立行政法人が当該博物館を廃止したとき。
(ii) when the local public entity or the local incorporated administrative agency closes the museum;

三　地方公共団体又は地方独立行政法人が補助金の交付の条件に違反したとき。
(iii) when the local government or the local incorporated administrative agency has violated the conditions of the grant of the subsidy;

四　地方公共団体又は地方独立行政法人が虚偽の方法で補助金の交付を受けたとき。
(iv) when the local government or the local incorporated administrative agency has received a subsidy by fraudulent means.

第四章　私立博物館
Chapter IV Private Museum

（都道府県の教育委員会との関係）
(Relationship with Prefectural Boards of Education)

第二十九条　都道府県の教育委員会は、博物館に関する指導資料の作成及び調査研究のために、私立博物館に対し必要な報告を求めることができる。
Article 29(1) A prefectural board of education may request a private museum to make reports necessary for the purpose of preparing instructional materials and conducting research and studies pertaining to museums.

２　都道府県の教育委員会は、私立博物館に対し、その求めに応じて、私立博物館の設置及び運営に関して、専門的、技術的な指導又は助言を与えることができる。

(2) Upon request, a prefectural board of education may provide a private museum with professional and technical guidance or advice regarding the establishment and operation thereof.

（国及び地方公共団体との関係）
(Relationship with National and Local Governments)

第三十条　国及び地方公共団体は、私立博物館に対し、その求めに応じて、必要な物資の確保につき援助を与えることができる。
Article 30 Upon request, the national government and local governments may provide a private museum with assistance in securing necessary supplies.

第五章　博物館に相当する施設
Chapter V Facilities Equivalent to Museums

第三十一条　次の各号に掲げる者は、文部科学省令で定めるところにより、博物館の事業に類する事業を行う施設であつて当該各号に定めるものを、博物館に相当する施設として指定することができる。
Article 31(1) A person listed in any of the following items may designate a facility that engages in operations similar to those of a museum, and that is specified in the relevant item, as a facility equivalent to a museum, as prescribed by Order of the Ministry of Education, Culture, Sports, Science and Technology:

一　文部科学大臣　国又は独立行政法人が設置するもの
(i) Minister of Education, Culture, Sports, Science and Technology: those facilities established by the national government or an incorporated administrative agency;

二　都道府県の教育委員会　国及び独立行政法人以外の者が設置するもののうち、当該都道府県の区域内に所在するもの（指定都市の区域内に所在するもの（都道府県が設置するものを除く。）を除く。）
(ii) a prefectural board of education: those facilities established by a person other than the national government or an incorporated administrative agency, which are located within the area of the prefecture concerned (excluding those located within the area of a designated city (excluding those established by a prefecture));

三　指定都市の教育委員会　国、独立行政法人及び都道府県以外の者が設置するもののうち、当該指定都市の区域内に所在するもの
(iii) a board of education of a designated city: those facilities established by a person other than the national government, an incorporated administrative agency, or a prefecture, which are located within the area of the designated city.

2　前項の規定による指定をした者は、当該指定をした施設（以下この条において「指定施設」という。）が博物館の事業に類する事業を行う施設に該当しなくなつたと認めるときその他の文部科学省令で定める事由に該当するときは、文部科学省令で定めるところにより、当該指定施設についての前項の規定による指定を取り消すことができる。
(2) A person who has made a designation pursuant to the provisions of the preceding paragraph may, when any of the reasons prescribed by Order of the Ministry of Education, Culture, Sports, Science and Technology is applicable, including when it is found that a designated museum (hereinafter referred to as "designated museum" in this Article) no longer falls under the category of a facility engaged in operations similar to museum operations, revoke the designation of the

designated museum in question pursuant to the provisions of the preceding paragraph, as prescribed by Order of the Ministry of Education, Culture, Sports, Science and Technology.

3　第一項の規定による指定をした者は、当該指定をしたとき又は前項の規定による指定の取消しをしたときは、その旨をインターネットの利用その他の方法により公表しなければならない。
(3) A person who has made a designation pursuant to the provisions of paragraph (1) must, upon having made the designation or having revoked the designation pursuant to the provisions of the preceding paragraph, make a public announcement to that effect via the Internet or by any other means.

4　第一項の規定による指定をした者は、指定施設の設置者に対し、その求めに応じて、当該指定施設の運営に関して、専門的、技術的な指導又は助言を与えることができる。
(4) A person who has made a designation pursuant to the provisions of paragraph (1) may, upon request, provide the establisher of the designated museum with expert and technical guidance or advice on the operation of the designated museum.

5　指定施設は、その事業を行うに当たつては、第三条第二項及び第三項の規定の趣旨を踏まえ、博物館、他の指定施設、地方公共団体、学校、社会教育施設その他の関係機関及び民間団体と相互に連携を図りながら協力するよう努めるものとする。
(5) In light of the purpose of the provisions of Article 3, paragraphs (2) and (3), a designated museum shall, in conducting its operations, endeavor to cooperate and maintain coordination with museums, other designated museums, local governments, schools, social education facilities, and other related organizations and private organizations.

6　国又は独立行政法人が設置する指定施設は、博物館及び他の指定施設における公開の用に供するための資料の貸出し、職員の研修の実施その他の博物館及び他の指定施設の事業の充実のために必要な協力を行うよう努めるものとする。
(6) A designated museum established by the national government or an incorporated administrative agency shall endeavor to provide necessary cooperation, such as lending materials for public use at museums and other designated museums, and providing training for staff members, in order to enhance the operations of museums and other designated museums.

附　則
Supplementary Provisions

この法律は、公布の日から起算して三箇月を経過した日から施行する。
This Act comes into effect as of the day on which three months have elapsed from the date of promulgation.

附　則　（令和四年四月一五日法律第二四号）　抄
Supplementary Provisions (Act No. 24 of April 15, 2022) Extract

（施行期日）
(Effective Date)

第一条　この法律は、令和五年四月一日から施行する。ただし、附則第三条の規定は、公布の日から施行する。

Article 1 This Act comes into effect as of April 1, 2023; provided, however, that the provisions of Article 3 of the Supplementary Provisions come into effect as of the date of promulgation.

（経過措置）
(Transitional Measures)

第二条　この法律の施行の際現に学芸員となる資格を有する者は、この法律による改正後の博物館法（以下この条において「新博物館法」という。）第五条に規定する学芸員となる資格を有する者とみなす。
Article 2(1) A person who is qualified to be a curator at the time of enforcement of this Act is deemed to be qualified to be a curator as prescribed in Article 5 of the Museum Act as amended by this Act (hereinafter referred to as the "New Museum Act" in this Article).

2　この法律の施行の際現に博物館において学芸員補の職にある者は、新博物館法第六条の規定にかかわらず、この法律の施行の日（次項及び第四項において「施行日」という。）以後も引き続き当該博物館において、学芸員補となる資格を有する者としてその職にあることができる。
(2) Notwithstanding the provisions of Article 6 of the New Museum Act, a person who actually holds the position of assistant curator at a museum on the date this Act comes into effect may continue to hold the same position as a person qualified to be an assistant curator at the museum after the date this Act comes into effect (hereinafter referred to as the "effective date" in the following paragraph and paragraph (4)).

3　施行日前にされたこの法律による改正前の博物館法（次項及び第六項において「旧博物館法」という。）第十一条の登録の申請であって、この法律の施行の際、まだその登録をするかどうかの処分がされていないものについての登録の処分については、なお従前の例による。
(3) With respect to an application for accreditation under Article 11 of the Museum Act prior to the revision by this Act (hereinafter referred to as the "Old Museum Act" in the following paragraph and paragraph (6)) that was filed prior to the effective date, and for which a disposition as to whether or not to accredit the museum has not yet been made at the time this Act comes into effect, the provisions then in force will continue to govern.

4　この法律の施行の際現に旧博物館法第十条の登録を受けている又は施行日以後に前項の規定によりなお従前の例によることとされる同条の登録を受ける博物館は、施行日から起算して五年を経過する日までの間は、新博物館法第十一条の登録を受けたものとみなす。当該博物館の設置者がその期間内に同条の登録の申請をした場合において、その期間を経過したときは、その申請について登録をするかどうかの処分がある日までの間も、同様とする。

(4) Museums which are accredited under Article 10 of the Old Museum Act at the time this Act comes into effect, or which are to be accredited after the date this Act comes into effect under the same Article, and to which the provisions then in force continue to govern pursuant to the provisions of the preceding paragraph, are deemed to be accredited under Article 11 of the New Museum Act for the period until the day on which five years have elapsed from the effective date. In cases where the establisher of the museum concerned files an application for accreditation under the same Article within the same period, and the same period has elapsed, the same applies until the day on which a disposition as to whether or not to accredit the museum is made.

5　前項の規定により新博物館法第十一条の登録を受けたものとみなされる博物館が同条の登録を受

けるまでの間における当該博物館についての新博物館法第十八条第一項及び第二十一条第二項の規定の適用については、新博物館法第十八条第一項中「第十三条第一項各号」とあり、及び新博物館法第二十一条第二項中「第十三条第一項第三号から第六号まで」とあるのは、「博物館法の一部を改正する法律（令和四年法律第二十四号）による改正前の第十二条各号」とする。

(5) With regard to the application of the provisions of Article 18, paragraph (1) and Article 21, paragraph (2) of the New Museum Act to a museum that is deemed to have been accredited under Article 11 of the New Museum Act pursuant to the provisions of the preceding paragraph, until the museum is registered under the same Article, the phrase "any of the items of Article 13, paragraph (1)" in Article 18, paragraph (1) of the New Museum Act and the phrase "items (iii) through (vi) of Article 13, paragraph (1)" in Article 21, paragraph (2) of the New Museum Act, are replaced with "any of the items of Article 12 before the amendment by the Act for Partial Amendment of the Museum Act (Act No. 24 of 2022)".

6　この法律の施行の際現に旧博物館法第二十九条の指定を受けている施設は、新博物館法第三十一条第一項の指定を受けたものとみなす。

(6) An institution that has been designated under Article 29 of the Old Museum Act at the time this Act comes into effect is deemed to have been designated under Article 31, paragraph (1) of the New Museum Act.

（政令への委任）
(Delegation to Cabinet Order)

第三条　前条に定めるもののほか、この法律の施行に関し必要な経過措置は、政令で定める。
Article 3 Beyond what is provided for in the preceding Article, transitional measures necessary for the enforcement of this Act are to be specified by Cabinet Order.

（租税特別措置法の一部改正）
(Partial Amendment of the Act on Special Measures concerning Taxation)

第四条　租税特別措置法（昭和三十二年法律第二十六号）の一部を次のように改正する。
Article 4 The Act on Special Measures concerning Taxation (Act No. 26 of 1957) is partially amended as follows:

第七十条の六の七第二項第五号中「第二十九条の規定により博物館に相当する施設として指定された施設」を「第三十一条第二項に規定する指定施設」に改め、同条第三項第七号を次のように改める。
In Article 70-6-7, paragraph (2), item (v), the phrase "facilities designated as those equivalent to museums pursuant to the provisions of Article 29" is replaced with "designated museums prescribed in Article 31, paragraph (2)," and the provisions of Article 70-6-7, paragraph (3), item (vii) are replaced by the following:

七　寄託先美術館について、博物館法第十一条の登録が同法第十九条第一項の規定により取り消され、若しくは同法第二十条第二項の規定により抹消された場合又は同法第三十一条第一項の規定による指定が同条第二項の規定により取り消された場合　これらの事由が生じた日
(vii) with regard to depository museums, when accreditation under Article 11 of the Museum Act has been revoked pursuant to the provisions of Article 19, paragraph (1) of the same Act or has been canceled pursuant to the provisions of Article 20, paragraph (2) of the same Act, or when the designation under Article 31, paragraph (1) of the same Act has been revoked pursuant to the

provisions of Article 20, paragraph (2) of the same Act: the date on which these events occurred.

第七十条の六の七第五項中「定める取り消され、若しくは抹消され、又は事由が生じた」を「定める」に改め、同項第一号中「登録の取消し若しくは抹消はなかつたものと、又は同号の事由は」を「事由は、」に改め、同項第二号中「当該取り消され、若しくは抹消され、又は事由が生じた」を「第三項第七号に定める」に、「第三項第七号の取り消された場合若しくは抹消された場合又は事由が生じた」を「同号に掲げる」に改め、同項第三号中「当該取り消され、若しくは抹消され、又は事由が生じた」を「第三項第七号に定める」に改める。

The phrase "the date of revocation or cancellation or the occurrence of any event specified in the same item" in Article 70-6-7, paragraph (5) is replaced with "the date specified in the same item"; and the phrase "revocation or cancellation of the accreditation set forth in paragraph (3), item (vii), or any event specified in the same item, is deemed not to have occurred" in item (i) of the same paragraph is replaced with "the events specified in paragraph (3), item (vii)"; the phrase "the date of revocation or cancellation or the date on which the event occurred" and the phrase "cases, referred to in paragraph (3), item (vii), in which accreditation is revoked or cancelled, or cases in which an event specified by Ministry of Finance Order referred to in the same item has occurred" in item (ii) of the same paragraph are replaced with "the date specified in paragraph (3), item (vii)" and "cases in which an event listed in the same item has occurred," respectively; and the phrase "the date of such revocation or cancellation, or the date on which the event occurred" in item (iii) of the same paragraph is replaced with "the date specified in paragraph (3), item (vii)."

（美術品の美術館における公開の促進に関する法律及び展覧会における美術品損害の補償に関する法律の一部改正）
(Partial Amendment to: the Act on the Promotion of Public Display of Works of Art in Museums; and the Act on Compensation for Damage to Works of Art at Exhibitions)

第五条　次に掲げる法律の規定中「第二十九条の規定により博物館に相当する施設として指定された施設」を「第三十一条第二項に規定する指定施設」に改める。
Article 5 In the provisions of each of the following Acts, the phrase "facilities designated as those equivalent to museums pursuant to the provisions of Article 29" is replaced with "designated museums prescribed in Article 31, paragraph (2)":

一　美術品の美術館における公開の促進に関する法律（平成十年法律第九十九号）第二条第二号
(i) Article 2, item (ii) of the Act on the Promotion of Public Display of Works of Art in Museums (Act No. 99 of 1998);

二　展覧会における美術品損害の補償に関する法律（平成二十三年法律第十七号）第二条第二号ハ
(ii) Article 2, item (ii), (c) of the Act on Compensation for Damage to Works of Art at Exhibitions (Act No. 17 of 2011).

おわりに

　改正博物館法案を国会に提出する前年（2021年）の秋に、文化庁にプロジェクトチームが発足し、改正法案の立案や文化審議会博物館部会の事務局、改正法案の閣議決定や国会審議などに対応することとなった。

　2009年に一時法案提出が検討されていたとはいえ、博物館法については実際の改正法案の提出から約70年を経ており、まさに古文書を手探りで調べながら日々の業務を進めていったようなものであった。

　その中で、特に故伊藤寿朗先生が原典資料を収集・出版していた、戦前から戦後直後にかけての博物館法制定に関連する貴重な資料や論文には、博物館法制定時の背景を正確に理解する上で大いに助けられた。また、博物館関係者の方々には、日々様々なご助言をいただいた。改めて御礼を申し上げたい。

　本書は、既に別の機関等に異動した当時のメンバーも含め、あるべき日本のミュージアムの姿、理想像を胸に描きながら、関係者やミュージアムに興味関心のある方々に、改正博物館法の趣旨や内容を少しでも届けたいという想いから、本来業務以外の時間を割きつつ作成したものである。法令解説以外の部分で一部に私見を含んでいるが、これはあくまで編著者の見解にすぎないことは言うまでもない。もし過誤があるならば、その最終的な責はひとえに編著者個人にある。

　2023年4月に改正博物館法の施行を控えているが、これはそれぞれの地域においてミュージアムが真に価値を創造し発信する場となり、国民生活により身近で欠かせない存在となるための第一歩だと考えている。また、人口減少社会の中で、ミュージアムが国民生活に不可欠な存在として確固たる地位を占め、その機能強化のための好循環を創るには、改正博物館法施行からの経過措置期

間である5年間、2023年4月から2028年3月までの各館の集中的な取組が将来のミュージアム界にとって極めて重要であるが、これはチャンスであるとともに、取組次第では逆の形にもなり得るとも思っている。

　今後とも、関係者と丁寧に対話し、熟考を重ねながら、ミュージアムのあるべき姿を希求していきたい。そして、それぞれの立場で現場に寄り添いながら、ミュージアムの価値を活かした地域文化芸術や教育の振興、文化観光など地域の活力の向上、さらには地域住民に開かれた、持続可能で多様性のある、包摂的なジャパン・ミュージアムの世界観を作り上げるために、微力を尽くしていきたい。

　2023年 初春

博物館法令研究会代表

井上卓己

博物館法令研究会
文化庁改正博物館法プロジェクトチームのメンバー7人による自主研究組織。博物館、美術館、動物園、水族館等ミュージアムに関する法令や地方の教育文化政策、国際的動向等について通暁している。ジャパン・ミュージアムの価値を活かしたエコシステムの創生がミッション。代表はチームリーダーの井上卓己（現文化庁文化戦略官／博物館振興室長）。

メンバー：井上卓己　中尾智行　稲畑航平　上田和輝　目黒雄太
久保晃一　三木直樹

改正博物館法詳説・Q&A
——地域に開かれたミュージアムをめざして

発行日　　　　2023年3月7日　　初版第一刷

編著者　　　博物館法令研究会
発行者　　　仙道 弘生
発行所　　　株式会社 水曜社
　　　　　　　〒160-0022
　　　　　　　東京都新宿区新宿1-26-6
　　　　　　　TEL 03-3351-8768 FAX03-5362-7279
　　　　　　　URL suiyosha.hondana.jp
装幀・ＤＴＰ　小田 純子
印　刷　　　日本ハイコム株式会社

地域社会の明日を描く——

全国の書店でお買い求めください。価格はすべて税込（10%）